KB240309

개정 7차 교과서와 함께하는

초등학교 문학수업
이렇게 해요

|2 학년|

2 학년 | 개정 7차 교과서와 함께하는

초등학교 문학수업
이렇게 해요

초판 1쇄 인쇄 | 2010년 8월 16일
초판 1쇄 발행 | 2010년 8월 30일
지은이 | 신헌재 & 아동문학을 소중히 여기는 모임
펴낸이 | 정봉선
기획 | 박찬익
편집 | 김민정
발행처 | **정인출판사**　　주소 | 서울시 성동구 도선동14 신한넥스텔 1506호 (우 : 133-714)
문의전화 | 02) 922-1334　　팩스 | 02) 925-1334
홈페이지 | www.junginbook.com　　블로그 | blog.naver.com/junginbook
등록 | 제303-1999-000058호
ISBN | 978-89-94273-15-0 (64370)

ⓒ 신헌재 & 아동문학을 소중히 여기는 모임, 2010
저작권법에 의해 보호받는 저작물이므로 무단 전재와 복제를 금합니다.

이 도서의 국립중앙도서관 출판시도서목록(CIP)은 e-CIP 홈페이지(http://www.nl.go.kr/ecip)에서
이용하실 수 있습니다. (CIP제어번호: CIP2010002783)

개정 7차 교과서와 함께하는

초등학교 문학수업 이렇게 해요

2 학년

신헌재 외

정인출판사

아동문학 작품으로 우리 아이들의 마음을 울리고 생각을 일깨울 수 있다면, 그래서 어려서부터 평생독자의 버릇을 들이게 할 수 있다면 얼마나 좋을까!

저는 이런 기대와 소망을 가지고 초등학교에 근무하는 한국교원대 출신 제자들과 함께 2006년도부터 〈아동문학을 소중히 여기는 모임〉을 가져왔습니다. 우리 제자들은 자기 반어린이들에게 읽힐 만한 아동문학 작품을 골라 아침자습시간이나 수업시간에 감상시키고 그 반응을 정리해서 서로 돌아가며 발표하고 토론하는 자리를 저와 함께 가져왔던 것입니다. 그러면서 우리는 반어린이들이 작품에 빠져드는 귀여운 모습을 보는 즐거움과 함께 문학 작품의 감상방법에 따른 교육적 효과를 가늠하는 안목을 조금씩 늘려가는 보람도 함께 나눌 수 있었습니다.

그러다가 제가 2007개정 교육과정에 따른 초등학교 새 국어교과서를 개발하는 책임을 맡게 되면서 하나의 문제의식을 갖게 되었지요. 다름 아니라 아무리 좋은 작품과 참신한 생각으로 멋진 교과서를 만들어보려 해도 규격화된 국정 교과서의 체제와 개발 검토 과정으로 인한 한계가 있다는 점입니다. 그리고 이를 보완할 교사용지도서도 한정된 지면과 틀에 매여 만들다보니 충분한 결과에 이르지 못하였다는 점입니다. 그래서 교사용지도서를 보조하면서 우리 초등학교 선생님들이 좀더 알차고 멋진 국어수업을 하도록 도와 줄만한 또 다른 도우미 책이 있었으면 하는 바람을 갖게 된 것입니다. 이 책은 바로 이런 문제의식과 필요성에 대하여 공감한 우리 〈아동문학을 소중히 여기는 모임〉 회원들과 함께 협동해서 이루어낸 결과물입니다.

이 책은 우선 2007년에 개정한 2학년 듣기 · 말하기, 읽기, 쓰기 교과서의 단원들 중 문학 단원만을 대상으로 삼아서 다음과 같은 점에 초점을 두어 만들었습니다.

첫째, 저희들은 창의적인 문학수업을 위해 교과서에 제시된 활동을 재구성하되 매 차시마다

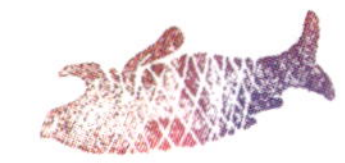

동기유발, 수업활동, 정리활동, 심화활동의 단계별로 상술했습니다.

둘째, 각 단원의 이해학습과 적용학습을 다음과 같은 차이를 두어 기술했습니다. 이해학습 차시에는 교과서 활동을 보조하되 지식이나 방법을 좀더 상세하게 안내할 수 있는 활동들을 두었고, 적용학습 차시에는 교과서에 제시된 활동을 재구성하거나 보완할 수 있는 새로운 활동을 추가하여 좀더 다채롭고 생기 있는 문학 수업이 되도록 하였습니다. 그리고 말미에 심화활동을 두어 문학 작품에 대한 보다 깊이 있는 이해와 감상을 돕고자 하였습니다.

셋째, 참고자료에는 단원 및 차시 학습 운영에 도움을 줄 수 있는 수업 원리나 방법을 안내하였고, 교과서 작품과 함께 읽으면 도움이 될 만한 관련 작품도 소개하였습니다.

넷째, 어린이들이 문학 작품을 이해하고 감상하는 즐거운 과정과 활동 결과물을 사진으로 담아 수업활동에 대한 이해를 돕고자 하였습니다.

다섯째, 각 차시 수업활동에 활용한 학습 활동지는 별도의 부록 자료로 담아 문학 수업에 곧바로 쓸 수 있도록 하였습니다.

이런 관점을 토대로 만든 이 책을 통해 우리나라 초등 국어를 담당할 선생님들이 교과서 속의 다양한 문학 작품을 좀더 쉽게 가르치고 어린이들이 문학 작품을 보다 알차고 재미있게 배울 수 있기를 바랍니다. 그래서 우리 어린이들이 모두 평생 독자로서의 기틀을 다지는 계기가 된다면 저와 우리 공동저자들에게 매우 큰 기쁨과 보람이 될 것입니다.

2010. 8.

공동 저자 대표   신헌재

차 례

|학기 |단원 _ 느낌을 말해요

|학기 4단원 _ 마음을 담아서

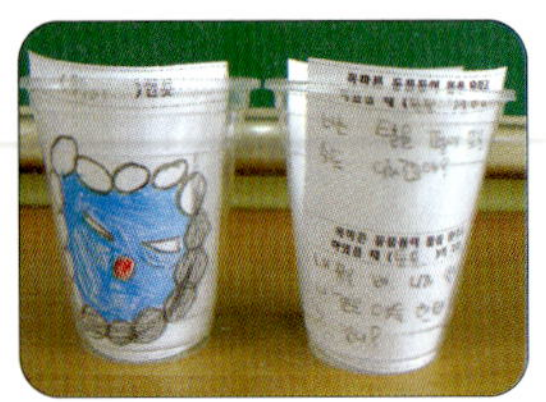

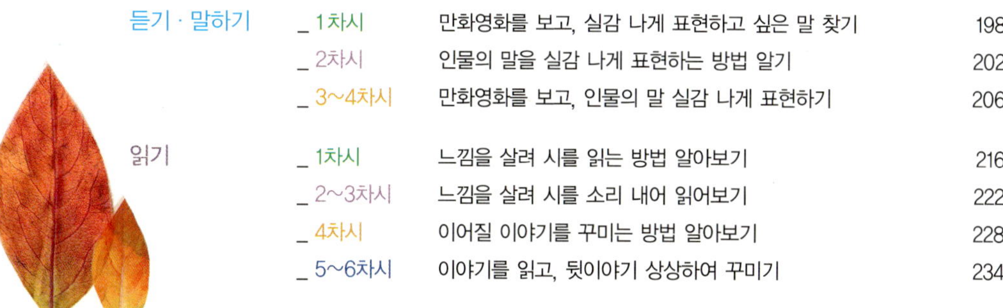

◆ 부록 : 학습 활동지 ◆

교과서 단원 구성

교과서 문학 단원의 내용을
전체적으로 조망할 수 있도록 정리

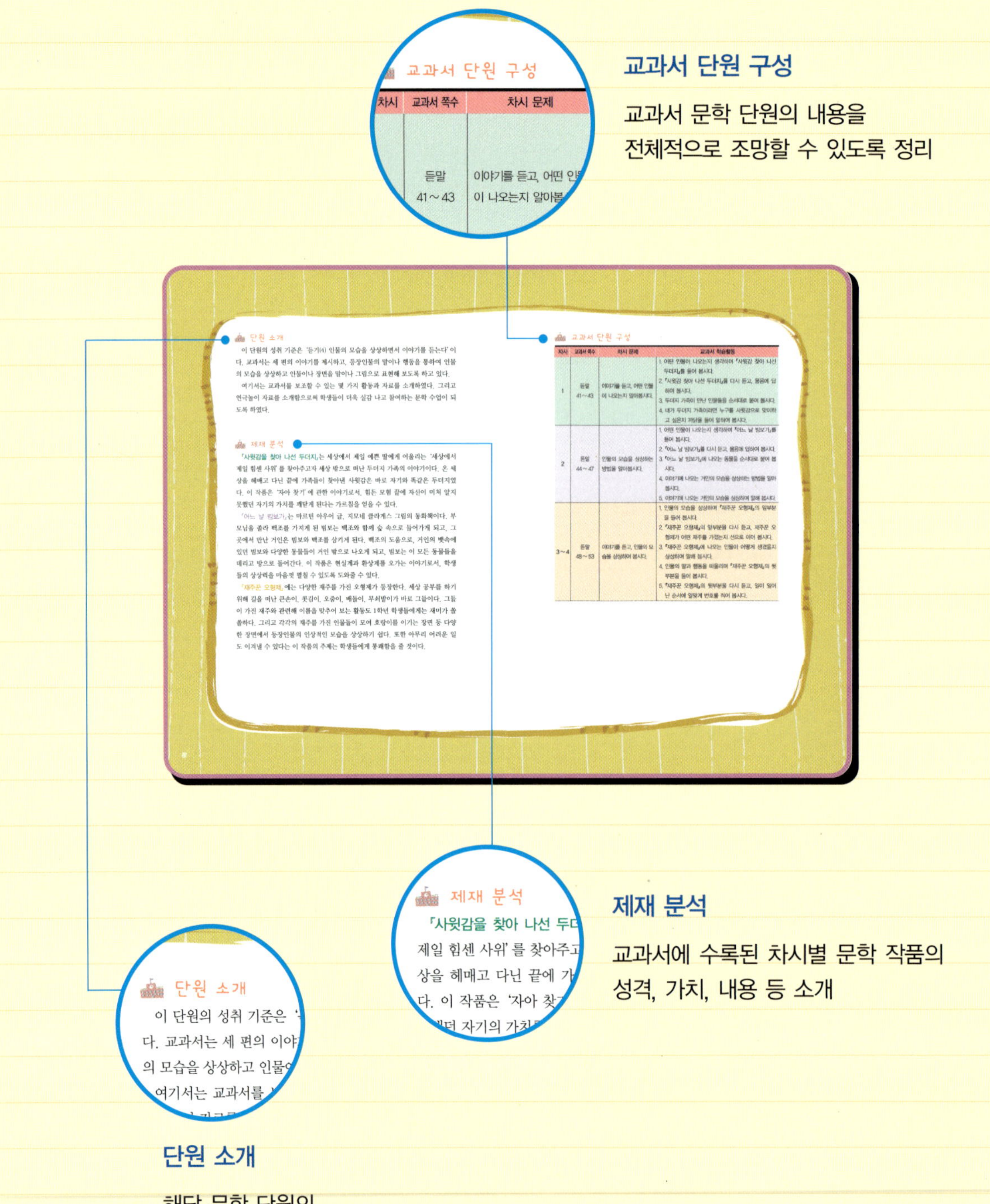

제재 분석

교과서에 수록된 차시별 문학 작품의
성격, 가치, 내용 등 소개

단원 소개

해당 문학 단원의
수업 자료 개발 방향과 그에 따른 수업활동을 안내

차시 정보

차시, 교과서 쪽수, 수록 작품 제목 명시

수업활동

문학수업을 위한 다양한 활동을 동기유발,
학습문제, 학습활동, 정리의 순서로 제시

※ 모든 활동을 적용할 경우 학습량이 많고 수업 시간
　 이 부족할 수 있으므로, 수업 설계, 학습 여건 등에
　 따라 선택적으로 사용하세요!

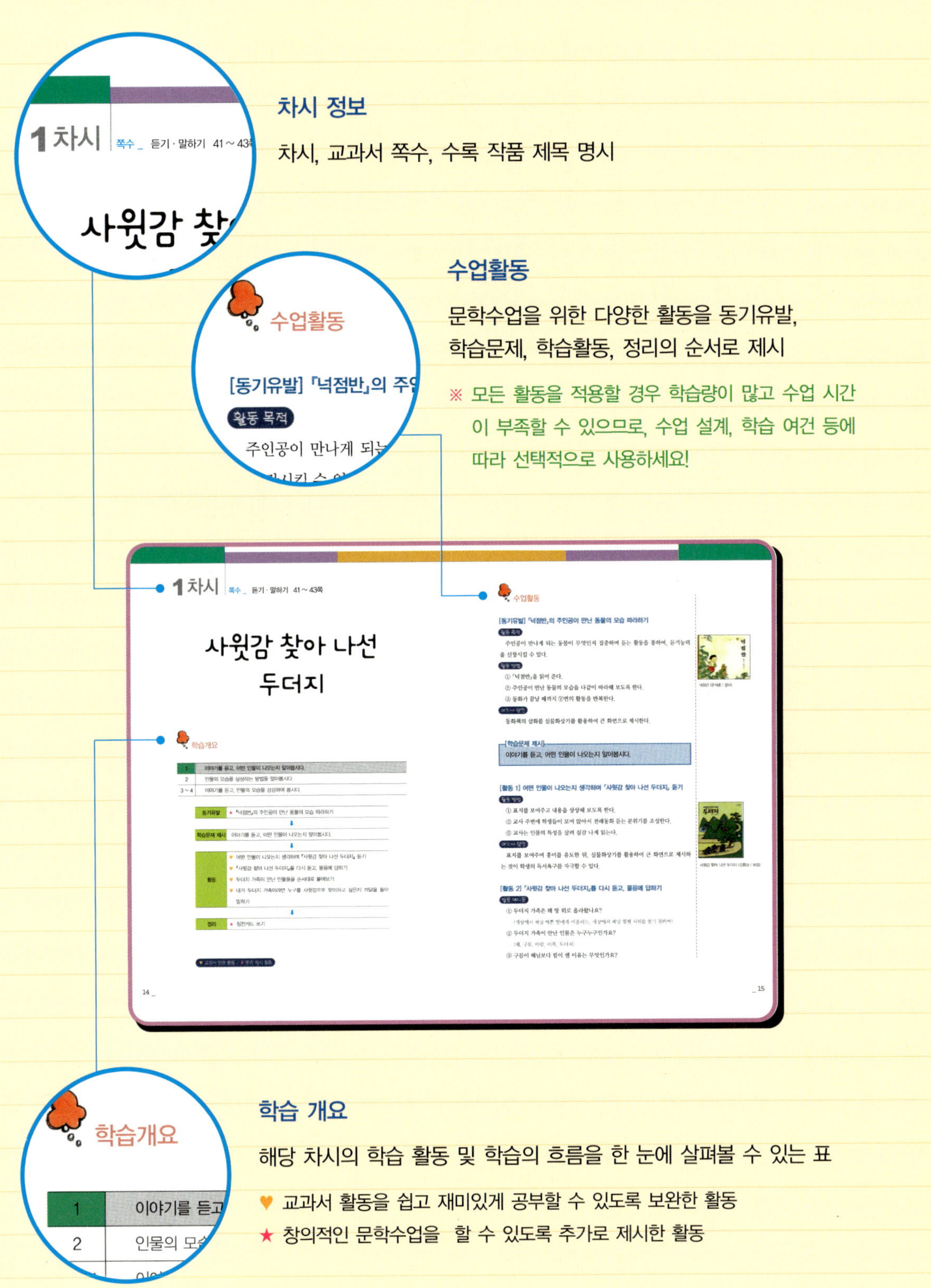

학습 개요

해당 차시의 학습 활동 및 학습의 흐름을 한 눈에 살펴볼 수 있는 표

♥ 교과서 활동을 쉽고 재미있게 공부할 수 있도록 보완한 활동
★ 창의적인 문학수업을 할 수 있도록 추가로 제시한 활동

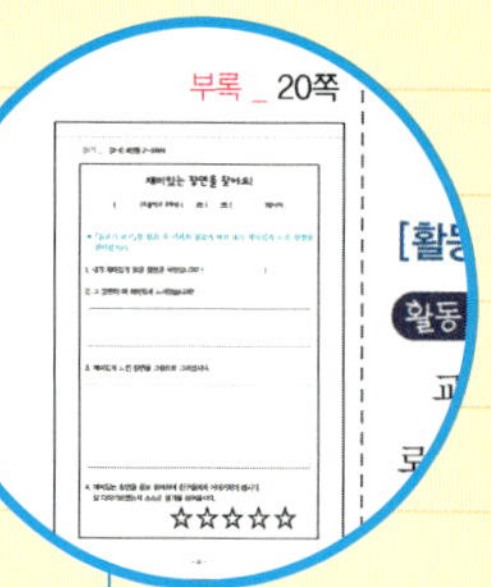

학습 활동지

수업에 활용한 학습 활동지를 작게 축소하여 본문 옆에 제시
학습 활동지를 별도의 부록 자료로 제작

※ 부록의 학습 활동지를 복사하여 수업에 바로 활용할 수 있어요.

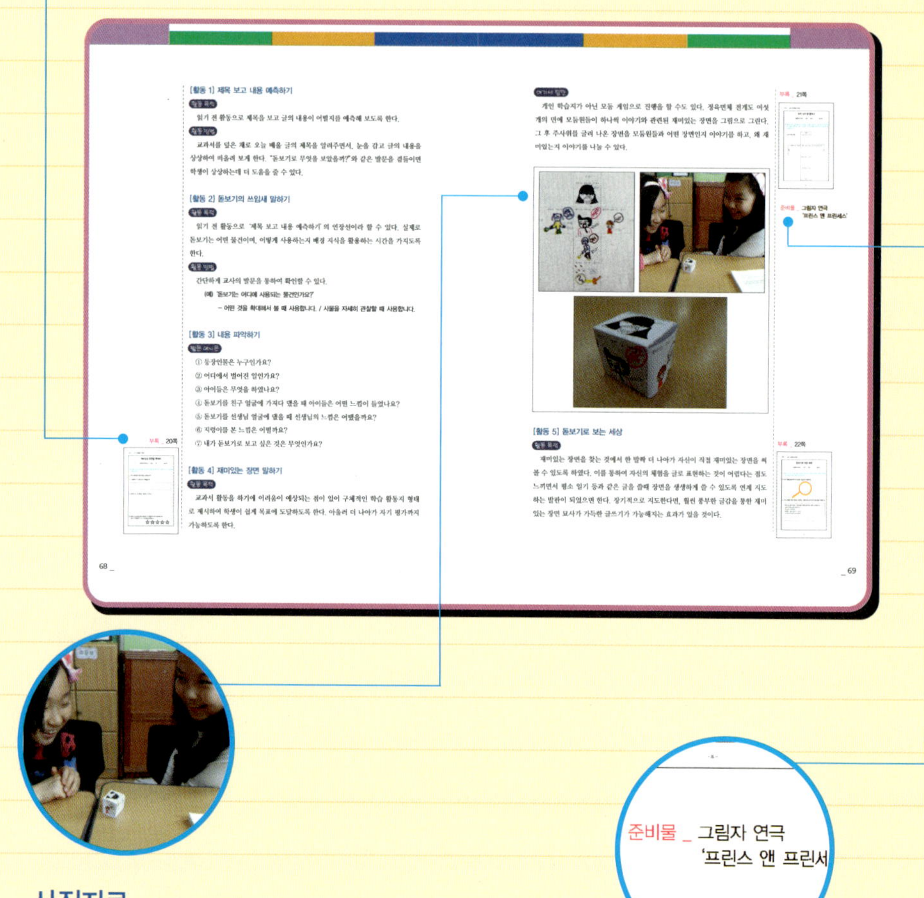

사진자료

학생 활동 모습 및 학습 결과물 수록

준비물 _ 그림자 연극
'프린스 앤 프린세스

준비물

해당 수업활동 바로 옆에 학습활동에
사용한 책이나 준비물 안내

참고 자료

교과서 수록 작품과 함께 읽으면 좋은 문학 작품을 소개하거나
단원 및 차시 수업을 위한 수업 원리나 방법을 안내

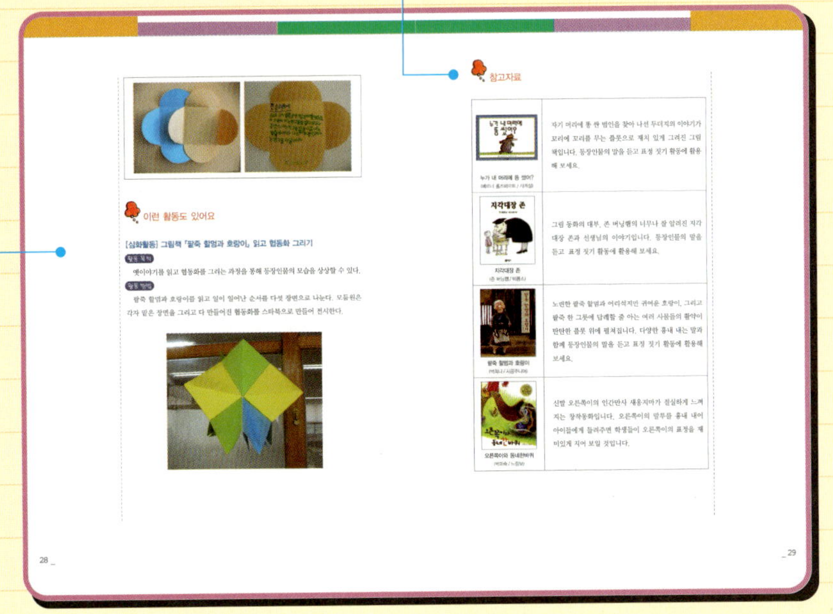

이런 활동도 있어요(심화활동)

문학 작품에 대한 깊이 있는 이해와 감상을 돕는 활동
또는 차시 학습 활동보다 한 단계 높은 수준의 활동 제시

느낌을 말해요

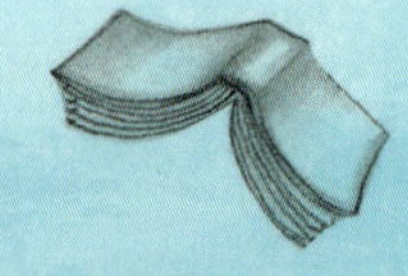

이야기를 들을 때에는 인물의 마음을 생각하면서 들어야 실감 납니다.
이야기에 나오는 인물의 마음을 알아보고, 인물에 알맞은 목소리, 표정, 몸짓으로
실감 나게 표현하여 봅시다.

🏫 단원 소개

　이 단원의 목표는 이야기에 나오는 인물의 마음을 알아보고, 인물에 알맞은 목소리, 표정, 몸짓으로 실감 나게 표현하는 것이다. 따라서 이 단원은 인물의 말에 나타난 마음 알아보기, 인물의 말을 실감 나게 표현하는 방법알기, 인물의 말을 실감 나게 표현해 보기를 주된 활동으로 하고 있다.

　1차시에서는 『호랑이와 곶감』이라는 학생들에게 친숙한 이야기를 이용하여 인물의 말에 나타난 마음을 알아보는 것을 목표로 한다. 이 때 인물의 말과 마음간의 상호관련성이 중요하므로, 주요 활동은 놀이를 통하여 이를 깨우칠 수 있도록 준비하였다. 또한 2학년 학생들이 감정을 표현함에 있어 알고 있는 단어가 적기 때문에 동기유발에서 최대한 많은 단어를 익힐 수 있도록 하였다.

　2차시에서는 『개미와 베짱이』를 통해 인물의 말을 실감 나게 표현하는 방법을 익히는 것을 목표로 한다. 이 때 1차시의 놀이활동을 응용하여 학습활동에 소요되는 시간을 단축하였다. 3차시는 돼지의 코가 못생기게 된 유래를 담고 있는 『수탉과 돼지』를 이용하여 실제로 학생들이 인물의 말을 실감 나게 표현을 하는 차시이다. 1차시에서 학습한 인물의 말에는 마음이 숨겨져 있다는 사실, 2차시에서 학습한 인물의 말을 표현하는 방법을 모두 알고 있어야 3차시에서 단원학습 목표에 자연스럽게 도달할 수 있다. 교과서에 제시된 역할극 준비 활동이 2학년에게 어렵다고 판단되어 이를 보조할 수 있는 활동지를 준비하였다.

🏫 제재 분석

　『호랑이와 곶감』은 내용이 쉽고 재미있으며 누구나 한번쯤 들어봤을 법한 옛이야기이다. 호랑이의 마음 변화와 곶감을 무서워하는 모습의 익살스러움이 수업에 흥미를 더해 줄 것이다. 옛이야기의 특성상 출판사마다 이야기의 세부 내용이나 뒷부분의 내용에 차이가 있다.

　『개미와 베짱이』는 베짱이가 여름과 겨울을 대하는 태도가 달라지는 것에 주의하여 이야기를 살피도록 한다. 요즘은 아주 교훈적이었던 원작에 새로운 해석을 덧입힌 이야기들도 많이 출판되었다. 다른 관점에서 새롭게 쓰여진 이야기를 학생들에게 들려주면 창의력을 키울 수 있을 것이다.

　『수탉과 돼지』는 돼지의 코가 못생기게 된 이야기를 짧으면서도 재미있게 다루고 있다. 돼지뿐 아니라 동물들의 생김새에 대하여 호기심을 유발할 수 있는 좋은 제재가 될 것이다.

차시	교과서 쪽수	차시 문제	교과서 학습활동
1	듣말 5~7	이야기에 나오는 인물의 말에 나타난 마음을 알아봅시다.	1. 인물의 마음을 생각하며 『호랑이와 곶감』을 들어 봅시다. 2. 호랑이의 말과 생각에 어울리는 그림을 찾아 붙이고, 그에 맞는 마음을 연결하여 봅시다. 3. 2에서 정리한 내용을 바탕으로 하여, 호랑이처럼 표현하여 봅시다.
2	듣말 8~9	인물의 말을 실감 나게 표현하는 방법을 알아봅시다.	1. 두 친구의 이야기 중에서 누구 이야기가 더 실감 나는지 생각하며 『개미와 베짱이』를 봅시다. 2. 『개미와 베짱이』를 다시 보고, 물음에 답하여 봅시다. 3. 이야기에 나오는 인물의 말을 실감 나게 표현하는 방법을 알아봅시다. 4. 『개미와 베짱이』에 나오는 인물의 말을 실감 나게 표현하여 봅시다.
3~4	듣말 10~15	이야기를 듣고, 인물의 말을 실감 나게 표현하여 봅시다.	1. 인물의 말에 주의하며 『수탉과 돼지』를 들어 봅시다. 2. 『수탉과 돼지』를 다시 듣고, 물음에 답하여 봅시다. 3. 이야기 속 인물의 마음을 알아보고, 알맞게 연결하여 봅시다. 4. 친구들과 역할을 정하여 실감 나게 표현하여 봅시다.

호랑이와 곶감

학습개요

1	이야기에 나오는 인물의 말에 나타난 마음을 알아봅시다.
2	인물의 말을 실감 나게 표현하는 방법을 알아봅시다.
3~4	이야기를 듣고, 인물의 말을 실감 나게 표현하여 봅시다.

| 동기유발 | ★ 표정에 어울리는 대사 말하기 |
| | ★ 마음을 나타내는 표현 알기 / (1) 하트쪽지 (2) 단어구름 |

⬇

| 학습문제 제시 | 이야기에 나오는 인물의 말에 나타난 마음을 알아봅시다. |

⬇

활동	★ 이야기의 내용 파악하기
	♥ 호랑이처럼 표현하기 – 호랑이가 되어
	♥ 호랑이처럼 표현하기 – 나레이티브 드라마로 표현하기

⬇

| 정리 | ★「호랑이와 곶감」 다시 듣기 |

[심화활동 1] 이야기 이해하고 상상력 키우기
[심화활동 2] 이야기 속 인물의 말과 마음 알아보기

♥ 교과서 관련 활동 / ★ 추가 제시 활동

수업활동

[동기유발 1] 표정에 어울리는 대사 말하기

활동 목적

이 차시에서 궁극적으로 도달하여야 할 목표는 인물의 말에 나타난 마음을 알아보는 것이다. 이를 본격적으로 학습하기 이전에 인물의 표정에서 느껴지는 대사를 추측해보는 활동을 먼저 함으로써 인물의 표정과 말이 서로 연관이 있음을 알게 한다. 뿐만 아니라 이는 활동 2에서 호랑이의 말과 마음을 연결할 때 호랑이의 표정 딱지를 붙이는 활동에도 도움이 될 수 있다.

활동 방법

PPT자료로 제시된 여러 가지 사진을 보고 어울리는 대사를 학생들이 직접 말하여 본다.

사진 예	대사 예
거만한 표정의 사진	내가 우리 반에서 제일 예뻐!
걱정하는 표정의 사진	엄마께서 아끼시는 도자기를 깨뜨렸으니 난 이제 엄청 혼날지도 몰라.
기쁜 표정의 사진	와~ 수학 시험 100점이다!
슬픈 표정의 사진	흑.. 내 친구 수진이가 전학을 간대.

여기서 잠깐

표정이 풍부하게 묘사된 만화영화 속 캐릭터나 유명한 인물의 사진을 써도 괜찮지만 우리 반 친구들의 사진을 사용하면 더 즐거운 수업 분위기를 조성할 수 있다.

[동기유발 2-1] 마음을 나타내는 표현 알기 - 하트쪽지

활동 목적

이 차시의 목표는 인물의 말에 나타난 마음을 알아보는 활동이다. 단순히 '기쁘다, 즐겁다, 슬프다' 등의 마음이 아니라 조금 더 상세하게 마음을 표현하고, 마음을 나타내는 표현이 아주 다양하다는 것을 알게 하는 것에 목적이 있다. 인물의 말을 보고 떠오른 느낌을 적절하게 표현할 수 있는 방법은 익히도록 한다.

준비물 _ 포스트잇

활동 방법

지금 나의 마음을 포스트잇에 써서 칠판 앞에 준비된 종이에 붙이게 한다. 마음을 표현하는 활동이므로 하트모양 포스트잇으로 준비하면 좋다. 학생들 것을 모아서 붙였을 때 전체 모양도 하트가 되도록 한다. 포스트잇에 들어가는 내용은 '새로운 한 주가 시작되니 상쾌하다.' 와 같이 구체적으로 쓰도록 안내한다.

여기서 잠깐

시중에 나와 있는 하트 모양의 포스트잇을 이용하면 편리하게 할 수 있다.

[동기유발 2-2] 마음을 나타내는 표현 알기 – 단어구름

준비물 _ 단어카드

활동 목적

동기유발 2-1과 큰 목적면에서는 같은 맥락의 활동이다. 즉, 느끼는 감정을 적절하게 표현하지 못하는 사태를 방지하기 위하여 마음을 나타내는 표현을 많이 익히는 것이다. 다만, 동기유발 2-1에서는 학생들이 직접 단어를 찾고 써야하지만 여기에선 교사가 최대한 다양한 단어를 먼저 제시해주는 것에 차이가 있다.

활동 방법

느끼는 감정, 지금 나의 마음을 나타낼 수 있는 여러 가지 단어를 구름모양의 단어카드로 칠판에 붙여둔다.

> (예) 후회한다, 만족한다, 기대한다, 통쾌하다, 억울하다, 화나다, 신나다, 상쾌하다, 지루하다, 지치다, 답답하다, 행복하다, 속상하다, 약오르다, 창피하다, 부끄럽다, 반성하다, 뿌듯하다 등

여기서 잠깐

시중에 나와 있는 구름 모양의 포스트잇을 사용할 수 있다.

[학습문제 제시]

이야기에 나오는 인물의 말에 나타난 마음을 알아봅시다.

[활동 1] 이야기의 내용 파악하기

활동 방법

① 호랑이는 원래 어디에서 살고 있었나요?

② 호랑이는 왜 산 아래로 내려왔나요?

③ 방 안에는 누가 있나요?

④ 호랑이는 어떤 이야기를 듣게 되었나요?

⑤ 호랑이는 왜 곶감을 무서워하였나요?

[활동 2-1] 호랑이처럼 표현하기 – 호랑이가 되어

활동 목적

부록 _ 1쪽

이야기에서 호랑이가 한 말을 떠올리고 그때의 마음을 이해하는 활동이다. 표정
딱지를 활용하면 인물의 마음을 좀더 쉽게 떠올려 말할 수 있다.

활동 방법

호랑이의 표정이 담겨있는 종이딱지를 모둠별로 10장 정도씩 나누어준다. 표정이
보이지 않도록 뒤집어 놓은 후 돌아가면서 표정을 하나 선택한 뒤, 자신이 선택한
표정에 알맞은 호랑이의 대사를 말해보도록 한다.

[활동 2-2] 호랑이처럼 표현하기 – 나레이티브 드라마로 표현하기

활동 목적

등장인물의 행동을 몸으로 표현해 보며 그때의 마음을 이해하는 활동이다. 교사
가 들려주는 내용을 듣고 그때 등장인물의 동작을 상상하여 표현해 봄으로써 인물
의 마음을 이해하고 표현력과 창의력을 기를 수 있다.

활동 방법

교사가 특정인물에 대한 해설을 들려주면 아동이 그에 알맞은 행동을 상상하여
표현하는 동작을 직접해보고 그때 인물의 마음이 어떠했을지 발표해 보도록 한다.

아래의 예를 제시하여 교사가 시범보이거나 학생에게 연습시킬 수 있다.

> (예) 백설공주는(예쁜 공주를 표현하는 동작) 왕비가(사악한 표정으로 웃는 동작) 준(사과를 주는 동작) 독사과를 먹고(독사과를 먹고 숨막혀하는 동작) 깊은 잠에 빠져 들었어요. (쓰러지는 동작)

[정리] 「호랑이와 곶감」 다시 듣기

자신이 호랑이의 말에 나타나있는 마음을 파악할 수 있는지 생각하며 『호랑이와 곶감』을 다시 들어보도록 한다.

이런 활동도 있어요

[심화활동 1] 이야기 이해하고 상상력 키우기

활동 목적

부록 _ 2쪽

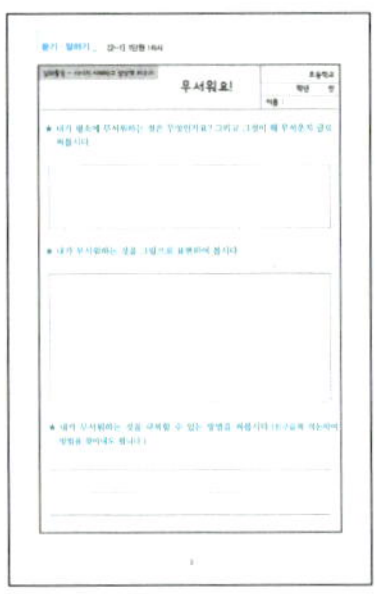

『호랑이와 곶감』과 관련된 다양한 발문과 활동을 통하여 문학 작품을 더 깊이 알게 하는데 목적이 있다. 문학 작품에 대한 친근감과 호기심을 높이고 적극적인 감상 활동을 유도할 수 있다.

활동 방법

① 내가 무서워하는 것은?

이야기 속의 호랑이가 '곶감' 이 무서운 괴물인 줄 알고 무서워서 벌벌 떨었던 것처럼 자신이 평소 무서워하는 것에 대해 생각해 보고 이야기하는 시간을 갖는다. 첨부된 학습 활동지에 '내가 무서워하는 것' 을 그림과 글로 표현하게 한 뒤 자유롭게 발표할 수 있는 시간을 갖는다. 학습 활동지는 수업이 끝난 후 교실 뒤 게시판에 게시하여 친구들과 생각을 나눌 수 있는 기회를 제공한다.

② 호랑이가 무서워하는 것은?

『호랑이와 곶감』에서 호랑이는 곶감 소리에 울음을 뚝 그치는 아이를 보고 곶감이 자기보다 훨씬 더 무서운 괴물이라고 생각한다. 이러한 호랑이는 곶감 이외에 또 무엇을 무서워할지 상상해 보게 하고 이에 대한 이유도 함께 써보게 한다.

③ 우는 아이를 달래는 방법 생각해 보기

이야기 속의 아이는 호랑이가 잡으러 온다는 말에도 울음을 그치지 않다가 '곶감' 준다는 말에 울음을 뚝 그친다. 우는 아이를 달래는 방법에는 어떤 것들이 있는지 창의적으로 생각해 보게 한다.

[심화활동 2] 이야기 속 인물의 말과 마음 알아보기

활동 목적

학습목표가 이야기에 나오는 인물의 말에 나타난 마음을 알아보는 것이다. 교과서에 제시된 『호랑이와 곶감』의 대사 몇 가지만 가지고 학습목표를 도달했다고 판단하기 어렵다. 이야기를 활용하여 인물의 말에 따른 그 마음을 알아보는 것을 좀더 연습하고 적용해 본다.

활동 방법

① 짧게 이야기를 들려준 후 활동지를 나누어 주고 각자의 생각을 적어보도록 한다.
② 모둠원이 돌려보며 서로의 생각을 비교해 본다.

여기서 잠깐

이야기를 수업시간 내에 다 들려줄 수 없는 경우가 많으므로 학생들이 미리 알고 있는 동화를 수업에 활용하는 것이 좋다.

부록 _ 3쪽

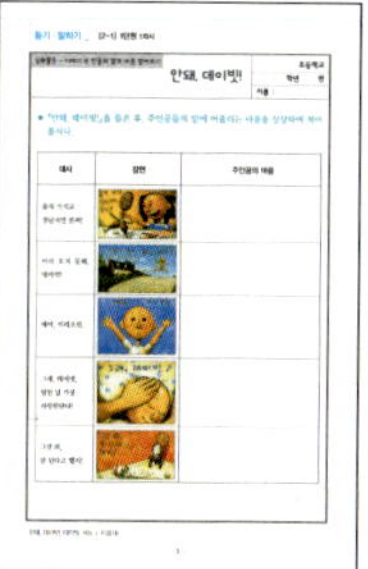

 지각대장 존 (존 버닝햄 / 비룡소)	날마다 엉뚱한 변명을 늘어놓으며 지각을 하는 존을 선생님은 늘 혼낸다. 어느 날 선생님에게 이상하면서도 위험한 일이 일어나지만 존이 모른 척 하게 되는 역전의 상황을 담고 있다.
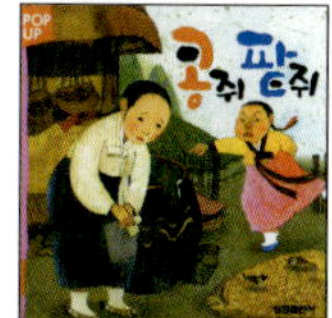 콩쥐팥쥐 (유아교육연구소 / 삼성출판사)	늘 구박을 하는 새엄마의 밑에서 일을 하던 콩쥐가 여러 동물들의 도움으로 사또 아들과 결혼까지 이르게 되는 이야기이다. 특히 이 책은 팝업으로 되어 있어 시각효과가 뛰어나다.
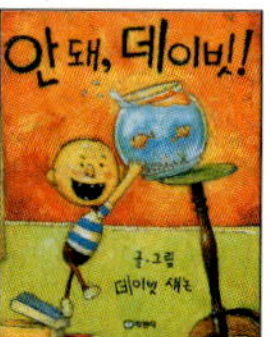 안 돼, 데이빗! (데이빗 섀논 / 지경사)	말썽꾸러기 데이빗은 엄마가 하지 말라는 일만 한다. 일을 저지르고 용서를 구하는 데이빗과 그런 데이빗에게 화를 내면서도 사랑해주는 엄마의 모습이 담겨 있다.

 참고자료

[나레이티브 드라마란?]

　교실 연극 기법 중의 하나로 교사가 들려주는 이야기에 알맞은 동작을 취해 봄으로써 이야기를 체험하는 활동이다. 연극이 익숙하지 않은 저학년일수록 적용하기에 적합하다.

　교육연극에는 크게 Theatre-in-Education, Drama-in-Education, Youth Theatre가 있으며 그 외에도 Creative Drama 등의 형태가 있다. 이 중 나레이티브 드라마는 D.I.E(Drama-in-Education)의 기본 형태라고 할 수 있다. D.I.E는 학과목 속의 문제들을 가르치기 위한 수단으로서 드라마를 활용하는 형태로, 교실 안에서 교사와 학생 간에 이루어지는 교육연극을 말한다. 드라마틱 게임, 타블로(정지된 화면)만들기, role play 등의 방법을 통해 사회적인 기술을 습득하게 해준다.

〈교육연극에 참고가 될 사이트〉

교육연극을 통한 공동체 의식 함양 _ http://cafe.naver.com/ivyron

교육연극 소꿉놀이 _ http://cafe.daum.net/dramaineducation

[호랑이와 곶감]

대본 _ 교사용 지도서 60쪽 참고

플래시 동화 _ http://www.joybook.com/dongwha/data/C/CA/CA00009/book.swf

[호랑이와 곶감 출판사 비교]

호랑이와 곶감
(글 위기철 / 그림 김환영 / 국민서관)

붓글씨로 이루어진 서체와 다색판화로 꾸며진 삽화가 옛이야기의 정서와 느낌을 한층 더 살려내고 있다. 삽화에서 행동과 표정 하나하나가 재미있고 익살스럽게 표현되어 있다. 동화 뒷부분은 토끼꼬리가 짧아진 이유를 실어내고 있어 흥미를 자아낸다.

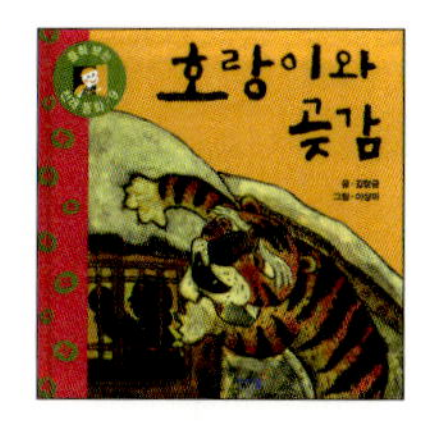

호랑이와 곶감

(글 김향금 / 그림 이상미 / 아이즐북스)

입체북 시리즈 중 하나로 이야기의 장면을 입체로 펼쳐 보면서 실감나고 흥미 있게 이야기를 읽을 수 있다.

호랑이와 곶감

(글 김양순 / 그림 노성빈 / 계림닷컴)

어린아이들이 그린 듯한 삽화가 인상적이다. 소리나 모양을 흉내 내는 말에 해당하는 단어를 크게 처리하여, 할머니에게 직접 듣는 듯한 기분을 느낄 수 있다.

 ## 이런 책도 있어요

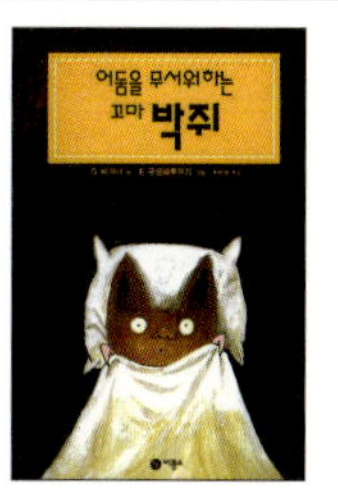

어둠을 무서워하는 꼬마 박쥐

(게르다 바게너 / 비룡소)

박쥐라면 당연히 어둠을 좋아해야 하지만 주인공 꼬마 박쥐는 어둠을 무서워한다. 이 책은 그러한 주인공이 이를 극복해가는 과정을 그리고 있는 성장이야기이다. 두려움을 극복해내는 용기를 주제로 저학년 학생들에게 지도하면 좋은 책이다.

개미와 베짱이

학습개요

1	이야기에 나오는 인물의 말에 나타난 마음을 알아봅시다.
2	인물의 말을 실감 나게 표현하는 방법을 알아봅시다.
3 ∼ 4	이야기를 듣고, 인물의 말을 실감 나게 표현하여 봅시다.

동기유발	★ 등장인물 알아맞히기 ★ 학습 목표 알기 – 단어 퀴즈! 퀴즈!

⬇

학습문제 제시	인물의 말을 실감 나게 표현하는 방법을 알아봅시다.

⬇

활동	♥ 이야기의 내용 파악하기 ★ 등장인물의 마음 인터뷰하기 ♥ 「개미와 베짱이」를 실감 나게 표현하기 – 주인공 표정 그리기

⬇

정리	★ 미로 활동지

♥ 교과서 관련 활동 / ★ 추가 제시 활동

 **수업활동**

[동기유발 1] 등장인물 알아맞히기

활동 목적

  간단한 퀴즈를 통하여 이야기 속 등장인물에 대한 호기심을 불러일으키는 것이 이 활동의 목적이다.

활동 방법

  오늘 배울 이야기에 나오는 등장인물에 대하여 단계별 퀴즈를 통해 알아맞힌다.

① 1단계 : 글자 수 힌트

② 2단계 : 사는 곳 힌트

③ 3단계 : 특징 힌트

④ 4단계 : 동작 힌트

⑤ 5단계 : 이야기 힌트

[동기유발 2] 학습 목표 알기 – 단어 퀴즈! 퀴즈!

활동 목적

  이 차시의 학습목표는 인물의 말을 실감 나게 표현하는 방법을 아는 것이다. 이 중 '실감 나게' 라는 단어가 매우 중요하고 확실하게 알아야 할 필요성이 있다고 판단된다. 이에 '실감 나게' 를 알아맞히는 퀴즈를 낸다.

활동 방법

  단어 중 한 음절을 빈 칸으로 제시한다. 그 빈 칸에 들어가는 단어를 이어서 이야기하면 '실감 나게' 가 되도록 한다.

화 장 ?	실
곳 ?	감
개 ? 리	나
? 시 판	게

→ PPT자료를 미리 제작하거나 칠판에 판서하여 제시한다.

> **[학습문제 제시]**
>
> 인물의 말을 실감 나게 표현하는 방법을 알아봅시다.

[활동 1] 이야기의 내용 파악하기

활동 방법

① 여름에 베짱이는 무엇을 하였나요?

② 여름에 개미는 무엇을 하였나요?

③ 겨울에 베짱이는 개미를 찾아가 무슨 말을 하였나요?

④ 개미는 베짱이의 말을 듣고 어떻게 하였나요?

[활동 2] 등장인물의 마음 인터뷰하기

활동 목적

인물의 말을 실감 나게 표현하기 위해서 1차시에서 다루었던 것처럼 인물의 말과 인물의 마음간의 상관관계를 알아야 한다. 따라서 등장인물의 마음이 어떠할지 알아보는 활동을 먼저 함으로써 바로 다음에 이어지는 실감 나게 표현하는 활동의 발판이 되도록 한다.

활동 방법

먼저 짝끼리 개미와 베짱이가 되어 서로의 마음이 어땠는지 인터뷰한다. 짝활동이 끝나면 반 학생들 앞에 나와서 인터뷰할 친구들을 뽑는다. 개미와 베짱이는 교사가 묻는 질문에 곤충 말(예: 베짱베짱 베짜장)로 대답하게 한다. 이 때 짝꿍이 나와서 그 곤충 말을 해석해주게 된다.

① (개미에게) 여름 내내 노래만 부르는 베짱이를 볼 때 마음이 어땠니?

② (개미에게) 베짱이가 먹을거리를 나누어 달라고 부탁했을 때 마음이 어땠니?

③ (베짱이에게) 여름 내내 일만 하는 개미를 볼 때 마음이 어땠니?

④ (베짱이에게) 개미에게 먹을거리를 나누어 달라고 부탁할 때 마음이 어땠니?

[활동 3] 『개미와 베짱이』를 실감 나게 표현하기 – 주인공 표정 그리기

부록 _ 4쪽

활동 목적

직접 등장인물의 표정과 몸짓을 하기 전에 먼저 그림으로 표현해 보는 것이다. 주인공의 마음을 알고 있으나 쑥스러워 표정이나 몸짓으로 표현하지 못하는 학생이 있을 수 있기 때문이다. 학생들이 인물의 마음을 잘 알고 있는지 표정딱지 그리기를 통해 확인할 수 있다.

활동 방법

1차시에 했던 표정딱지 활동과 놀이 방법은 같다. 다만, 1차시에는 표정이 이미 그려진 표정딱지를 제시했다면, 이번에는 학생이 직접 표정딱지를 그려서 만드는 것에 차이가 있다. 표정딱지 놀이 후, 표정딱지를 인물의 말에 어울리는 곳에 붙여서 마무리한다.

[정리] 미로 활동지

 **활동 목적**

배운 내용을 재미있게 확인하고 쉽게 기억할 수 있도록 고안된 활동이다.

활동 방법

‘시작’ 에서 출발하여 ‘끝’ 으로 통과하도록 미로 활동지를 푼다. 미로의 길을 제대로 찾아가는 중간에는 ‘표정, 목소리, 몸짓’ 이라는 세 가지의 보물을 획득할 수 있다. 이를 활동지의 제일 마지막에 있는 빈 칸에 차례대로 쓰도록 한다.

부록 _ 5쪽

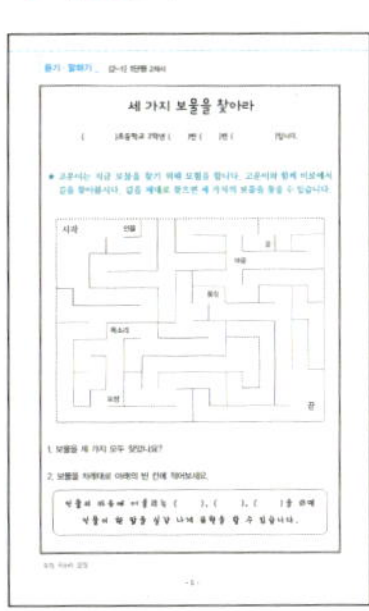

이런 책도 있어요

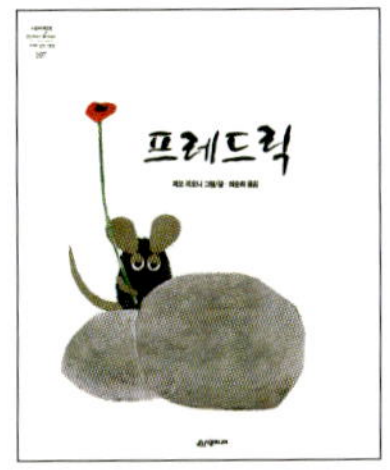

프레드릭
(레오 리오니 / 시공주니어)

『개미와 베짱이』를 ‘쥐’ 의 이야기로 바꾸어 놓았다고 생각하면 되는 책이다. 다만 베짱이는 무조건 놀았지만, 주인공 쥐는 다른 관점에서 일을 하였다고 그려진다. 사회에서의 ‘일’ 에 대한 개념을 넓힐 수 있는 책이다.

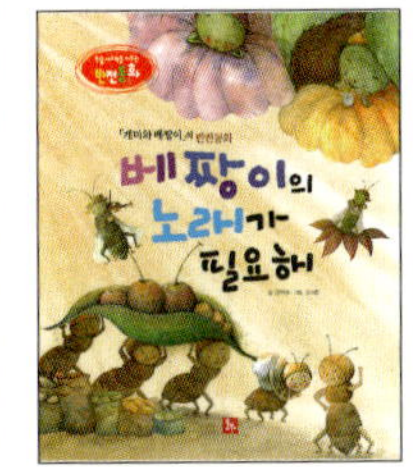

베짱이의 노래가 필요해
(글깨비 / 글뿌리)

원작 『개미와 베짱이』에 뒷이야기를 덧붙여 베짱이의 노랫소리가 필요하다는 반전을 담고 있는 책이다. 같은 상황에서도 ‘베짱이의 노래’ 가 쓸모없는 존재가 아니라는 것을 일깨우고 있다.

수탉과 돼지

 학습개요

1	이야기에 나오는 인물의 말에 나타난 마음을 알아봅시다.
2	인물의 말을 실감 나게 표현하는 방법을 알아봅시다.
3 ~ 4	이야기를 듣고, 인물의 말을 실감 나게 표현하여 봅시다.

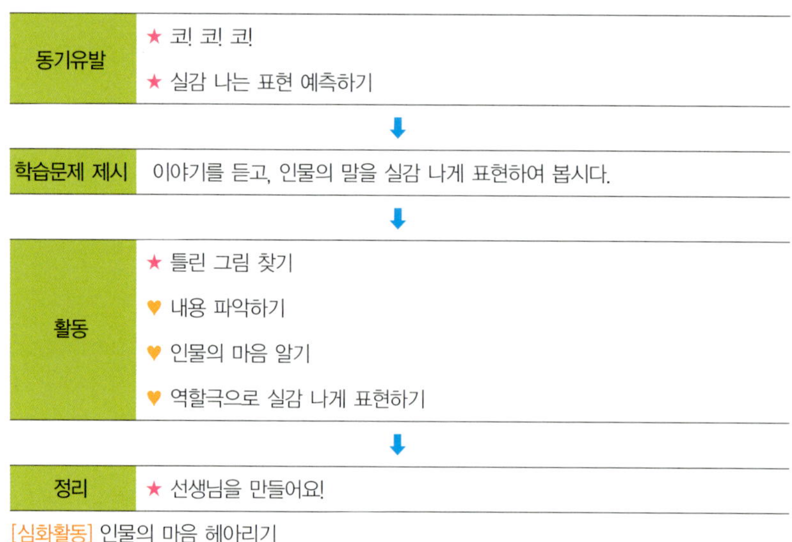

 수업활동

[동기유발 1] 코! 코! 코!

활동 목적

　이야기에 대한 흥미를 불러일으키고 돼지코가 처음부터 이렇게 못생겼을지에 대해 생각해보게 한다.

활동 방법

　여러 사람들의 돼지코 사진을 보여준다. 이런 코를 무엇이라고 하는지 물어보고 왜 돼지코라고 부르는지, 돼지코가 왜 이렇게 못생겼는지 등에 대해 생각해보고 답하게 한다.

여기서 잠깐

　자신의 반 아동의 사진을 직접 찍어서 수업에 활용하면 더 즐거워하며 흥미를 이끌어 낼 수 있다.

[동기유발 2] 실감 나는 표현 예측하기

활동 목적

　인물의 말을 실감 나게 표현해 보는 활동을 하기 전에 인물의 대사에 어울리는 표정과 몸짓을 예측하고 상상해 보도록 함으로써 직접 표현할 때 어려움을 덜 느끼도록 한다.

활동 방법

　2학년 학생의 수준에 적합한 만화 영화를 영상 없이 소리만 먼저 들려준다. 그 후 주인공이 어떤 표정과 몸짓을 하였을지 예측하여 발표하도록 한다. 다시 영상과 함께 보여주면서 자신의 예측이 맞았는지 확인함과 동시에 실감 나게 표현하기 위하여 어떻게 하였는지 살펴보도록 한다.

만화영화 예시

　개구리 중사 케로로, 짱구는 못말려 등

[학습문제 제시]

이야기를 듣고, 인물의 말을 실감 나게 표현하여 봅시다.

[활동 1] 틀린 그림 찾기

활동 목적

교과서의 그림을 미리 살펴보며 왜 이렇게 바뀌었는지 추측을 하는 놀이를 함으로써 내용에 대하여 흥미를 불러일으킬 수 있도록 하는 읽기 전 활동이다.

활동 방법

교과서 10쪽과 12쪽에 있는 각각의 돼지와 닭의 모습을 서로 비교하여 보여준다. 두 그림을 보고 틀린 그림 찾기 퀴즈 형식으로 진행한다. 미리 교과서 삽화를 사진으로 찍거나 스캔을 하여 PPT자료로 제시하면 효과적이다.

[활동 2] 내용 파악하기

활동 방법

① 주인공은 누구인가요?

② 지금과 예전의 돼지 모습은 어디가 다른가요?

③ 지금과 예전의 닭의 모습은 어디가 다른가요?

④ 사람들을 도우라고 하였을 때 돼지의 반응은 어떠하였나요?

[활동 3] 인물의 마음 알기

활동 목적

교과서 13쪽에 있는 인물의 마음과 행동(표정)을 연결짓는 활동을 보완하여 제시하였다. 인물의 마음과 행동(표정)은 서로 관련이 크다는 것을 자신이 직접 표현하는 활동이다.

활동 방법

사람 아코디언북을 이용하여 등장인물의 행동(표정)을 그림으로 그리고 밑 부분에는 그에 어울리는 마음을 쓰도록 한다. 아코디언북의 뒷면에 해당되는 대사를 써 보는 것도 좋겠다.

사람 아코디언북 만드는 방법 : 산접기와 골접기를 교차로 한 후, 적절한 모양으로 잘라서 사용하면 된다. 이 방법은 사람 모양, 눈사람 모양 등으로 변형이 가능하다.

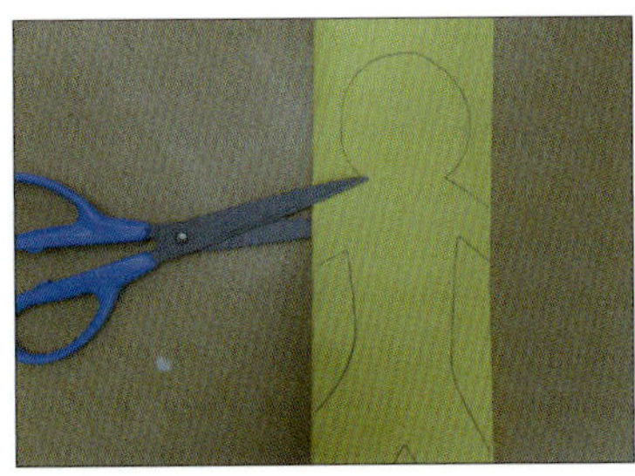 

[활동 4] 역할극으로 실감 나게 표현하기

부록 _ 6쪽

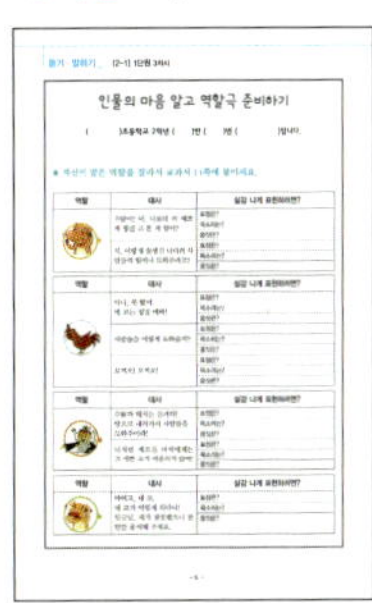

교과서 14쪽의 빈 칸 채우기 활동을 보완하여 좀더 구체적인 학습 활동지를 제작하였다. 학습 활동지 중 자신이 해야 할 대사에 알맞은 표정과 목소리, 몸짓을 적어 보고 이를 바로 역할극에 사용할 수 있도록 한다.

역할극 머리띠를 직접 준비하는 시간을 가지면 역할극에 좀 더 진지하게 참여할 수 있다.

[정리] 선생님을 만들어요!

부록 _ 7쪽, 8쪽, 9쪽

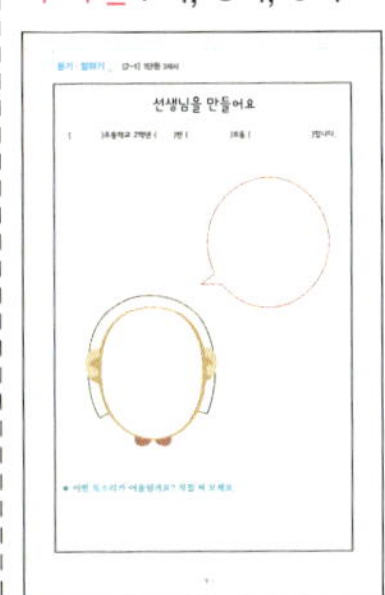

1차시부터 4차시까지의 목표와 긴밀히 연결되면서, 평소 생활에서 자주 경험할 수 있는 상황을 통하여 부록 7, 8, 9쪽의 학습 활동지를 모둠별로 나누어 준다.

상황에 알맞는 표정과 몸짓이 되도록 잘라 붙이고 목소리는 직접 적어서 완성한다.

모둠별로 상황을 각기 다르게 제시하면 더 재미있게 할 수 있다.

사람 형체를 교사의 사진으로 제시해주면 재미있는 수업이 될 수 있을 것이다.

이런 활동도 있어요

[심화활동] 인물의 마음 헤아리기

활동 목적

지금까지의 활동이 이야기에 나오는 등장인물의 마음을 헤아려보는 것이었다면, 심화활동은 나의 주변 사람들은 일상 생활에서 어떤 마음을 갖고 있는지 헤아려보는 활동이다. 수업 시간에 배운 내용이 이야기에서 끝나지 않고 일상 생활에 응용할 수 있다는 것을 깨닫고, 이를 통하여 평소에도 다른 이의 마음을 헤아리고 배려할 수 있도록 한다.

활동 방법

입체 창문북을 이용한다. 한 쪽은 친구나 부모님, 선생님을 떠올리며 실감났던 순간의 표정과 몸짓을 그림으로 그리도록 한다. 그리고 한 쪽에는 그 때의 인물의 말과 마음을 적도록 한다. 이를 교실에 전시하여 친구들 작품을 보며 다양한 인물의 마음을 헤아려 보도록 한다.

여기서 잠깐

입체 창문북 만드는 방법 : 검정색 기본 틀은 삼각접기를 하고 한 쪽은 OHP필름으로 막는다. 남은 2면에 글과 그림을 넣으면 된다.

참고자료

[정서 발달]

이 시기 어린이들은 자신만의 세계를 중심으로 모든 것을 생각하고 느끼는 특성을 가지고 있다. 이들의 흥미와 행동, 사고의 특성은 한마디로 자기 중심적이라는 점이다. 그래서 어린이들은 자기 나름대로 이해하기 쉬운 작품 주인공을 좋아하고 보통 한 가지 관점에만 중심을 두고 생각하고 느끼는 경향을 지니고 있다.

그래도 이 시기의 어린이들은 처음으로 타인에 대한 감정이입이 발달하기 시작해서, 어른들이 "너는 거기서 무엇을 느꼈니?", "너라면 어떻게 했겠니?"와 같이 물을 때, 어린이들 나름대로 대답할 수 있게 된다. 그리고 어린이들은 책 속의 가족 관계를 통해서 따뜻한 분위기와 온정을 감득하고, 인간의 보편적이고 긍정적인 세계를 감지할 줄도 알게 된다. 그런 한편, 이 시기의 어린이들은 작가가 작품 속에 자기 의견과 주제를 드러내듯이, 어린이 스스로도 독립된 의견을 내세우며 자기 의견과 주장을 내세우고, 자기 성취를 즐기는 면을 보이는 경우도 있다.

무엇보다 이 시기 어린이들은 작품이 그려낸 정서 속에 깊이 빠져 들어갈 수 있어서, 책이야말로 감동을 나타낼 수 있는 효과적인 도구라는 경험을 잘 받아들일 수 있다고 본다.

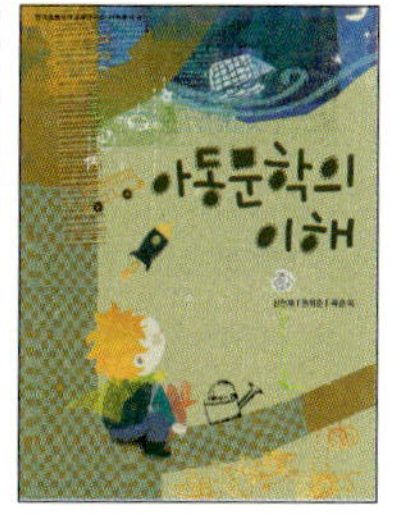
아동문학의 이해
(신헌재 · 권혁준 · 곽춘옥 / 박이정)

느낌을 말해요

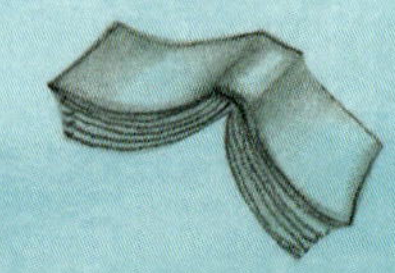

시나 이야기를 읽을 때에 반복되는 말이나 재미있는 말의 느낌을 살려 읽으면
실감이 납니다. 말의 느낌을 살려 시나 이야기를 읽어 봅시다.

시나 이야기를 읽을 때 말의 느낌을 살려 읽으면 더 실감 나게 읽을 수 있다.

말의 느낌을 잘 이해하기 위해서는 내용의 이해 못지않게 음성적인 측면도 중요하다. 이 단원에서는 시의 운율을 살려 읽는 활동, 이야기를 구어체와 문어체로 읽어 비교하는 활동을 통해 말의 음성적인 느낌을 지도하고 있다. 이 단원은 말의 느낌을 살려 실감 나게 읽음으로써, 시나 이야기 등에 나타난 작품의 내용을 효과적으로 이해하고 표현하여 학습자의 수용 능력을 향상시키는데 그 목적이 있다. 학습자는 이 단원을 통해 반복되는 어휘가 주는 즐거움과 말 속에 숨겨진 리듬감(운율)을 느낄 수 있고 언어의 유희성을 발견하며 작품을 수용할 수 있다.

학습자가 말의 재미를 충분히 느낄 수 있도록 하기 위해 리듬감이 두드러지는 시와 전래동요, 이야기가 수록되었으며, 읽는 방법과 태도에 따라 표현 효과가 달라짐을 직접 체험할 수 있도록 활동이 구성되었다.

「영치기 영차」, 『개구리네 한솥밥』은 백석의 동화시 중 하나이다. 동화시는 이야기를 운문의 형식에 담아낸 시의 갈래로, 내용적인 관점에서 보면 사건의 전개나 이야기성이 있는 줄거리를 갖추고 있어 동화의 성격이 드러나는 것이 특징이다. 하지만 형식적인 관점에서는 운율을 지니고 있으므로 동시라고 볼 수 있다. 교과서에 실린 『개구리네 한솥밥』은 쌀 한 말을 얻으러 이웃 마을에 가던 개구리가 어려움에 처한 동물들을 차례로 구해 주고 돌아오는 길에 어려움에 처하게 되나 이번에는 그들의 도움으로 위기를 벗어나 한 식구처럼 한솥밥을 해 먹는다는 내용이다. 또한 이 시는 시어와 문장을 되풀이하여 흥겨운 시의 운율을 빚어내고 있으며, 의성어와 의태어의 적절한 사용, 생생한 묘사로 이야기에 생기와 재미를 주는 작품이다.

『꿩꿩 장서방』은 옛날부터 민간에서 널리 불려온 전래동요이다. 장서방은 수컷 꿩을 장끼라고 부르는데서 유래되었으며 노랫말은 묻고 답하는 형식으로 구성되어 있다. 손뼉이나 소고 등을 이용하여 장단을 치며 노래로 부르면 더욱 흥겨운 감상이 될 것이다.

「설문대 할망」은 제주도의 창제에 얽힌 설화이다. 남해가 무릎까지 밖에 차지 않는 거대한 설문대 할망이 흙을 떠와 한라산을 만들고, 뾰족한 산을 깎아 백록담을 만드는 등의 이야기는 학생들로 하여금 신비로움을 느끼게 한다. 설문대 할머니의 비범한 능력과 그로 인해 만들어진 제주도의 지형들의 모습을 비교해보는 것도 색다른 재미를 줄 것이다. 할머니의 행동을 묘사한 의성어, 의태어를 찾고 말의 느낌을 살려 읽어보는 것은 글을 읽는 또 하나의 묘미가 될 것이다.

교과서 단원 구성

차시	교과서 쪽수	차시 문제	교과서 학습활동
1	읽기 5~8	말의 느낌을 살려 읽는 방법을 알아봅시다.	1. 새싹이 돋아나는 모습을 떠올리며 「영차기 영차」를 읽어 봅시다. 2. 「영차기 영차」의 한 부분을 읽고, 말의 느낌을 살려 읽는 방법을 알아봅시다. 3. 말의 느낌을 살려 읽는 방법을 정리하여 봅시다.
2~3	읽기 9~14	반복되는 말의 느낌을 살려 시를 낭송하여 봅시다.	1. 반복되는 말의 느낌을 생각하며 「개구리네 한솥밥」을 읽어 봅시다. 2. 「개구리네 한솥밥」을 읽고, 물음에 답하여 봅시다. 3. 반복되는 말의 느낌을 살려 「개구리네 한솥밥」을 낭송하여 봅시다. 4. 그림을 보며 선생님께서 들려주시는 시를 듣고, 이야기를 하여 봅시다.
4	읽기 15~16	재미있는 말의 느낌을 살려 시를 낭송하여 봅시다.	1. 말의 느낌을 살려 「꿩꿩 장서방」을 읽어 봅시다. 2. 「꿩꿩 장서방」을 읽고, 물음에 답하여 봅시다. 3. 「꿩꿩 장서방」에서 어떤 말이 재미있는지 이야기하여 봅시다. 4. 친구들과 묻고 답하면서 「꿩꿩 장서방」을 낭송하여 봅시다.
5~6	읽기 17~21	말의 느낌을 살려 이야기를 읽어 봅시다.	1. 재미있는 말을 생각하며 「설문대 할망」을 읽어 봅시다. 2. 「설문대 할망」을 읽고, 물음에 답하여 봅시다. 3. 말의 느낌을 살려 「설문대 할망」을 다시 읽어 봅시다. 4. 글 **1**과 글 **2**를 읽고, 말의 느낌이 서로 어떻게 다른지 이야기하여 봅시다.

영치기 영차

 학습개요

1	말의 느낌을 살려 읽는 방법을 알아봅시다.
2~3	반복되는 말의 느낌을 살려 시를 낭송하여 봅시다.
4	재미있는 말의 느낌을 살려 시를 낭송하여 봅시다.
5~6	말의 느낌을 살려 이야기를 읽어 봅시다.

동기유발	★ 재미있는 노래 부르기 ★ '봄' 놀이하기

⬇

학습문제 제시	말의 느낌을 살려 읽는 방법을 알아봅시다.

⬇

활동	♥ 재미있게 낭송하기 ♥ 몸짓으로 표현하기 ★ 시에서 반복되는 말과 재미있는 표현 찾기

⬇

정리	★ 동시집 소개하기

♥ 교과서 관련 활동 / ★ 추가 제시 활동

 수업활동

[동기유발 1] 재미있는 노래 부르기

활동 목적

이 차시의 제재인 「영치기 영차」는 반복되는 표현과 재미있는 표현이 들어 있어 학생들이 재미있게 낭송할 수 있는 시이다. 이 차시는 말의 느낌을 살려 읽는 방법을 터득하기 위해서 반복되는 말과 재미있는 말의 느낌을 잘 살려 읽는 활동에 중점을 두고 있다. 수업 활동에 들어가기 전에 학생들이 많이 알고 있는 놀이 노래 중 반복되는 말이 들어있는 노래를 불러 보면 좋다.

활동 방법

학생들이 많이 알고 있는 재미있는 노래 중에 반복되는 말이 들어있어 따라 부르기 쉬운 노래를 함께 불러본다. 다음과 같은 노래를 활용할 수 있다.

> 원숭이 똥구멍은 빨개 / 빨가면 사과 / 사과는 맛있어 / 맛있으면 바나나 / 바나나는 길어 / 길으면 기차 / 기차는 빨라 / 빠르면 비행기 / 비행기는 높아 / 높으면 백두산
>
> 한꼬마 두꼬마 세꼬마 인디언 / 네꼬마 다섯꼬마 여섯꼬마 인디언 / 일곱꼬마 여덟꼬마 아홉꼬마 인디언 / 열꼬마 인디언
>
> 아기 개구리가 / 고양이를 보고 / 깜짝 놀라 / 물속으로 풍덩 / 하하 우습다 / 하하 우습다 / 겁쟁이다 개구리 // 둘째 개구리가 / 멍멍이를 보고 / 깜짝 놀라 / 물속으로 풍덩 / 하하 우습다 / 하하 우습다 / 겁쟁이다 개구리

[동기유발 2] '봄' 놀이하기

활동 목적

「영치기 영차」는 새싹이 돋아나는 모습을 통해 봄이 가진 생명력과 새로운 희망을 보여주는 있는 시이다. '봄'을 주제로 한 마인드맵을 그려 보는 활동은 감상하게 될 시 작품과 긴밀히 연결되면서 2학년 1학기 읽기 첫 차시의 시작 활동으로 잘 어울린다.

활동 방법

① '봄이 왔어요', '봄바람', '봄' 등의 동요를 함께 불러 본다.

② 칠판에 '봄' 마인드맵 그려 본다.

③ '봄'이라는 말을 듣고, 떠오르는 낱말을 자유롭게 말하여 본다.

준비물 _ 노래 플래시 자료

대한의 노래 (이은상 / 현제명)
열꼬마 인디언 (미국민요)
아기 개구리

준비물 _ A4용지, 칠판 자석

말의 느낌을 살려 읽는 방법을 알아봅시다.

[활동 1] 재미있게 낭송하기

준비물 _ 배경음악

활동 목적

시를 이해하고 시의 아름다움을 진심으로 느끼기 위해서는 '마음을 열고 진정으로 시를 받아들이게 하는 것'이 중요하다. 그러기 위해서는 우선 시를 재미있게 낭송해 보는 활동을 통해 시 읽기의 즐거움을 느끼도록 해야 할 것이다.

활동 방법

다음의 다양한 낭송 방법 중 몇 가지를 선택하여 재미있게 낭송해 본다.

① 혼자, 짝을 지어, 모둠별로 낭송을 해 본다.

② 재미있게 편을 나누어(남자와 여자, 안경 쓴 학생과 안 쓴 학생, 이름에 '이응'이 들어가는 학생과 그렇지 않은 학생 등) 낭송해 본다.

③ 배경음악과 어울리는 목소리로 낭송한다.

④ 효과음을 넣어 낭송한다. (전체 학생을 두 팀으로 나누어 한 팀은 시의 본문을 낭송하고, 다른 한 팀은 효과음을 넣거나 시에 있는 소리를 흉내 내는 말을 낭송한다.)

⑤ 후렴구를 재미있게 바꾸어 낭송한다.

⑥ 노래 부르는 듯이 낭송한다.

⑦ 흉내 내는 말의 느낌을 즐기며 낭송한다.

여기서 잠깐

학생들에게 기억에 남을 만한 낭송의 경험을 제공하기 위해 다양한 시 낭송의 방법들을 소개하고, 시 낭송이 즐겁고 자연스러운 분위기 속에서 이루어질 수 있도록 지도하면 좋다.

[활동 2] 몸짓으로 표현하기

활동 목적

시를 낭송할 때 내용에 어울리는 손유희를 하게 되면 내용을 쉽게 기억하게 된다. 저학년 학생들의 표현의 욕구를 충족시키는 활동으로 좋다.

활동 방법

① 시의 한 장면(싹이 틀 때의 장면)을 몸짓으로 표현해 본다.

② 시의 후렴구(히-영치기 영차, 히-영치기 영차)에 어울리는 몸짓을 표현해 본다.

③ 혼자, 또는 모둠 친구들과 함께 몸짓으로 시를 표현해 본다.

[활동 3] 시에서 반복되는 말과 재미있는 표현 찾기

활동 목적

교과서 수록 작품으로만 수업하기 부족하다는 생각이 들 경우에 학생들이 즐겨 낭송할 수 있는 시를 찾아 주는 것만으로도 시 지도에 큰 효과를 거둘 수 있다. 특히 시에서 반복되는 말과 재미있는 표현을 찾아보는 활동을 통하여 그것에 유의하여 시를 낭송할 때와 그렇지 않을 때의 차이점을 알 수 있도록 한다.

활동 방법

① 재미있는 말, 반복되는 말이 들어 있는 시 6편을 소개한다.

② 재미있는 말은 파란색 색연필로, 반복되는 말은 빨간색 색연필로 표시해 본다.

③ 내가 찾은 말과 친구가 찾은 말을 서로 비교해 본다.

④ 가장 재미있었던 시를 뽑고 외워서 낭송해 본다.

[정리] 동시집 소개하기

활동 방법

말의 느낌을 살려 읽을 수 있는 동시, 저학년 어린이들이 재미있게 읽을 수 있는 동시가 수록된 책을 소개한다. 재미있는 말, 반복되는 말이 들어있는 동시를 통해 말의 느낌을 충분히 가지도록 안내한다.

부록 _ 10쪽

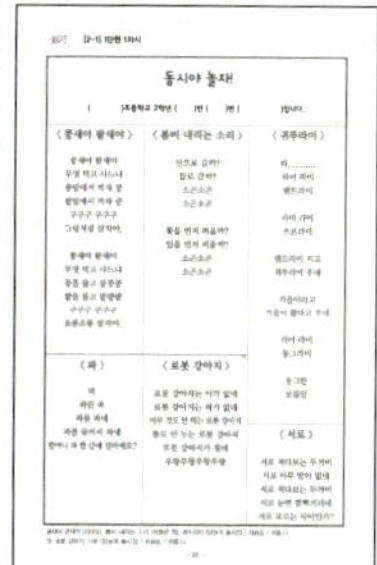

랄랄라동요 (편집부 / 삼성출판사)

저학년을 위한 동요 동시집
(한국아동문학학회 / 상서각)

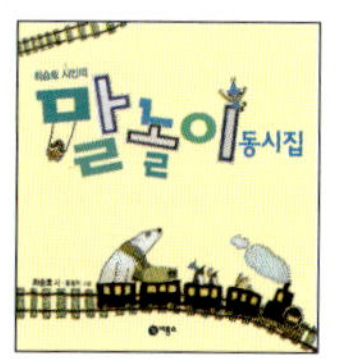

말놀이 동시집 1~5 (최승호 / 비룡소)

개구리네 한솥밥

학습개요

1	말의 느낌을 살려 읽는 방법을 알아봅시다.
2~3	반복되는 말의 느낌을 살려 시를 낭송하여 봅시다.
4	재미있는 말의 느낌을 살려 시를 낭송하여 봅시다.
5~6	말의 느낌을 살려 이야기를 읽어 봅시다.

동기유발	★ 곤충 이름 알아맞추기 ★ 동작 스피드 퀴즈

⬇

학습문제 제시	반복되는 말의 느낌을 살려 시를 낭송하여 봅시다.

⬇

활동	♥ 시 조각 퍼즐 맞추기 ♥ 그림보고 이어지는 시 듣기 - 등장인물이 한 말, 반복되는 표현 정리 ♥ 시의 장면을 그림으로 표현하고 낭송하기

⬇

정리	★ 친구의 낭송을 듣고 잘한 점 칭찬하기

[심화활동 1] 이어질 시 내용 상상하기 - 시 흉내 내어 써 보기

[심화활동 2] 백석의 다른 작품 찾아 읽어 보기

♥ 교과서 관련 활동 / ★ 추가 제시 활동

수업활동

[동기유발 1] 곤충 이름 알아맞추기

활동 목적

『개구리네 한솥밥』에는 다양한 동물들이 등장하고 있는데 특히 곤충이 많이 등장한다. 곤충 이름을 알아맞혀 보는 활동을 통하여 제재글에 대한 흥미를 유발한다.

활동 방법

① 학생들에게 곤충의 일부분만 보여주고 곤충 이름을 알아맞히도록 한다.

② 학생들에게 곤충의 소리만 들려주고 어떤 곤충인지 알아맞히도록 한다.

[동기유발 2] 동작 스피드 퀴즈

활동 목적

학생들이 곤충이나 동물의 특징을 동작으로 표현하고 알아맞히는 활동이다. 자유롭고 창의적인 표현이 이루어지고 집중력과 흥미를 높이는데 도움이 된다.

활동 방법

① 동물이름이 써 있는 동물 카드를 준비한다.

② 동물 카드를 보고 한 학생이 전체 학생 앞에서 동작으로 흉내를 낸다.

③ 나머지 학생들은 어떤 동물인지 알아맞히도록 한다.

[학습문제 제시]

반복되는 말의 느낌을 살려 시를 낭송하여 봅시다.

[활동 1] 시 조각 퍼즐 맞추기

활동 목적

시에 담긴 의미나 느낌을 잘 살려 낭송하기 위해서는 시의 내용과 의미를 내면화하는 것이 중요하다. 『개구리네 한솥밥』은 서사의 구조를 가지고 있는 시이므로 본격적으로 낭송하기 전에 시의 앞뒤 내용과 순서를 생각해 보게 한다.

활동 방법

① 『개구리네 한솥밥』(교과서 수록 부분)을 인쇄하여 미리 적당하게 잘라 놓는다.

② 잘라 놓은 시 조각들을 두꺼운 도화지(마분지)에 붙여 자른다.

③ 모둠별로 한 세트씩 나누어 주고 시 조각들을 순서대로 맞추도록 한다.

　(접착 벨크로를 이용하여 시 조각들을 부직포 판에 순서대로 나열해 볼 수도 있다.)

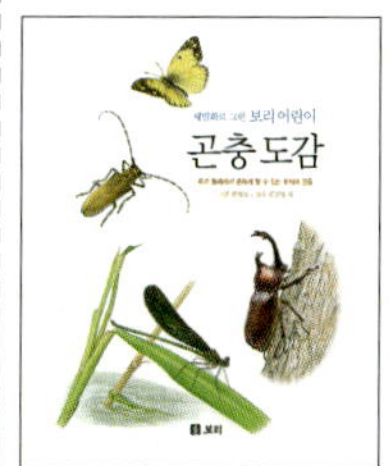

세밀화로 그린 곤충도감 (도토리 / 보리)

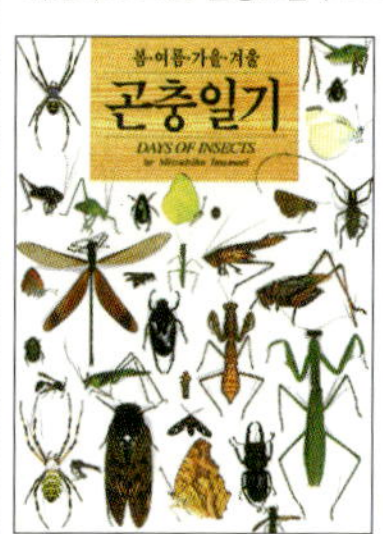

곤충일기 (이마모리 미쓰히코 / 진선)

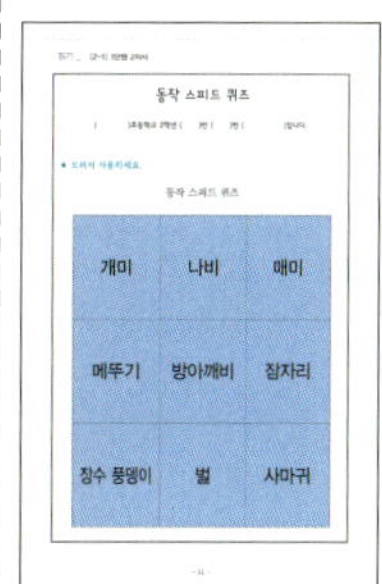

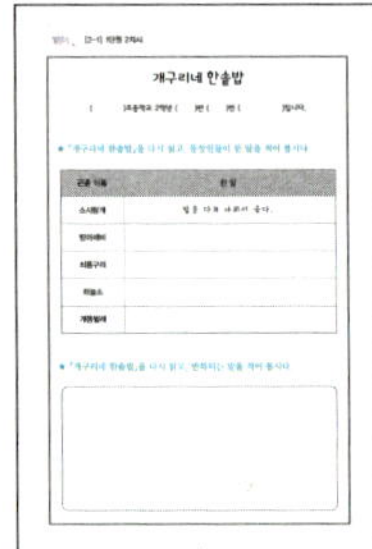

부록 _ 13쪽

놀이 활동을 하면서 반복되는 말을 생각하면 시를 빨리 완성할 수 있다는 것을 깨닫도록 유도한다.

[활동 2] 그림보고 이어지는 시 듣기 – 등장인물이 한 말, 반복되는 표현 정리

활동 목적

교과서에서는 수록된 시에 더 이어지는 내용을 삽화로 제시하고 교사가 시를 들려주도록 하고 있다. 교과서 활동과 함께 함께 들은 내용을 바탕으로 반복되는 표현과 등장인물에 어울리는 표현을 찾는 활동을 더 해보면 좋다. 또 이야기의 등장인물이 한 말, 반복되는 표현을 찾아 정리해 볼 수 있도록 유도한다.

활동 방법

시를 다시 들려주고 학생들이 등장인물이 한 말, 반복되는 표현을 정리해 볼 수 있도록 지도한다.

	개구리가 한 말	개구리가 한 일
개구리	소시랑게야, 너 왜 우니?	① 소시랑게 다친 발 고쳐 주었네.
	방아깨비야, 너 왜 우니?	② 길 잃은 방아깨비 길 가리켜 주었네.
	쇠똥구리야, 너 왜 우니?	③ 구멍에 빠진 쇠똥구리 끌어내 줬네.
	하늘소야, 너 왜 우니?	④ 풀에 걸린 하늘소 놓아주었네.
	개똥벌레야, 너 왜 우니?	⑤ 물에 빠진 개똥벌레를 건져 주었네.

곤충이름	한 말	반복되는 표현
소시랑게	발을 다쳐 아파서 운다.	① 개구리 덥적덥적 길을 가노라니.
방아깨비	길을 잃고 갈 곳 몰라 운다.	② 우는 소리 들렸네.
쇠똥구리	구멍에 빠져 못 나와 운다.	③ ~ 한 마리 엉엉 우네.
하늘소	풀대에 걸려 가지 못해 운다.	④ ~ 우는 것이 가엾기도 가엾어.
개똥벌레	물에 빠져 나오지 못해 운다.	⑤ 개구리는 뿌구국 물어보았네.
		⑥ ~ 울다 말고 대답하는 말.
		⑦ ~ 운다.
		⑧ 개구리는 바쁜 길 잊어버리고 ~ 네.

내용 파악을 위해 시를 듣고 ○× 퀴즈를 풀도록 해도 좋다.

① 개구리는 쌀 한 말을 얻으려 길을 나섰다. (O)

② 소시랑게는 개구리의 다친 발을 고쳐 주었다.　　　　　　　　(×)

③ 방아깨비는 길을 잃고 갈 곳을 몰라 울고 있었다.　　　　　　(O)

④ 방아깨비는 골목길에서 엉엉 울고 있었다.　　　　　　　　　(×)

⑤ 하늘소는 구멍에 빠져 못 나와 울고 있었다.　　　　　　　　(×)

⑥ 개구리는 물에 빠진 개똥벌레를 건져 주었다.　　　　　　　　(O)

[활동 3] 시의 장면을 그림으로 표현하고 낭송하기

활동 목적

시를 읽고 떠오르는 장면이나 생각 그리기 활동은 어슴프레하던 상상이 형상화 됨에 따라 시의 장면이 마음 속에 각인되어 재미와 인상이 오랫동안 남게 한다. 또, 시의 세계를 그림으로 나타내기 위해서 학생들은 한 번이라도 시를 더 읽게 된다.

활동 방법

그림의 형식은 자유롭게 하여 학생의 느낌을 충분히 표현할 수 있도록 한다.

부록 _ 14쪽

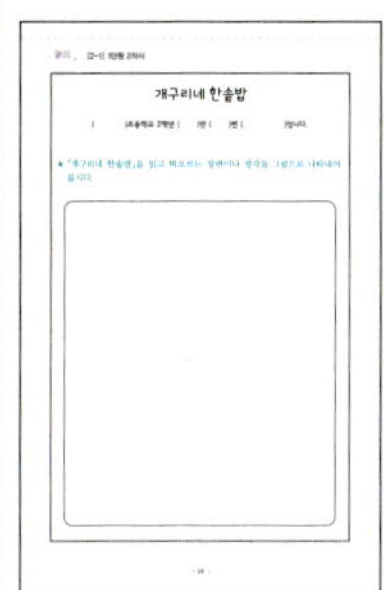

[정리] 친구의 낭송을 듣고 잘한 점 칭찬하기

활동 방법

친구의 낭송을 듣고 잘한 점을 칭찬해 주는 활동이다. 포스트잇이나 별 스티커 등을 활용하여 친구의 그림에 칭찬할 점을 써서 붙여주거나 스티커를 붙여 보는 활동을 통해 상호평가를 할 수 있다.

이런 활동도 있어요

[심화활동 1] 이어질 시 내용 상상하기 – 시 흉내 내어 써 보기

활동 목적

이 시의 반복되는 말에 어울리는 내용을 학생들이 직접 생각해 보도록 하여 상상 력을 길러줄 수 있도록 한다. 학생들이 이어질 시의 내용을 창의적으로 꾸며 쓸 수 있는 기회를 제공한다.

부록 _ 15쪽

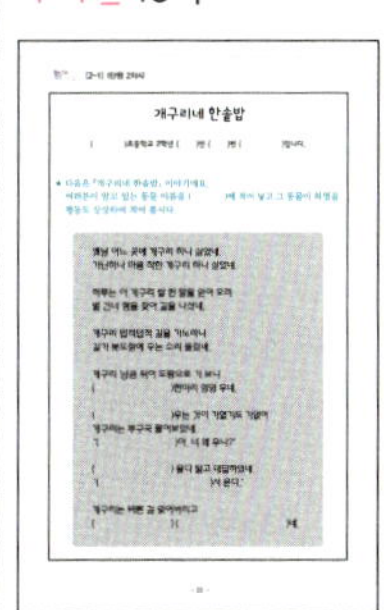

활동 방법

① 시에 등장하면 어울릴만한 다른 동물을 생각해보고, 모둠 친구들과 어떤 내용 으로 쓸지 상상해 본다.

② 학습 활동지에 반복되는 말을 제시하고, 동물 이름과 행동, 대사 등은 괄호 채 우기 형태로 제시한다.

③ 모둠에서 완성한 시를 카드로 엮어서 교실에 전시할 수 있다.

시의 내용에 반 학생 이름을 넣어서 써 보는 것도 재미있다.

[심화활동 2] 백석의 다른 작품 찾아 읽어 보기

교과서에 실린 작품과 비슷한 작품을 더 찾아 읽어봄으로써 학생들이 배운 내용을 적용해 볼 수 있다. 또한 수업 시간 외의 책읽기를 통해 학습 목표 도달을 위한 책읽기가 아니라 스스로 찾아 읽는 책읽기의 즐거움도 누릴 수 있을 것이다.

『귀머거리 너구리와 백석 동화나라』 (백석 / 웅진닷컴)

어린이 문학에도 관심이 많았던 백석은 시와 동화를 절묘하게 조화시켜 동화시라는 새로운 장르를 창조하였다. 그의 동화시에는 우리말의 리듬과 운율이 녹아있으며 기승전결이 뚜렷한 완결된 이야기 구조를 보이고 있어 빼어난 문학성을 보여준다. 주체의식을 테마로 하는 이야기와 향토적 색채가 짙은 작품들은 학생들에게 희망과 용기를 줄 수 있을 것이다. 백석의 이 책은 교과서에 수록된 『개구리네 한솥밥』이외에도 다음의 이야기들을 담고 있다.

이야기 하나. 『귀머거리 너구리』

동물들은 너구리가 귀머거리인 줄도 모르고, 사람들이 소리쳐 쫓아도 도망치지 않는 너구리를 용감하다고 생각한다. 그래서 너구리를 대장으로 삼고 마을로 내려가 사람들과 싸우게 되는데, 앞서 가고 있던 너구리는 사람을 보자 제일 먼저 달아나 버린다. 일의 근본을 제대로 알지 못하고 작은 것에만 집착하는 어리석음을 비판하고 있다.

이야기 둘. 『개구리네 한솥밥』

쌀을 얻으러 형네 집에 가던 개구리가 어려움에 처한 여러 동물들을 구해 준다. 개구리가 집으로 돌아오는 길에 어려운 상황이 닥치자 도움을 받았던 동물들이 하나씩 차례로 나타나 개구리에게 도움을 주고, 개구리가 가져온 쌀로 한솥밥을 끓여 모두들 같이 먹는 장면이 나온다. 남에게 베풀면 복을 받는다는 보편적이고도 아름다운 진리를 담고 있다.

이야기 셋. 『집게네 네 형제』

집게네 네 형제 중 막내를 제외한 셋은 지금의 모습이 영 마음에 들지 않는다. 그래서 화려한 소라나 우렁 껍질을 쓰고 다닌다. 그러나 삼형제는 모두 소라나 우렁을 잡아먹는 다른 동물들에게 잡아먹히게 되고, 자신의 모습을 부끄러워하지 않고 당당히 여긴 막내만 살아남게 된다. 무엇보다 가장 소중한 것은 자기 자신의 마음가짐이라는 중요한 가르침을 담고 있다.

뼈 없는 오징어가 자기 뼈를 빼앗아 간 검복을 찾아가 온 힘을 다해 힘차게 맞서 싸운다. 오징어는 검복에게서 빼앗긴 뼈 하나를 되찾아 오면서 먹물을 뿌려 검복의 살결이 지금처럼 얼룩덜룩해졌다. 이 이야기는 자기 자신을 지키려면 어떻게 해야 하는 것인지 보여주고 있다.

이런 책도 있어요

반복되는 재미있는 표현들이 많아 학생들이 재미있어 할 만한 이야기를 차시 수업에 활용하거나 학생들에게 소개해 준다.

 옛날 옛날에 파리 한 마리를 꿀꺽 삼킨 할머니가 살았는데요 (심스태백 / 베틀북)	이 책은 미국에서 오랫동안 입으로 전해지던 민속시가를 유머러스하면서도 재미있는 그림들을 활용해 보여주고 있는 그림책이다. 계속해서 나오는 반복되는 표현은 학생들로 하여금 노래를 부르는 듯한 느낌을 전해주며 그 내용도 쉽게 잊혀지지 않도록 하는 효과도 자아내고 있다.
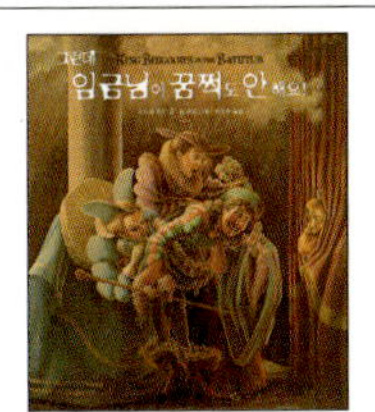 그런데, 임금님이 꿈쩍도 안해요! (오드리우드 / 보림)	돈 우드, 오드리 우드 부부가 함께 만든 책으로 칼데콧 명예상을 수상했고, 미국 도서관 협회 우수도서, 스쿨라이브러리저널 최우수도서로 선정된 바 있는 그림 동화이다. 반복되는 형식 속의 리듬감 넘치는 문장은 이야기의 재미를 더하고 등장인물들의 표정 및 상상력을 자극하는 그림들이 무궁무진하다.

꿩꿩 장서방

 학습개요

1	말의 느낌을 살려 읽는 방법을 알아봅시다.
2～3	반복되는 말의 느낌을 살려 시를 낭송하여 봅시다.
4	재미있는 말의 느낌을 살려 시를 낭송하여 봅시다.
5～6	말의 느낌을 살려 이야기를 읽어 봅시다.

| 동기유발 | ★「여우야, 여우야」 노래하기 |

↓

| 학습문제 제시 | 재미있는 말의 느낌을 살려 시를 낭송하여 봅시다. |

↓

활동	♥ 묻고 답하며 재미있게 낭송하기
	♥ 손가락 인형을 활용하여 낭송하기
	♥ 전래동요를 듣고, 재미있는 부분 찾기

↓

| 정리 | ★ 잘 알고 있는 전래동요 부르기 |

♥ 교과서 관련 활동 / ★ 추가 제시 활동

수업활동

[동기유발] 「여우야, 여우야」 노래하기

활동 목적

이번 차시는 입에서 입으로 전해 내려온 전래동요를 배우고 부르며 말의 재미를 느끼는 시간이다. 「꿩꿩 장서방」을 배우기 전에 학생들이 잘 알고 있는 쉬운 전래동요를 다함께 부르며 마음을 연다.

활동 방법

① 학생들이 잘 알고 있는 「여우야, 여우야」를 원곡 그대로 불러본다.

② 다함께 불러보거나, 특정 학생에게 묻고 답하는 형식으로 불러본다.

> 여우야, 여우야 뭐하니? / 잠 잔다 / 잠꾸러기
>
> 여우야, 여우야 뭐하니? / 세수 한다 / 멋쟁이
>
> 여우야, 여우야 뭐하니? / 밥 먹는다 / 무슨 반찬? / 개구리 반찬
>
> 살았니? 죽었니? / 살았다, 죽었다

여우야, 여우야 뭐하니 (전래동요)

→ 아이들이 노래부르기에 익숙해질 즈음, "여우야"가 아닌 특정 학생의 이름을 불러 자연스럽게 학생이 응답할 수 있도록 한다.

[학습문제 제시]

재미있는 말의 느낌을 살려 시를 낭송하여 봅시다.

[활동 1] 묻고 답하며 재미있게 낭송하기

활동 목적

이 차시의 「꿩꿩 장서방」은 본래가 빠른 자진모리 장단에 맞춰 부르던 전래동요이다. 대화 형태의 구성이므로 역할을 정하여 묻고 답하는 형식으로 불러보면서 낭송의 재미를 느끼게 한다.

활동 방법

① 전체 활동

- 전체 학생을 반으로 나누고, 묻는 역할과 대답하는 역할을 정한다.

- 번갈아 가면서 맡은 부분을 읽는다.

- 반복하여 읽으면서 리듬감이 느껴지면 노래 부르듯 낭송한다.

② 짝활동

- 짝과 함께 꿩꿩 장서방의 내용을 다르게 바꿔 본다.

- 짝과 함께 묻고 답하며 노래부르듯 낭송해 본다.

부록 _ 16쪽

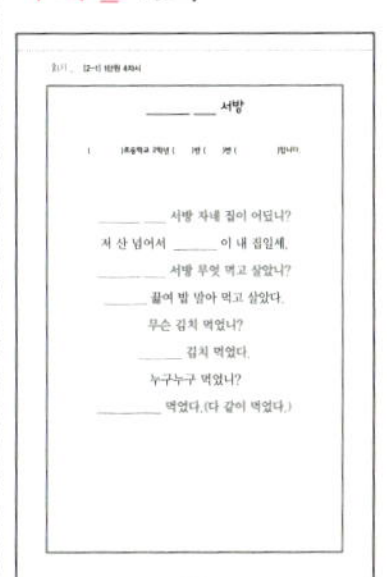

_멍멍_ _강_ 서방 자네 집이 어딨니? 저 산 넘어서 _기와집_ 이 내 집일세. _멍멍_ _강_ 서방 무엇 먹고 살았니? _된장국_ 끓여 밥 말아 먹고 살았다. 무슨 김치 먹었니? _배추_ 김치 먹었다. 누구누구 먹었니? _저녁 쥐서방과_ 먹었다.(다 같이 먹었다.)	_찍찍_ _쥐_ 서방 자네 집이 어딨니? 저 산 넘어서 _쥐구멍_ 이 내 집일세. _찍찍_ _쥐_ 서방 무엇 먹고 살았니? _김치_ 끓여 밥 말아 먹고 살았다. 무슨 김치 먹었니? _익은_ 김치 먹었다. 누구누구 먹었니? _낮낮 그네들과_ 먹었다.(다 같이 먹었다.)

[활동 2] 손가락 인형을 활용하여 낭송하기

부록 _17쪽

활동 목적

손가락 인형 자료를 활용하면 낭송하는 재미를 더할 수 있다. 평소 발표력이 부족한 학생에게 자심감을 주고 참여 의욕도 높일 수 있다.

활동 방법

① 혼자서 활동하기

- 부록 자료의 손가락 인형 자료를 활용하여 손가락 인형을 만든다.

- 왼손과 오른손 검지에 손가락 인형을 하나씩 끼운다.

- 왼손과 오른손 검지의 손가락 인형 중 하나는 묻는 역할, 다른 하나는 답하는 역할로 정한다.

- 양손 검지를 번갈아 움직이면서 「꿩꿩 장서방」을 혼자서 질문하고 답하며 낭송한다.

- 반복하여 낭송하면서 리듬감을 충분히 익힌다.

② 여럿이서 활동하기

- 직접 손가락에 다양한 얼굴 표정을 그릴 수도 있다.

- 모둠에서 나란히 앉은 짝, 앞뒤로 앉은 짝 등 다양하게 짝을 짓는다.

  (교실을 돌아다니면서 마주친 친구와 묻고 답하며 노래 부를 수도 있다.)

- 장서방 대신 마주친 친구의 성을 넣어 노래를 한다.

- 손가락 그림 중 마음에 드는 표정을 움직이며 노래를 한다.

◆ 문답 내용을 칠판이나 PPT자료로 제시하고 시범을 보여준다.

(예) 문 : 꿩꿩 (   )서방 오늘 기분은 어떠니?

　　답 : 꿩꿩 (   )서방 오늘 기분 ＿＿＿ .

　　문 : 꿩꿩 (   )서방 오늘 아침은 뭐 먹었나?

　　답 : 꿩꿩 (   )서방 오늘 아침에 ＿＿ 먹었다네.

손가락 인형 자료 만들기

손가락 인형 이용하여 낭송하기

손가락에 얼굴 표정그리기

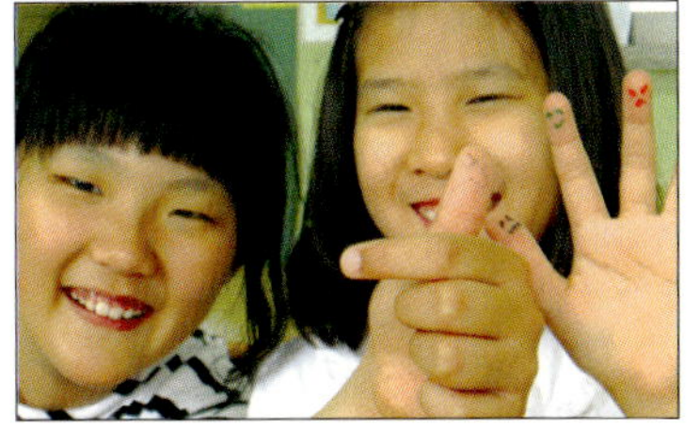

손가락을 이용하여 낭송하기

[활동 3] 전래동요를 듣고, 재미있는 부분 찾기

활동 목적

말의 재미를 느끼게 하는 다양한 유형의 전래동요를 들려주고 재미있는 부분을 찾고 그 이유를 간단히 말해보도록 한다.

활동 방법

① 「꿩꿩 장서방」과 같이 묻고 답하는 형태의 전래동요 들려주기

- 어디까지 왔니, 떡해먹자 부헝, 쥐야쥐야

② 의성어·의태어 표현이 반복되는 전래동요 들려주기

- 엿장사 똥구멍은, 꼬부랑 할머니가

③ 동·식물의 모습이나 이름을 재미있게 풀어낸 전래동요 들려주기

- 가자가자 감나무, 뽕나무가 방귀를 뽕, 까마귀는 날더라

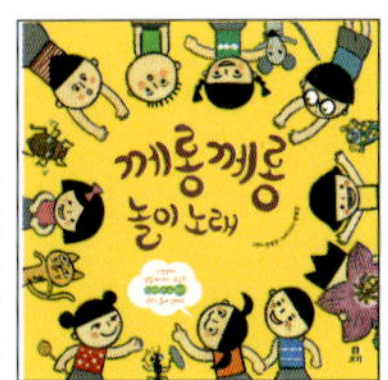

깨롱깨롱 놀이노래 (편해문 / 보리)

[정리] 잘 알고 있는 전래동요 부르기

활동 목적

「꿩꿩 장서방」과 비슷한 형태의 전래동요를 찾아 들려주고 함께 불러봄으로써 말의 느낌과 리듬감을 살려 읽을 때의 즐거움을 다시 깨닫게 한다.

(예) 두껍아 두껍아 헌집줄게 새집다오.

문지기 문지기 문열어라 열쇠없어 못 열겠네.

설문대 할망

 학습개요

1	말의 느낌을 살려 읽는 방법을 알아봅시다.
2~3	반복되는 말의 느낌을 살려 시를 낭송하여 봅시다.
4	재미있는 말의 느낌을 살려 시를 낭송하여 봅시다.
5~6	말의 느낌을 살려 이야기를 읽어 봅시다.

| 동기유발 | ★ 이야기의 제목 보고 내용 예측하기 |

↓

| 학습문제 제시 | 말의 느낌을 살려 이야기를 읽어 봅시다. |

↓

활동	♥ 이야기의 내용 파악하기
	♥ 재미있는 표현을 찾아 느낌 살려 읽기
	♥ 말의 느낌 비교하기
	♥ 말의 느낌을 살려 읽고 싶은 부분 찾아 읽기
	– 주인공의 모습을 본 떠 만든 4면 아코디언북 활용

↓

| 정리 | ★ 잘 공부했는지 알아보기 |

♥ 교과서 관련 활동 / ★ 추가 제시 활동

수업활동

[동기유발] 이야기의 제목 보고 내용 예측하기

활동 목적

이번 차시의 제재글에 등장하는 '설문대 할망'은 제주도의 지형과 관련하여 전해 내려오는 설화 속의 여신이다. 이야기를 읽기 전에 학생들이 설문대 할망에 대해 자유롭게 추측해 보도록 한다.

활동 방법

① 이번 시간에 배울 이야기의 제목은 무엇인가요?

② 설문대 할망은 무엇을 뜻하는 말일까요?

③ 설문대 할망은 키가 매우 커서 바다를 건너 제주도에 갔다고 합니다. 어떤 일이 일어나게 될까요?

■ '할망'은 제주도 지역의 방언(사투리)로 '할머니'라는 뜻입니다. 이번 시간에는 제주도에 전해 내려오는 신비한 능력을 가진 할머니에 관한 재미있는 이야기를 배우고, 말의 느낌을 살려 읽어 보려고 합니다.

[학습문제 제시]

> 말의 느낌을 살려 이야기를 읽어 봅시다.

[활동 1] 이야기의 내용 파악하기

활동 목적

교과서에 제시된 질문을 보완하여 학생들이 이야기의 내용을 좀더 자세하게 이해하도록 한다.

활동 방법

① 설문대 할망이 간 곳은 어디인가요?

　(남쪽 제주도입니다.)

② 할망은 키가 얼마나 컸나요?

　(남해 바다 깊은 물도 겨우 무릎에 닿았습니다.)

③ 할망이 앉아서 쉴 만한 산을 만들기 위해 무엇을 하였나요?

　(넓은 치마폭에 흙을 가득 퍼 담아 제주도 한 가운데에 쌓았습니다.)

④ 산꼭대기가 뾰족하여 앉기 불편한 할망은 어떻게 하였나요?

(손으로 산꼭대기의 흙을 퍼내어 앉기 좋게 만들었습니다.)

⑤ 설문대 할망은 사람들에게 옷을 지어 주면 무엇을 해 주겠다고 하였나요?

(육지까지 다리를 놓아주겠다고 하였습니다.)

⑥ 옷감이 모자라 사람들이 옷을 다 짓지 못하자 할망은 어떻게 하였나요?

(할망은 바닷물을 가르며 어디론가 사라졌습니다.)

[활동 2] 재미있는 표현을 찾아 느낌 살려 읽기

부록 _ 18쪽

활동 목적

「설문대 할망」이야기에는 할머니의 행동을 묘사한 의성어, 의태어가 자주 등장하는데, 의성어, 의태어는 반복되는 것이 많아 그 자체로 리듬감을 지니게 된다. 이야기 속에 표현된 의성어, 의태어를 찾고 그것을 실감 나게 읽어보면서 말의 느낌을 살려 읽을 수 있다.

활동 방법

① 학습 활동지(빈칸 채우기)를 활용하여 학생들이 이야기에 나오는 재미있는 표현에 집중하여 읽도록 한다.

② 반복되는 의성어 · 의태어 표현이 주는 재미를 살려 (1)~(5)의 문장을 다함께 소리 내어 읽어 본다.

〈학습 활동지 내용〉

「설문대 할망」의 내용을 기억하며 빈칸에 재미있는 말을 넣어 봅시다.

(1) 어디선가 큰 할머니가 바닷물을 (　　　) 일으키며 남쪽 제주도에 건너왔어.

(2) 넓은 치마폭에다 흙을 가득 퍼 담아 제주도 한 가운데 (　　　) 쌓았어.

(3) 할망은 손으로 산꼭대기 흙을 (　　) 퍼내어 앉기 좋게 만들었지.

(4) "내가 입을 옷을 한 벌 지어주면 저 멀리 육지까지 (　　　) 다리를 놓아주지."

(5) 설문대 할망은 (　　　) 바닷물을 가르며 어디로인가 사라졌단다.

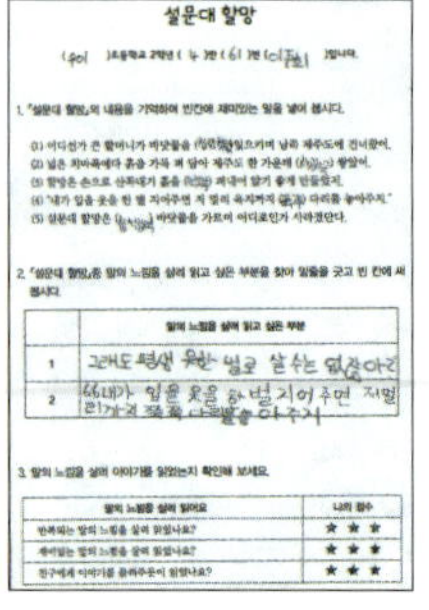

[활동 3] 말의 느낌 비교하기

활동 목적

「설문대 할망」을 읽다보면 이야기꾼이 청중을 상대로 이야기를 들려주거나 할아버지나 할머니가 손자, 손녀에게 이야기를 들려주는 느낌이 든다. 딱딱한 문어체가 아닌 친근한 구어체의 입말을 사용하여 서술되어 있기 때문이다. 교과서 관련 활동을 통해 이 둘의 차이점을 비교하고 말의 느낌을 살려 읽도록 한다.

활동 방법

⇨ 글**1** : 할망은 손으로 산꼭대기 흙을 퍽퍽 퍼내서 앉기 좋게 만들었지. 그것이 바로 백록담이야.

⇨ 글**2** : 할망은 손으로 산꼭대기 흙을 퍽퍽 퍼내서 앉기 좋게 만들었습니다. 그것이 바로 백록담입니다.

① 교과서 20쪽의 글**1**과 글**2** 중 이야기의 내용이 더 재미있게 느껴지는 글은 어느 것입니까?

② 교과서 20쪽의 글**1**과 글**2** 중 할아버지나 할머니가 옆에서 이야기를 들려주는 느낌이 드는 것은 어떤 것입니까?

③ 친구에게 이야기를 들려준다면 글**1**과 글**2** 중 어떤 방법으로 읽고 싶습니까?

④ 글**1**을 느낌을 잘 살려 읽어 봅시다.

(교사가 직접 시범을 보여 줄 수도 있고, 표현력이 우수한 학생이 시범을 보여 줄 수도 있다.)

[활동 4] 말의 느낌을 살려 읽고 싶은 부분 찾아 읽기
– 주인공의 모습을 본 떠 만든 4면 아코디언북 활용

활동 목적

다시 한번 교과서의 수록 작품을 읽으며 말의 재미와 느낌을 이해하고 학생 스스로 느낌을 살려 읽고 싶은 부분을 찾는 활동으로, 목표 도달을 위해 활동 2와 활동 3에서 연습한 내용을 적용하는 활동이다.

활동 방법

1. 이야기를 다시 읽고, 말의 느낌을 살려 읽고 싶은 부분 찾아 밑줄 긋기

① 학생들은 각자 이야기를 다시 한번 천천히 읽고 말의 재미를 느낄 수 있는 부분(소리나 모양을 흉내 내는 말, 반복되는 말) 또는 느낌을 살려 읽고 싶은 부분을 찾아 밑줄을 긋는다. 여러 곳에 표시해도 좋다.

② 모둠원은 돌아가면서 자신이 밑줄 그은 부분을 느낌을 살려 읽는다.

③ 먼저 말한 친구와 밑줄 그은 부분이 겹칠 경우 다른 부분을 찾아 읽는다.

→ 수업 시간 중에 책을 만들게 되면 시간이 많이 소요되고 집중력이 떨어질 수 있으므로, 교사가 미리 모둠별로 1개씩 제작하여 나누어 주면 좋다.

2. 주인공 모양 4면 아코디언북 활용하기

8절 도화지를 길게 반 자르고 4등분으로 계단접기 한다.

한 면만 보이도록 접은 후 할머니 모양으로 오린다.

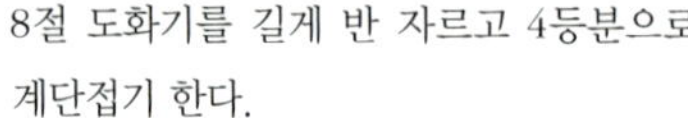

※ 이때 종이 가장자리의 팔과 치마 부분을 오리지 않아야 4개의 면이 서로 연결된다.

3. 말의 느낌을 살려 읽고 싶은 부분 아코디언북에 기록하기

① 모둠별로 주인공 모양의 4면 아코디언북을 나누어 준다.

② 모둠원은 돌아가면서 아코디언북의 한 면에 자신이 밑줄 그었던 부분을 네임펜으로 적는다.

③ 아코디언북에 적은 내용을 모둠원이 다함께 느낌을 살려 읽어 본다.

④ 수업 후에 친구들과 함께 완성한 아코디언북을 게시판에 전시한다.

여기서 잠깐

아코디언북에 내용을 채우는 과정에서 듣기, 말하기, 읽기, 쓰기의 총체적 언어 활동이 이루어진다. 차시 학습 목표와 관련하여 말의 느낌을 살려 읽는 활동이 가장 중심이 되도록 한다.

반복되거나 재미있는 말을 찾아 아코디언북에 적는 모습

아코디언북이 완성된 모습

[정리] 잘 공부했는지 알아보기

활동 목적

활동 3을 하면서 학생들이 차시 학습 목표에 도달하였는지 스스로 확인할 수 있
도록 자기평가를 하도록 한다.

활동 방법

〈 이야기 읽기 자기평가표 〉	
	이름 : ( )
말의 느낌을 살려 이야기를 읽어요	**점수**
반복되는 말의 느낌을 살려 읽었나요?	☆ ☆ ☆
재미있는 말의 느낌을 살려 읽었나요?	☆ ☆ ☆
친구에게 이야기를 들려주듯이 읽었나요?	☆ ☆ ☆

(잘했으면 3개, 보통이면 2개, 부족하면 1개)

마음을 담아서

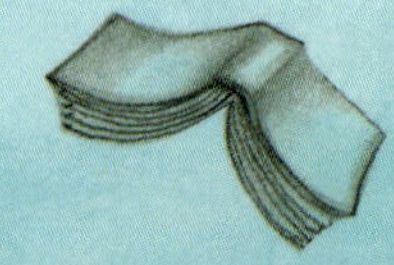

어떤 일이 일어났는지 생각하면 장면을 상상할 수 있습니다. 장면을 상상하며 재미있게 글을 읽어 봅시다.

　이 단원의 성취 기준은 '읽기(3) 재미있는 글에 나타난 상황을 상상한다' 로 동시나 이야기를 자료로 하여 재미있는 장면을 상상하며 읽는 여러 가지 활동을 제시하고 있다. 학생들은 글을 읽고 장면이나 생각, 느낌을 떠올리게 되는데, 어떤 장면이 재미있는지 왜 재미있는지에 대하여는 각자 다른 주관적인 생각과 느낌을 가지게 된다. 이 단원에서는 글과 독자가 소통하는 과정과 함께 자신의 생각과 느낌을 표현하고 다른 사람의 생각과 느낌을 수용하는 독자 간의 소통을 경험하게 된다. 이러한 상호 작용을 통해 문학 수업에 참여하는 학습 독자들은 문학 작품을 읽는 재미를 느끼고 문학적 감수성과 상상력을 키울 수 있다.

　「까치」는 성덕제의 작품으로 까치가 꼬리를 흔드는 모습을 응원하는 모습을 시로 그려내고 있다. 우리나라의 응원문화가 발전된 만큼 작품 속에 나오는 응원박수를 학생들이 응용하도록 안내해도 좋을 것이다. 또한 '까치'의 실제 영상을 보여주거나, 까치 이외에 동물의 모습을 그려내고 있는 시들을 함께 제시해도 좋겠다.

　「돋보기 보기」는 우리 학교, 우리 교실에서 일어날 법한 이야기를 생생하게 그려내고 있는 작품이다. 돋보기로 우리 선생님을 가까이에서 직접 관찰한다는 소재는 학생에게 충분히 흥미를 불러일으킨다. 이 작품의 지은이인 윤태규씨가 지은 여러 책들에는 「돋보기 보기」 이 외에도 우리 학교 현장에서 일어나고 있는 재미있는 에피소드가 많이 담겨 있다.

　「호랑이를 잡은 반쪽이」는 우리 옛이야기로, 교과서에 수록된 이야기는 그림책으로 출판된 「반쪽이」이야기보다 작품의 분량도 짧고 내용도 사뭇 다르다. 반쪽이가 호랑이를 잡았다는 내용만 같을 뿐이고, 그림책에는 반쪽이로 태어나게 된 이유, 몸은 불편하지만 생각이 깊고 힘이 센 쾌활한 주인공의 성격, 형들이 반쪽이를 미워하여 나무에 묶어 놓지만 오히려 호랑이를 잡게 된 사건, 부잣집 딸과 결혼하여 행복하게 사는 결말 등이 좀더 자세하고 흥미진진하게 그려져 있다. 교과서에 실린 「호랑이를 잡은 반쪽이」든 그림책의 「반쪽이」든 신체적인 한계를 극복하고 어려움과 맞서 싸운 용감한 반쪽이 이야기를 통해 학생들은 옛이야기 읽기의 감동과 재미를 충분히 느낄 수 있을 것이다.

차시	교과서 쪽수	차시 문제	교과서 학습활동
1	읽기 53~55	글을 읽고, 재미있는 장면을 찾아봅시다.	1. 「까치」를 읽어 봅시다. 2. 「까치」를 읽고, 까치의 모습과 행동을 생각하여 봅시다. 3. 재미있는 장면을 찾는 방법을 써봅시다.
2~3	읽기 56~59	글을 읽고, 재미있는 장면을 말하여 봅시다.	1. 재미있는 장면을 상상하며 「돋보기 보기」를 읽어 봅시다. 2. 「돋보기 보기」를 읽고, 물음에 답하여 봅시다. 3. 「돋보기 보기」를 다시 읽고, 재미있는 장면을 말하여 봅시다.
4	읽기 60~62	글을 읽고, 어떤 일이 일어났는지 말하여 봅시다.	1. 어떤 일이 일어났는지 생각하며 「호랑이를 잡은 반쪽이」를 읽어 봅시다. 2. 「호랑이를 잡은 반쪽이」를 읽고, 물음에 답하여 봅시다. 3. 「호랑이를 잡은 반쪽이」를 다시 읽고, 어떤 일이 일어났는지 이야기하여 봅시다. 4. 길을 떠난 반쪽이가 어떻게 되었을지 써 보고, 친구들에게 말하여 봅시다.
5~6	읽기 63~67	재미있는 장면을 상상하며 글을 읽어 봅시다.	1. 장면을 상상하며 「호랑이를 잡은 반쪽이」를 계속 읽어 봅시다. 2. 「호랑이를 잡은 반쪽이」를 읽고, 물음에 답하여 봅시다. 3. 「호랑이를 잡은 반쪽이」를 읽고, 재미있는 장면을 상상하여 봅시다. 4. 반쪽이에게 하고 싶은 말을 친구들과 이야기하여 봅시다.

까 치

 **학습개요**

1	글을 읽고, 재미있는 장면을 찾아봅시다.
2 ~ 3	글을 읽고, 재미있는 장면을 말하여 봅시다.
4	글을 읽고, 어떤 일이 일어났는지 말하여 봅시다.
5 ~ 6	재미있는 장면을 상상하며 글을 읽어 봅시다.

동기유발	★ 동요 부르기
	★ 새 이름 맞히기 (열 고개 놀이)
	★ 응원하기

↓

학습문제 제시	글을 읽고, 재미있는 장면을 찾아봅시다.

↓

활동	♥ 내용 파악하기
	★ 시 읽으며 몸짓하기
	★ 시 바꾸어 쓰기

↓

정리	★ 「까치」 다시 읽기

[심화활동] 다른 시 읽고 역할놀이하기

♥ 교과서 관련 활동 / ★ 추가 제시 활동

 수업활동

[동기유발 1] 동요 부르기

활동 목적

장면을 떠올리는 활동을 통해 차시 학습목표 도달을 위한 밑거름을 만든다.

활동 방법

장면이 잘 떠오르는 노랫말의 동요를 함께 부른다. 동요를 부르며 어떤 장면을 떠올릴 수 있는지 생각하고 발표해보도록 한다.

여기서 잠깐

예시 동요 : 새 신 (새 신을 신고 뛰어보자 팔짝 머리가 하늘까지 닿겠네)

꼬까신 (개나리 노오란 꽃그늘 아래 가지런히 놓여있는 꼬까신 하나 아기는 사알짝 신 벗어 놓고 맨발로 한들한들 나들이 갔나 가지런히 놓여있는 꼬까신 하나)

[동기유발 2] 새 이름 맞히기 (열 고개 놀이)

활동 목적

장면을 떠올리며 제재와 관련된 사물이 무엇인지 맞혀 보는 활동을 통하여 자연스럽게 본 차시 학습에 들어갈 수 있도록 한다.

활동 방법

열 가지 힌트를 듣고 교사가 묘사하는 내용이 의미하는 것이 무엇인지 맞혀 본다.

예 1) 정답 : 까치

1. 몸 길이는 45~50cm 정도이다.

2. 나뭇가지에 앉아있는 것을 좋아한다.

3. 해충을 잡아먹는다.

4. 부리는 그리 길지 않다.

5. 검은색으로 보이나 햇빛 아래에서 보면 청록색이다.

6. 배 부분은 흰색이다.

7. 능숙하게 오랜 시간 훨훨 날 수 있다.

8. 겨울에 자주 볼 수 있다.

9. 무리지어 다니지 않는다.

10. 우리 조상들은 이 새가 울면 손님이 찾아온다고 생각했다.

준비물 _ 동요 반주 파일

새신 (윤석중 작사 / 손대업 작곡)
꼬까신 (최계학 작사 / 손대업 작곡)

예 2) 정답 : 펭귄

1. 몸무게가 약 35kg 이상이다.

2. 영화 속 주인공이기도 했다.

3. 새 중에서는 특이하게 사람을 겁내지 않는다.

4. 부리가 꽤 날카롭다.

5. 하늘을 자주 본다.

6. 몸통은 검은색이다.

7. 배 부분은 흰색이다.

8. 물 속 생물을 잡아먹는다.

9. 추운 곳을 좋아한다.

10. 무리지어 다닌다.

[동기유발 3] 응원하기

활동 목적

이 차시에 배울 시의 내용과 관련하여 '응원하기' 활동을 해 본다. 시의 내용을 이해하고 장면을 형상화하는데 도움이 된다.

활동 방법

교사가 동영상으로 월드컵 응원 모습을 보여주거나 시범으로 보여준다. (학생에게 알고 있는 응원을 발표시켜도 좋다.) 몇 가지 응원을 함께 해보며 하며 즐거운 분위기를 만든다. 예를 들어 '대한민국, 오 필승 코리아, 337박수' 등이 있다.

[학습문제 제시]

글을 읽고, 재미있는 장면을 찾아봅시다.

[활동 1] 내용 파악하기

활동 방법

① 이 동시의 주인공은? (까치)

② 까치는 '책책책' 소리를 내며 무엇을 하고 있나요? (응원)

③ 까치는 응원을 몸의 어느 부위를 이용하고 있나요? (꼬리)

④ 까치는 꼬리를 어떻게 하고 있나요? (흔들고 있다.)

⑤ 꼬리를 흔드는 모습과 소리를 어떻게 표현하고 있나요? (책책책)

⑥ 어느 부분이 가장 재미있나요? (337박수라고 표현한 것이 재미있습니다.)

[활동 2] 시 읽으며 몸짓하기

활동 목적

보다 적극적인 이해와 감상 활동을 위하여 시의 장면을 몸짓으로 표현해보는 과정이 필요하다.

활동 방법

시를 읽으며 장면을 더 잘 떠올릴 수 있도록 각 구절에 맞는 몸짓을 하며 시를 읽어본다. 교사가 일괄적으로 알려줄 수도 있고, 모둠별 또는 개인별로 몸짓을 구성할 수도 있다.

　　(예시 몸짓)

　　책책책 책책책책 (반 박수 치기)

　　응원을 하나 봐요 (한 손은 허리, 한 손은 응원손짓하기)

　　삼삼칠 박수를 (삼삼칠을 손가락으로 나타내고 반 박수)

　　어디서 배웠을까 (관자놀이를 손가락으로 누르며 의문)

　　꼬리를 / 흔들어대며 (엉덩이에 손을 대고 흔드는 시늉)

　　책책책 책책책책 (반 박수 치기)

[활동 3] 시 바꾸어 쓰기

활동 목적

다른 소재로 시의 일부분을 바꾸어 써 보는 시간을 가짐으로써 문학 작품에 대한 좀더 깊이있는 감상과 표현활동이 이뤄질 수 있다. 재미있는 장면을 찾으며 동물의 모습과 행동을 상상해보는 것을 배웠으므로 여기에 글로 쓰는 표현 활동을 곁들이게 되면 풍부한 상상력을 발휘할 수 있다.

활동 방법

까치가 응원하는 모습을 다른 동물로 대체하여 나타내게 하였다. 시의 형식과 내용에 구애받지 않기 위하여 빈 학습지를 구성하였으나, 필요에 따라 줄을 그어 줄 수도 있겠다. 또한 빨리 창작 활동을 끝낸 학생은 그림까지 곁들여 그리는 활동을 하면 좋겠다.

여기서 잠깐

여러 동물들의 모습과 소리를 떠올리도록 하기 위하여 교사가 간단한 발문을 하거나, 「동물농장」과 같은 동요를 들려주어도 좋겠다.

부록 _ 19쪽

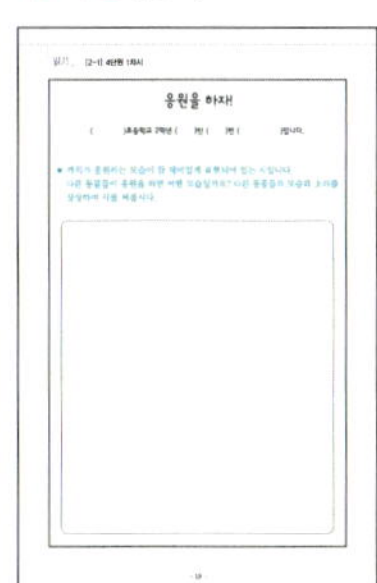

[정리] 「까치」 다시 읽기

활동 목적

배운 시를 다시 한 번 읽으며 차시 목표 도달을 확인한다.

활동 방법

재미있는 장면을 떠올리며 「까치」 시를 다시 한 번 읽는다.

이런 활동도 있어요

[심화활동] 다른 시 읽고 역할놀이하기

활동 목적

다른 시를 활용하여 재미있는 장면을 떠올리는 연습을 한다.

활동 방법

몇몇의 학생이 아기 참새 역할을 맡은 뒤 동작을 흉내 내는 간단한 역할놀이를 할 수 있다. 역할놀이 후에 재미있는 장면을 찾아 발표할 수 있도록 한다.

아기 참새 (김원석)

아기 참새

김원석

날개가 활짝 안 펴져	훨훨 날고
포르르 날아간	종종걸음이
기우뚱	쉬운 줄 알았는데
찍ー 짹ー	힘들어
노란 주둥이를 내밀고 종종 걸음 걷다간	비틀비틀
힘들어 날갯죽지 까딱까딱	까딱까딱

재미있는 장면을 찾아 발표할 때, 그 이유를 말할 수 있다면 더욱 좋을 것이다.

이런 책도 있어요

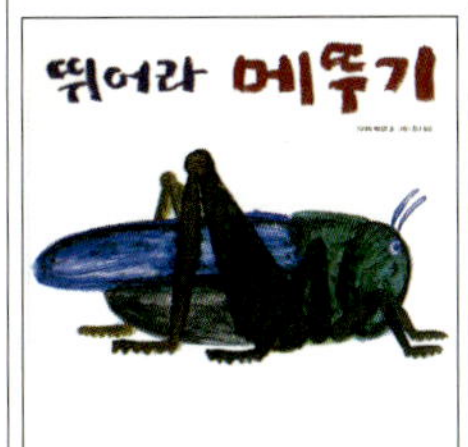

뛰어라 메뚜기
(다시마 세이조 / 보림)

냉혹한 먹이 사슬을 벗어나려는 메뚜기의 몸부림과 의지를 다룬 이야기이다. 자신을 잡아먹으려는 동물들 때문에 숨어 살던 메뚜기는 단단히 마음을 먹고 대담하게 햇볕을 쬔다.
생생한 장면 묘사가 되어 있어 이 차시의 수업과 관련하여 활용하면 좋을 것이다.

돋보기 보기

학습개요

1	글을 읽고, 재미있는 장면을 찾아봅시다.
2 ~ 3	글을 읽고, 재미있는 장면을 말하여 봅시다.
4	글을 읽고, 어떤 일이 일어났는지 말하여 봅시다.
5 ~ 6	재미있는 장면을 상상하며 글을 읽어 봅시다.

동기유발	★ 돋보기로 관찰하기 / ★ Quiz! Quiz!

↓

학습문제 제시	글을 읽고, 재미있는 장면을 말하여 봅시다.

↓

활동	★ 제목 보고 내용 예측하기
	★ 돋보기의 쓰임새 말하기
	♥ 내용 파악하기
	♥ 재미있는 장면 말하기
	★ 돋보기로 보는 세상

↓

정리	★ 돋보기왕 뽑기

[심화활동] 『구름빵』이 재미있어요 / □□빵을 먹으면 어떻게 될까요?

♥ 교과서 관련 활동 / ★ 추가 제시 활동

수업활동

[동기유발 1] 돈보기로 관찰하기

활동 목적

사물을 직접 돈보기로 관찰해봄으로써 본문의 주요 제재와 관련한 배경지식을 활성화시킨다.

활동 방법

돈보기로 여러 가지 사물(예: 손가락 지문)을 관찰해 보고, 눈으로 봤을 때와 돈보기로 봤을 때의 차이점을 발표해보도록 한다.

여기서 잠깐

실제 돈보기를 활용할 수 있다면 가장 좋으나, 피치 못할 경우 컴퓨터 돈보기 프로그램(3배까지 확대 가능)을 이용할 수 있다. 혹은 교실의 여러가지 사물을 가까이에서 찍은 사진을 PPT자료로 제시하여 퀴즈로 진행하는 방법도 있다.

[동기유발 2] Quiz! Quiz!

활동 목적

제재와 관련된 퀴즈를 풀면서 이 차시에 읽게 된 이야기에 자연스럽게 흥미를 가지도록 한다.

활동 방법

교사가 제시하는 힌트를 보고, 정답을 알아맞추면 된다.

(힌트) 막대사탕, 안경, 크게보임 ➡ (정답) 돈보기

여기서 잠깐

① 힌트를 미리 PPT자료로 제작하여도 좋다.

② 힌트 수에 따라 점수를 다르게 하여 각 학급에 알맞게 모둠보상으로 이용하면 더욱 즐거운 분위기를 연출할 수 있다.

③ 시간 여유가 된다면 '돈보기' 말고 다른 문제를 더 내어도 된다.

④ 돈보기 사진을 가린 후, 일부분만 보여주어 무슨 사진일지 추측하는 방법을 이용할 수 도 있다. 이는 '그림 맞추기' 플래시 틀을 이용하면 간편하다.

[학습문제 제시]

글을 읽고, 재미있는 장면을 말하여 봅시다.

[활동 1] 제목 보고 내용 예측하기

활동 목적

읽기 전 활동으로, 제목을 보고 글의 내용이 어떨지를 예측해 보도록 한다.

활동 방법

교과서를 덮은 채로 오늘 배울 글의 제목을 알려주면서, 눈을 감고 글의 내용을 상상하여 떠올려 보게 한다. "돋보기로 무엇을 보았을까?"와 같은 발문을 곁들이면 학생이 상상하는 데 더 도움을 줄 수 있다.

[활동 2] 돋보기의 쓰임새 말하기

활동 목적

읽기 전 활동으로, '제목 보고 내용 예측하기'의 연장선이라 할 수 있다. 실제로 돋보기는 어떤 물건이며 어떻게 사용하는지 배경 지식을 활성화하는 시간을 가지도록 한다.

활동 방법

간단하게 교사의 발문을 통하여 확인할 수 있다.

(예) '돋보기는 어디에 사용되는 물건인가요?'

– 어떤 것을 확대해서 볼 때 사용합니다. / 사물을 자세히 관찰할 때 사용합니다.

[활동 3] 내용 파악하기

활동 방법

① 등장인물은 누구인가요?

② 어디에서 벌어진 일인가요?

③ 아이들은 무엇을 하였나요?

④ 돋보기를 친구 얼굴에 가져다 댔을 때 아이들은 어떤 느낌이 들었나요?

⑤ 돋보기를 선생님 얼굴에 댔을 때 선생님의 느낌은 어땠을까요?

⑥ 지렁이를 본 느낌은 어떨까요?

⑦ 내가 돋보기로 보고 싶은 것은 무엇인가요?

부록 _ 20쪽

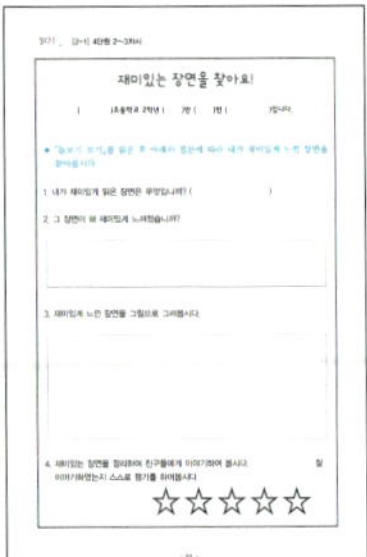

[활동 4] 재미있는 장면 말하기

활동 목적

교과서 활동을 하기에 어려움이 예상되는 점이 있어 학습 활동지를 제작하여 학생들이 재미있는 장면을 구체적으로 표현하도록 하였다. 활동 후에 친구에게 발표하고 자기 평가를 하도록 하였다.

　　개인 학습활동이 아닌 모둠 협동학습으로 진행을 할 수도 있다. 정육면체 전개도 여섯 개의 면에 모둠원들이 하나씩 이야기와 관련된 재미있는 장면을 그림으로 그린다. 그 후 주사위를 굴려 나온 장면을 모둠원들과 어떤 장면인지 이야기를 하고 왜 재미있었는지 이야기를 나눌 수 있다.

부록 _ 21쪽

[활동 5] 돋보기로 보는 세상

부록 _ 22쪽

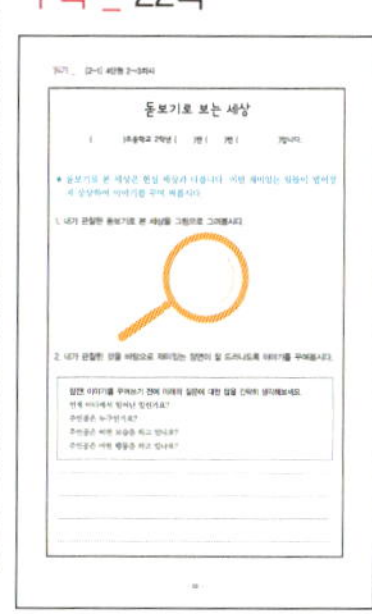

　　재미있는 장면을 찾는 것에서 한 걸음 더 나아가 자신이 직접 재미있는 장면을 써 볼 수 있도록 하였다. 이를 통하여 자신의 체험을 글로 표현하는 것이 어렵다는 점도 느끼게 하면서 평소 일기 등과 같은 글을 쓸 때 장면을 생생하게 쓸 수 있도록 연계 지도하는 발판이 되었으면 한다. 장기적으로 지도한다면, 훨씬 풍부한 글감을 통한 재미있는 장면 묘사가 가득한 글쓰기가 가능해지는 효과가 있을 것이다.

아동들은 학습 활동지를 풀어나가며 문제를 해결한다. 돋보기로 보는 세상은 무생물보다는 작은 생물을 관찰하여 그리도록 지도하는 것이 낫다. 그래야 상상하여 재미있는 장면을 이야기로 꾸며 쓸 때 주인공을 설정하는 게 더 쉬울 것이다.

관찰을 한 후 그림을 그리고 이야기까지 꾸며 쓰는 활동을 하다보면 시간이 부족할 것이다. 슬기로운 생활 등과 교과 통합하여 가능하다면 야외에서 진행하도록 한다.

[정리] 돋보기왕 뽑기

준비물 _ 왕관 머리띠 만들 종이, 스티커

재미있는 장면을 말할 때 학생들 사이에서 활발한 상호작용을 이끌어내고 활동을 정리할 수 있는 과정이 필요하다. 본인이 생각한 재미있는 장면을 자유롭게 말하는 경험을 통하여 글이 주는 의미와 주제를 학생이 능동적으로 구성하도록 한 단원의 취지를 살린다.

활동 4에서 재미있는 장면을 잘 말한 친구의 왕관 머리띠에 스티커를 붙여주어 스티커를 많이 받은 친구를 함께 칭찬한다. 스티커는 개인별로 3개~5개 정도로 제공하고, 재미있는 장면과 그 이유를 잘 말하는 친구를 골라 왕관 머리띠에 스티커를 붙여주도록 안내한다. 마지막에 가장 많은 스티커를 받은 학생을 돋보기왕으로 선정할 수도 있다.

왕관을 만들기 힘들다면 간단한 머리띠를 만들거나 직접 이마에 붙이는 방법을 활용할 수 있다.

이런 활동도 있어요

[심화활동] 『구름빵』이 재미있어요 / □□빵을 먹으면 어떻게 될까요?

『돋보기 보기』로 학습목표 도달이 조금 부족하다고 느껴지는 교사에게 그림책 『구름빵』을 추천한다. 『구름빵』으로 제재만 바꾸어 앞에서 제시한 여러 가지 활동을 하여도 좋다. 또는 『구름빵』을 읽고 부록으로 제시한 학습 활동지를 활용하여 수업한다. 재미있는 장면을 찾아보고 내가 빵을 만든다면 어떤 빵을 만들어 어떤 일이 벌어질 것인지 상상하여 그림으로 그려볼 수 있다.

참고자료

- 윤태규 『내가 처음 쓴 일기』 보리, 2004

  『돋보기 보기』를 쓴 윤태규의 책이다. 실제 학교 현장에서 일어나고 있는 에피소드를
  담고 있어 재미있는 장면을 찾는 보충자료로 활용할 수 있는 글이 많다.

- 백희나 『구름빵』 한솔수북, 2004

구름빵
(백희나 / 한솔수북)

『구름빵』은 2005 볼로냐 국제어린이도서전이 뽑은 올해
의 일러스트레이터 그림책이다. 구름으로 만든 빵을 먹고
두둥실 몸이 떠오른다는 기발한 아이디어로 이루어진
책으로 종이, 나무, 천 등 여러 가지 재료를 사용한 삽화
가 인상적이다. 『구름빵』을 들은 후, 솜과 물감을 이용
하여 구름 모양을 꾸미는 미술활동과 연계할 수도 있다.
『구름빵』은 어린이 뮤지컬로 다시 태어나 독특한 무대를
선사하고 있어 가족이나 단체관람을 추천한다.

부록 _ 23쪽

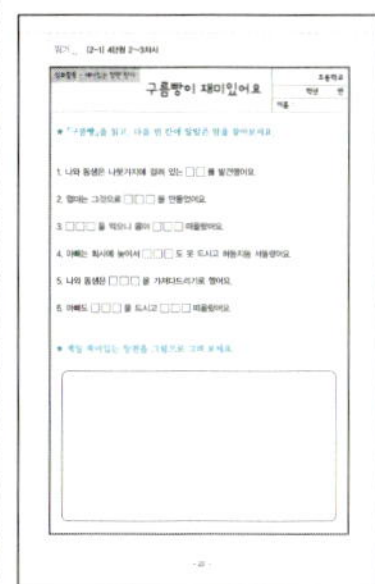

부록 _ 24쪽

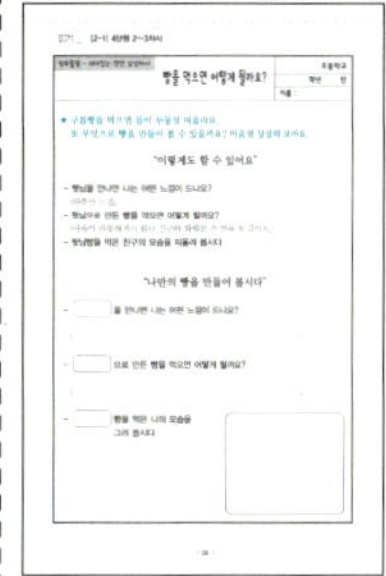

호랑이를 잡은 반쪽이

학습개요

1	글을 읽고, 재미있는 장면을 찾아봅시다.
2 ~ 3	글을 읽고, 재미있는 장면을 말하여 봅시다.
4	글을 읽고, 어떤 일이 일어났는지 말하여 봅시다.
5 ~ 6	재미있는 장면을 상상하며 글을 읽어 봅시다.

동기유발	★ 옛이야기 제목 맞히기

↓

학습문제 제시	글을 읽고, 어떤 일이 일어났는지 말하여 봅시다.

↓

활동	♥ 내용 파악하기 – 도전, 골든벨!
	♥ 일어난 일 말하기 – 이야기띠로 말해요
	♥ 뒷이야기 상상하기 – 돌아가며 말하기

↓

정리	★ 글을 읽고 일어난 일 정리하기

♥ 교과서 관련 활동 / ★ 추가 제시 활동

수업활동

[동기유발] 옛이야기 제목 맞히기

활동 목적

이 차시의 제재글은 『호랑이를 잡은 반쪽이』로 이야기의 길이가 짧고 내용이 쉬우며 학생들이 재미를 느끼고 오래 기억할 수 있는 옛이야기이다. 수업 활동에 들어가기 전에 학생들이 잘 알고 있는 옛이야기의 제목을 맞추는 활동을 한 후 본시 학습에서 배울 옛이야기를 소개하면 좋을 것이다.

활동 방법

학생들에게 옛이야기의 한 장면을 보여주거나 등장인물이 한 말을 들려주고 어떤 이야기인지 제목을 말하여 보도록 한다.

제비가 준 박씨에서 큰 박이 열렸구나.
어서 톱질을 해 봅시다.

도깨비님, 제 혹은 노래가 나오는 주머니
입니다.

내가 돌아올 때까지 항아리에 물을 가득
채워 놓거라.

금도끼가 네 도끼냐? 아니면 은도끼가 네
도끼냐?

[학습문제 제시]

글을 읽고, 어떤 일이 일어났는지 말하여 봅시다.

[활동 1] 내용 파악하기 – 도전, 골든벨!

활동 목적

교과서의 내용 파악 질문은 두 가지로, 어떤 일이 있었는지 알아보는 것에 초점을 맞추고 있다. 여기서는 교과서의 질문을 보완하여 이야기의 내용을 자세하게 이해할 수 있도록 돕는 다양한 질문을 마련하였다. 내용 파악 활동의 경우 단순한 질의 응답과 확인이 아닌 놀이요소가 가미된 골든벨 활동을 통해 학생들이 수업에 재미를 느끼고 적극적으로 참여할 수 있다.

활동 방법

① 교사는 미리 내용 파악을 위한 질문을 준비한다.

   (질문은 PPT자료로 제작하여 사용하면 좋다.)

② 학생들은 질문에 대한 답을 화이트보드에 보드마카로 답을 쓴다.

   (개인별로 할 수도 있고, 모둠원이 협력하여 답을 작성할 수도 있다.)

③ 제한된 시간 동안 답을 작성하고, '정답을 들어주세요' 신호에 맞춰 답을 보이도록 위로 든다.

④ 답을 맞추었을 경우 정해진 점수를 획득할 수 있다.

여기서 잠깐

질문에 답하면서 자연스럽게 이야기의 구성 요소를 알 수 있도록 하면 좋다. 학습 목표와 직접적인 관련이 있는 질문의 배점을 높게 한다.

① 언제 일어난 일인가요? (시간적 배경 알기 / 10점)

② 어디에서 일어난 일인가요? (공간적 배경 알기 / 10점)

③ 등장 인물은 누구누구인가요? (등장 인물 알기 / 10점)

④ 반쪽이는 두 형과 무엇이 달랐나요? (등장 인물 알기 / 20점)

⑤ 반쪽이의 성격을 3~4글자로 써보세요. (주인공 알기 / 10점)

⑥ 마을에는 어떤 큰일이 생겼나요? (사건 알기 / 30점)

⑦ 반쪽이가 길을 나선 까닭은 무엇인가요? (사건 알기 / 10점)

골든벨 활동 모습   골든벨 점수 기록

[활동 2] 일어난 일 말하기 - 이야기띠로 말해요

활동 목적

이 활동은 차시 목표와 가장 긴밀한 활동으로, 교과서에서는 주요 장면을 삽화로 제시하고 어떤 일이 일어났는지 말하여 보도록 하고 있다. 장면 상상하여 말하기 활동 시 교과서에 제시된 삽화를 이용하여 이야기띠를 제작, 활동하면 좋다. 이야기띠를 활용하면 발표하는 사람은 보다 자신감을 가지고 발표할 수 있고 듣는 사람은 이야기에 좀더 집중하면서 들을 수 있다. 이야기띠는 모둠별로 1개씩 준비하며, 이야기띠에 상호평가표를 붙여 활용할 수 있다.

활동 방법

① 이야기띠는 수업 전에 교사가 모둠 수만큼 미리 준비한다.

② '돌아가며 말하기' 방법을 이용하여 모둠원이 순서대로 발표한다. 발표자는 이야기띠에 붙여놓은 삽화를 움직이며 어떤 일이 일어났는지 말한다. 발표가 끝나면 모둠의 다음 순서에게 이야기띠를 넘겨 준다.

③ 모둠원의 발표가 모두 끝나면, 이야기띠에 붙여 놓은 상호평가표에 누가 어떤 점을 잘 말하였는지 평가한다.

이야기띠 제작 방법

① 8절 도화지를 길게 반으로 접어 자른다.

② 하나의 도화지에 가로로 칼집을 2군데 넣는다.

③ 다른 하나의 도화지를 칼집 길이만큼의 너비로 자르고, 교과서의 삽화를 복사하여 붙인다.

④ 처음 도화지에 삽화를 붙인 도화지를 끼운다.

⑤ 겉띠에 상호평가표를 붙인다.

→ 이야기띠는 수업 전에 교사가 모둠의 수 만큼 미리 제작하여 활용한다.

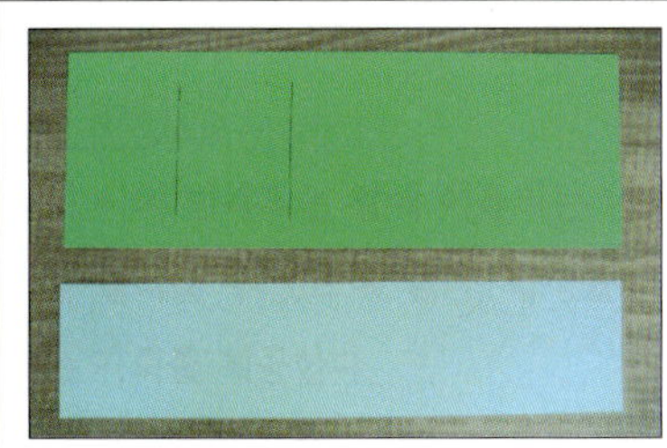

너비가 다른 띠 2개를 준비한다.

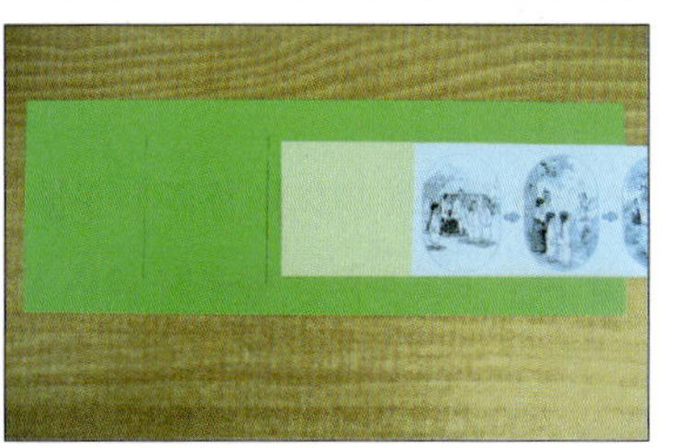

교과서 삽화를 붙인다.

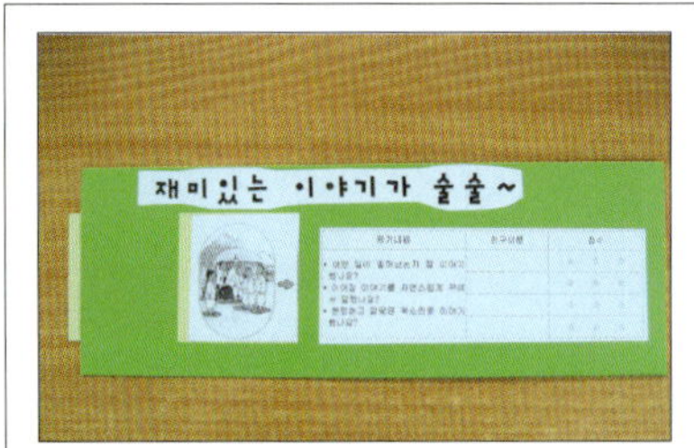
상호평가표 붙이기

이야기띠로 말하는 모습

[활동 3] 뒷이야기 상상하기 – 돌아가며 말하기

준비물 _ 포스트잇, 이야기띠

활동 목적

이 활동은 5~6차시에 『호랑이를 잡은 반쪽이』의 나머지 이야기를 읽기 전에 독자가 미리 예측하고 자유롭게 상상하여 볼 수 있도록 하는 활동이면서 친구들과 자신의 생각을 나누어보는 소통 활동이다.

활동 방법

① 포스트잇에 자신이 상상한 이야기를 2~3문장으로 간단하게 적거나 그림으로 그린다.

② 이야기띠에 각자 쓴 내용을 붙인다.

③ 발표자는 포스트잇의 내용을 친구들에게 보여주며 자신이 상상한 내용을 발표한다.

④ 돌아가며 말하기 활동이 끝난 후 이야기띠의 상호평가표에 기록한다.

⑤ 가장 잘 발표한 친구를 칭찬한다.

→ 활동 2와 활동 3을 묶어서 하면 수업의 흐름이 끊기지 않고 시간을 절약할 수 있다.

이어질 이야기 상상하여 쓰기

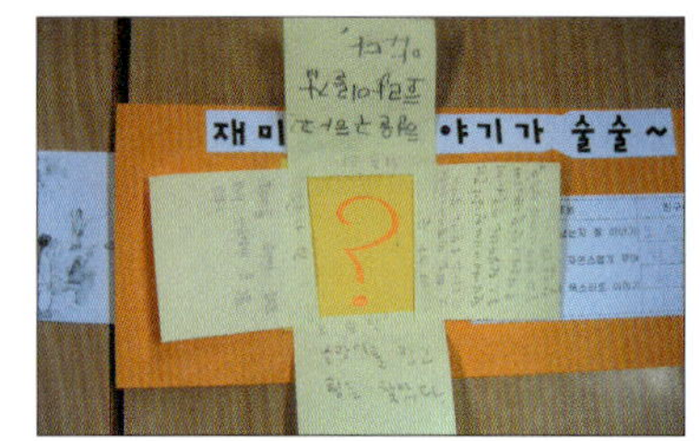
친구와 이야기 비교하기

<table>
<tr><td colspan="2" align="center">〈 상호평가표 예시 〉

 모둠이름 : (병아리모둠) </td></tr>
<tr><td align="center">평가내용</td><td align="center">친구이름</td></tr>
<tr><td>어떤 일이 일어났는지 잘 이야기 했나요?</td><td>다연, 하은, 현승, 승민</td></tr>
<tr><td>이어질 이야기를 자연스럽게 꾸며서 말했나요?</td><td>다연 승민, 하은</td></tr>
<tr><td>분명하고 알맞은 목소리로 말했나요?</td><td>하은, 현승, 승민</td></tr>
</table>

[정리] 글을 읽고 일어난 일 정리하기

- 인물이 한 일을 생각해 봅니다.
- 인물이 한 일을 차례대로 간추려 말합니다.

호랑이를 잡은 반쪽이

학습개요

1	글을 읽고, 재미있는 장면을 찾아봅시다.
2~3	글을 읽고, 재미있는 장면을 말하여 봅시다.
4	글을 읽고, 어떤 일이 일어났는지 말하여 봅시다.
5~6	재미있는 장면을 상상하며 글을 읽어 봅시다.

동기유발	★ 이야기 제목 바꾸기

↓

학습문제 제시	재미있는 장면을 상상하며 글을 읽어 봅시다.

↓

활동	♥ 내용 파악하기 – ○× 퀴즈
	♥ 재미있는 장면 상상하기 – 정지동작(조각상) 만들기
	♥ 주인공에게 하고 싶은 말하기 – 입술북 만들기

↓

정리	★ 상상한 장면 그림으로 표현하기

[심화활동 1] 그림책 『반쪽이』 찾아 읽기
[심화활동 2] 『반쪽이』와 비슷한 이야기 찾아보기

♥ 교과서 관련 활동 / ★ 추가 제시 활동

[동기유발] 이야기 제목 바꾸기

활동 목적

교과서에 수록된 작품의 제목은 『호랑이를 잡은 반쪽이』이다. 작품의 제목은 '일어난 일(주인공이 한 일)'과 '주인공'을 결합시켜 표현한 것이라고 할 수 있다. 학생들이 알고 있는 이야기를 [일어난 일 + 주인공의 이름]으로 다시 지어 보도록 한다.

활동 방법

① 『호랑이를 잡은 반쪽이』 제목의 구조에 대해 설명한다.

　　[일어난 일 + 주인공의 이름]

② 알고 있는 이야기 중에서 이러한 구조를 지닌 제목을 찾아보도록 한다.

　　(예) 은혜 갚은 까치, 해와 달이 된 오누이

③ 알고 있는 이야기의 제목을 [일어난 일 + 주인공의 이름]로 바꾸어 표현한다.

　　(예) 흥부놀부 ➡ 제비 다리를 고쳐준 흥부

　　　　토끼의 간 ➡ 꾀를 내어 살아난 토끼

　　　　호랑이와 곶감 ➡ 곶감을 무서워한 호랑이

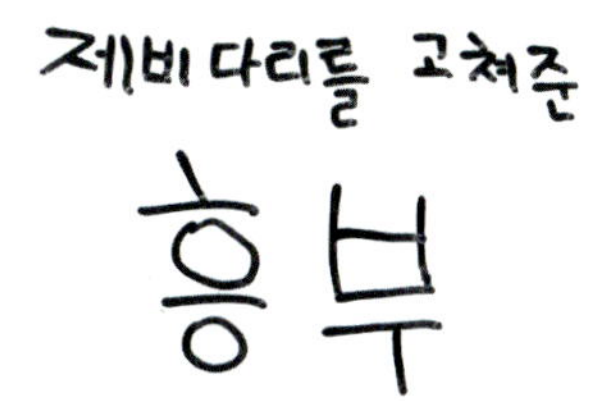

제목 바꾸기 (1)　　　　　　　제목 바꾸기 (2)

[학습문제 제시]

재미있는 장면을 상상하며 글을 읽어 봅시다.

[활동 1] 내용 파악하기 – ○X 퀴즈

활동 목적

이야기를 읽고 내용을 파악하는 활동을 ○X 퀴즈 형식으로 진행한다. ○X 퀴즈는 반 전체의 학생들이 이야기의 내용을 얼마나 정확히 이해하고 있는지를 한눈에 파악할 수 있다. 또한 정답에 대한 즉각적인 확인이 가능하고 점수를 획득하는 과정에서 재미를 느낄 수 있다.

　　제시할 이야기의 내용을 PPT자료로 준비한다. 학생들은 내용을 빨리 살펴보고 안내에 따라 맞으면 ○, 틀리면 ✕표시를 한다. ○✕판을 이용하도 좋고, 팔로 크게 원을 그리거나 ✕표를 만들어 표현해도 좋다.

① 산속 깊이 들어간 반쪽이는 초가집에서 하룻밤 묵게 되었다. 　　　　　　(✕)
② 영감은 호랑이를 잡는 사냥꾼이었다. 　　　　　　　　　　　　　　　　(✕)
③ 영감이 재주를 넘더니 호랑이로 변하였다. 　　　　　　　　　　　　　　(○)
④ 반쪽이는 재빠르게 호랑이의 머리에 올라타 호랑이 목을 잡았다. 　　　(○)
⑤ 반쪽이는 호랑이를 잡아와 큰 상을 받고 마을 사람들의 환영을 받았다. (○)

[활동 2] 재미있는 장면 상상하기 – 정지동작(조각상) 만들기

　　이야기를 읽으며 독자는 의식적, 무의식적으로 일련의 장면을 영상화하는 상상력을 발휘하게 된다. 교과서의 활동은 자신이 재미있다고 느끼며 떠올린 장면을 친구에게 말하여 보도록 하는 활동이다. 자신이 상상한 장면을 말하고 신체를 이용하여 시각적 표현을 하는 활동은 학생들의 상상력을 보다 정교화하고 표현의 욕구를 충족시키는 데 도움이 된다.

① 모둠원이 돌아가면서 이야기 내용 중에서 재미있는 장면을 말한다.
② 모둠원이 말한 장면 중에서 하나를 선택하여 정지 동작으로 꾸미는 연습을 한다.
③ 한 모둠이 전체 앞에 나와 정지! 신호에 맞춰 연습한 동작을 보여준다.
④ 다른 모둠의 학생들은 어떤 장면인지 알아맞힌다.

　　이야기의 장면을 상상하거나 자신이 상상한 내용을 말로 표현하는 것을 어려워하는 학생들에게는 교과서 삽화 중에서 하나를 골라 어떤 장면인지 설명하고 자신의 생각이나 느낌을 말하여 보도록 한다.

반쪽이가 호랑이를 잡으러 길을 떠나는 장면

반쪽이가 호랑이를 잡은 후 큰상을 받는 장면

[활동 3] 주인공에게 하고 싶은 말하기 – 입술북 만들기

활동 목적

　이야기의 세계에서는 주인공을 중심으로 흥미진진한 사건이 펼쳐지게 되고 독자는 이야기 속에서 일어난 일들을 상상하여 읽으며 재미와 감동을 느낀다. 독자는 이야기를 읽으면서 이야기 속의 주인공과 교감하기도 하고, 이야기를 읽은 후 다른 독자와 자신의 생각과 느낌을 나누기도 한다. '주인공에게 하고 싶은 말을 생각하고 친구들과 이야기를 하는 활동'을 통해 독자들은 주인공과의 소통, 다른 독자와의 소통을 경험할 수 있다.

활동 방법

　'팝업 형태의 입술북 만들기'는 내가 하고 싶은 말을 하거나 주인공이 되어 하고 싶은 말을 할 때 쓰면 좋다.

① 입술북을 만들고 내 모습을 그림으로 그린다.

② 입술북 여백에 반쪽이에게 하고 싶은 말을 적는다.

③ 입술북을 친구들이 볼 수 있도록 세워 놓는다.

④ 내가 반쪽이에게 쓴 말을 친구들에게 발표한다.

부록 _ 25쪽

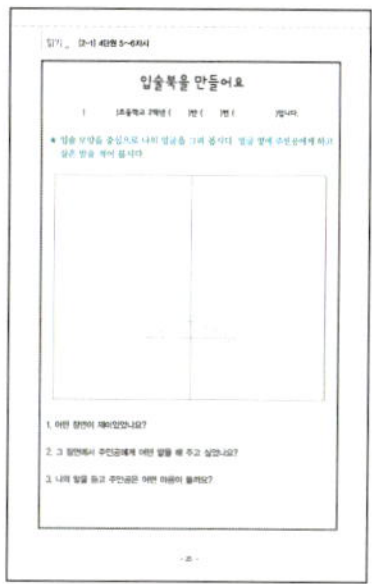

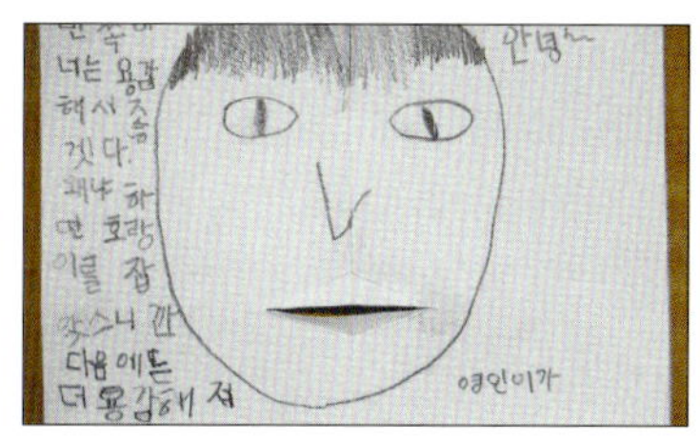

반쪽아, 너는 용감해서 좋겠다.

반쪽아, 너는 용감하고 착한 것 같아.

[정리] 상상한 장면 그림으로 표현하기

활동 목적

이 차시의 학습 목표는 재미있는 장면을 상상하는 것이다. 그런데 독자마다 재미있다고 느끼는 장면도 다르고 같은 장면에 대해서도 그것을 머릿 속에 영상화 하는 상상력에는 차이가 있다. 반쪽이 이야기 중에서 가장 재미있었다고 생각되는 부분을 그림으로 표현하고 그렇게 생각한 이유를 친구에게 말하는 활동을 한다. 이러한 활동을 통해 독자마다 재미를 느끼는 부분이 다르고 장면을 상상해 내는 정도도 다르다는 것을 자연스럽게 알게 될 것이다.

활동 방법

① 반쪽이 이야기 중 가장 재미있게 읽은 부분에 표시한다.

② 눈을 감고 등장인물, 일어난 일, 배경을 자세하게 떠올린다.

③ 정해진 시간 동안 내가 떠올린 장면을 그림으로 표현한다.

　　(그림으로 표현하기 어려운 부분은 말로 설명해도 좋다.)

④ 왜 그 장면이 재미있었는지 이유를 간단히 쓴다.

여기서 잠깐

장면을 상상하는 활동이 목적이므로 그림을 그리는 데에 필요 이상의 시간을 낭비하지 않도록 한다. 간단히 윤곽만 그리는 정도의 활동이면 된다.

 이런 활동도 있어요

[심화활동 1] 그림책 『반쪽이』 찾아 읽기

활동 목적

학교 도서실을 이용하여 그림책 『반쪽이』를 찾아 읽도록 한다. 그림책을 읽은 후 교과서의 『호랑이를 잡은 반쪽이』와 어떤 점이 같고 어떤 점이 다른지 비교해 보도록 한다. 아주 오랜 옛날부터 입에서 입으로 전해 내려온 옛이야기는 일어난 일과 끝나는 부분 등이 조금씩 다른 경우가 있음을 알 수 있다. 또한 옛이야기 책에 대한 매력을 느끼게 하면서 학생들의 독서 욕구를 증진시킬 수 있다.

활동 방법

① 등장인물, 일어난 일 중에서 같은 점과 다른 점을 찾아본다.

② 이야기의 끝부분이 어떻게 다른지 찾아본다.

③ 학습 활동지에 간단하게 정리하고, 내가 찾은 것과 친구가 찾은 것을 비교해 본다.

반쪽이
(시공주니어)

반쪽이
(보림)

■ 그림책 『반쪽이』를 읽고, 교과서와 다른 점을 찾아봅시다.

1) 등장인물은 어떻게 다른가요?

____

2) 반쪽이는 호랑이를 어떻게 잡았나요?

____

3) 반쪽이의 두 형들은 어떻게 되었나요?

____

4) 호랑이를 잡은 후에 반쪽이에게 무슨 일이 일어났나요?

____

■ 그림책 『반쪽이』를 읽고, 가장 기억에 남는 장면을 간단하게 말하여 봅시다.

[심화활동 2] 『반쪽이』와 비슷한 이야기 찾아보기

활동 목적

교과서에 실린 제재글과 비슷한 이야기를 더 찾아 읽어봄으로써 학습 목표에 도달한 학생들이 자연스럽게 배운 내용을 적용해 볼 수 있다. 또한 수업 시간 외의 책 읽기를 통해 학습 목표 도달을 위한 책 읽기가 아니라 스스로 찾아 읽는 책 읽기의 즐거움을 누릴 수 있다.

활동 방법

선생님이나 친구의 소개를 바탕으로 학급 문고, 학교 도서실 등을 이용하여 반쪽

이와 같이 씩씩하고 용감하게 살아가는 주인공이 등장하는 이야기를 더 찾아 읽어
본다. 책을 읽은 후 일어난 일을 2~3개의 문장으로 간단하게 정리한다.

- 반쪽이처럼 씩씩하고 용감하게 살아가는 주인공이 등장하는 이야기를 더 찾아
  읽어 봅시다.

제 목	책 표 지	일어난 일 정리하기
나무 도령 밤손이 (시공주니어)		〈예시〉 • 어느날, 큰 비가 내려 밤손이는 밤나무를 타고 떠내려 가다가 멧돼지, 개미떼, 모기떼, 남자아이를 구해준다. • 밤손이와 아이는 대궐같이 큰 집에서 일하게 되는데 아이가 밤손이를 모함한다. • 멧돼지, 개미떼, 모기떼가 밤손이를 위기에서 구해주고, 밤손이는 주인집 딸과 결혼하여 행복하게 산다.
버리데기 (시공주니어)		

제 목	책 표 지	일어난 일 정리하기
딸랑새 (보리)		
구렁덩덩 새선비 (보림)		

 ## 참고자료

4, 5, 6차시 제재글을 『호랑이를 잡은 반쪽이』에서 『나무 도령 밤손이』로 바꾸어 재구성한 학습자료로 심화학습자료나 평가자료로 활용할 수 있다.

〈4차시〉

1. 어떤 일이 일어났는지 생각하며 『나무 도령 밤손이』를 읽어 봅시다.

2. 『나무 도령 밤손이』를 다시 읽고, 어떤 일이 일어났는지 이야기하여 봅시다.

3. 밤손이에게 하고 싶은 말을 적어 보고, 친구들에게 말하여 봅시다.

〈5~6차시〉

1. 『나무 도령 밤손이』를 계속 읽어 봅시다.

2. 『나무 도령 밤손이』의 장면을 상상하여, 내 생각과 느낌을 말하여 봅시다.

3. 『나무 도령 밤손이』와 같이 용감한 주인공이 더 등장하는 이야기를 찾아봅시다.

부록 _ 26쪽

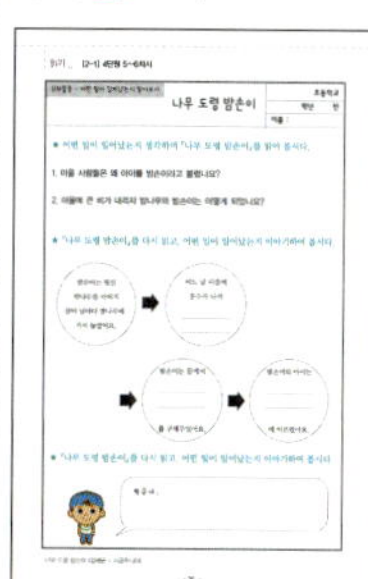

부록 _ 27쪽

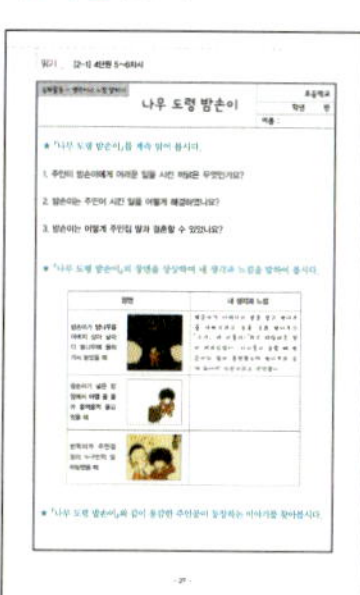

재미가 새록새록

1차시　인형극을 보고, 등장인물의 말과 행동 찾아보기

2~3차시　등장인물의 말과 행동에 주의하며 인형극하기

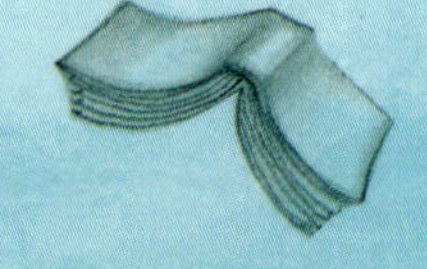

등장인물의 말과 행동에 주의하며 인형극을 본 뒤, 직접 인형을 움직이며
등장인물의 말을 실감 나게 표현하여 봅시다.

🏰 단원 소개

　이 단원의 성취 기준은 '듣기(4) 인물의 말과 행동에 주의하며 인형극을 본다'와 '말하기(4) 문학 작품에 나오는 인물의 말을 실감 나게 표현한다'이다. 교과서에서는 인형극 동영상 자료를 제시하고 등장인물의 말과 행동을 연습해 보도록 한 후, 인형극 자료를 이용하여 직접 인형극을 해 보는 활동을 제시하고 있다.

　여기서는 교과서를 보조할 수 있는 몇 가지 활동과 자료를 소개하였다. 등장인물의 말과 행동을 실감 나게 표현할 수 있도록 연습 단계의 활동을 보완하였고, 간단한 무대 꾸미기 활동을 통하여 더욱 실감 나는 인형극이 되도록 하였다. 심화활동으로 단순하고 개성이 뚜렷한 인물이 등장하여 인형극으로 꾸미기 좋은 옛이야기들을 소개하였다. 그리고 다양한 방법으로 간단한 인형극 자료를 만들어 직접 인형극을 꾸며 보도록 함으로써 학생들이 문학 작품 수용의 주체가 되어 능동적으로 반응하는 문학 수업이 되도록 안내하였다.

🏰 제재 분석

　『해와 달이 된 오누이』는 오누이가 어머니를 해치고 자신들을 위협하는 무서운 호랑이를 물리치는 이야기이다. 어머니의 옷을 입고 집에 찾아온 나쁜 호랑이에게 손을 보여 달라고 하거나 나무에 오르려는 호랑이에게 참기름을 바르면 된다고 말하는 것에서 오누이의 재치와 지혜를 엿볼 수 있다. 누이동생의 실수로 호랑이가 나무를 도끼로 찍으며 올라오는 부분에서는 극적 긴장감을, 오누이가 하느님의 도움으로 목숨을 건지고 하늘의 해와 달이 되었다는 행복한 결말에서는 극적 안도감을 느낄 수 있다.

　『해와 달이 된 오누이』는 공간의 이동에 따른 장면의 바뀜이 분명하고 등장인물의 개성이 분명하며 일련의 사건들이 속에서 극적 재미와 긴장감을 느낄 수 있다는 점에서 학생들이 인형극으로 표현하기에 매우 적절한 훌륭한 문학 자료이다.

🏫 교과서 단원 구성

차시	교과서 쪽수	차시 문제	교과서 학습활동
1	듣말 93~95	인형극을 보고, 등장인물의 말과 행동을 찾아 봅시다.	1. 등장인물의 말과 행동을 생각하며 인형극『해와 달이 된 오누이』를 감상하여 봅시다. 2. 인형극『해와 달이 된 오누이』를 다시 보고, 물음에 답하여 봅시다. 3.『해와 달이 된 오누이』에 나오는 등장인물의 말과 행동 중에서 기억에 남는 것을 적어 봅시다.
2~3	듣말 96~99	등장인물의 말과 행동에 주의하며 인형극을 해 봅시다.	1.『해와 달이 된 오누이』를 인형극으로 꾸미려고 합니다. 등장인물의 역할을 맡을 사람의 이름을 적어 봅시다. 2.『해와 달이 된 오누이』의 몇 부분을 다시 보고, 등장인물의 마음을 생각하며 실감 나게 말하여 봅시다. 3. 등장인물의 말과 행동에 주의하며『해와 달이 된 오누이』를 인형극으로 꾸며 봅시다.

해와 달이 된 오누이

 학습개요

1	인형극을 보고, 등장인물의 말과 행동을 찾아봅시다.
2 ~ 3	등장인물의 말과 행동에 주의하며 인형극을 해 봅시다.

동기유발	★ 인형극에 대한 경험 이야기하기

⬇

학습문제 제시	인형극을 보고, 등장인물의 말과 행동을 찾아봅시다.

⬇

활동	♥ 「해와 달이 된 오누이」를 보고, 물음에 답하기 ♥ 등장인물의 말과 행동 찾아보기

⬇

정리	★ 「해와 달이 된 오누이」를 그림책으로 감상하기

♥ 교과서 관련 활동 / ★ 추가 제시 활동

수업활동

[동기유발] 인형극에 대한 경험 이야기하기

활동 목적

학생들이 인형극을 보았거나 직접 해 본 경험을 자유롭게 이야기해 본다. 학생들이 인형극에 대해 얼마만큼 어떤 경험을 가지고 있는지 파악할 수 있고, 단원 학습 목표를 자연스럽게 제시할 수 있다.

활동 방법

① 인형극을 보았거나 직접 해 본 경험이 있나요?

② 언제 누구와 보았나요? (언제 누구와 해 보았나요?)

③ 인형극의 제목은 무엇이며 어떤 내용인가요?

④ 어떤 장면이 가장 재미있었나요?

[학습문제 제시]

인형극을 보고, 등장인물의 말과 행동을 찾아봅시다.

[활동 1] 『해와 달이 된 오누이』 보고, 물음에 답하기

활동 목적

『해와 달이 된 오누이』의 전체 내용을 명확하게 이해하기 위하여 물음에 답하는 활동이다. 교과서의 질문을 보충하여 이야기의 내용을 파악하기 위한 물음을 몇 가지 더 제시하였다.

활동 방법

– 물음에 답하기는 아래와 같이 여러 가지 방법으로 할 수 있다.

① 교사와 전체 학생이 묻고 답하기 (전체활동)

② 골든벨 형식으로 묻고 답하기 (전체활동)

③ 모둠장이 문제 카드를 들고 모둠원에게 질문하기 (모둠활동)

④ 학습 활동지 형태로 제작된 질문지에 직접 답 쓰기 (개별활동)

– **내용 파악 질문**

① 언제 일어난 일인가요?

　(시간적 배경 알기)

② 어디에서 일어난 일인가요?

　(공간적 배경 알기)

③ 등장인물은 누구누구인가요?

(등장인물 알기)

④ 어머니는 산 속에서 어떤 일을 겪었나요?

(일어난 일 알기)

⑤ 산속에서 호랑이를 만났을 때, 어머니는 어떤 마음이었을까요?

(등장인물의 마음 알기)

⑥ 호랑이가 어머니의 옷을 입고 오누이의 집으로 간 까닭은 무엇인가요?

(일어난 일 알기)

⑦ 호랑이를 피하기 위해 오누이는 어떻게 하였나요?

(일어난 일 알기)

⑧ 호랑이가 쫓아왔을 때, 오누이는 어떤 마음이었을까요?

(등장인물의 마음 알기)

⑨ 오누이와 호랑이는 각각 어떻게 되었나요?

(이야기의 결과 알기)

[활동 2] 등장인물의 말과 행동 찾아보기

활동 목적

부록 _ 28쪽

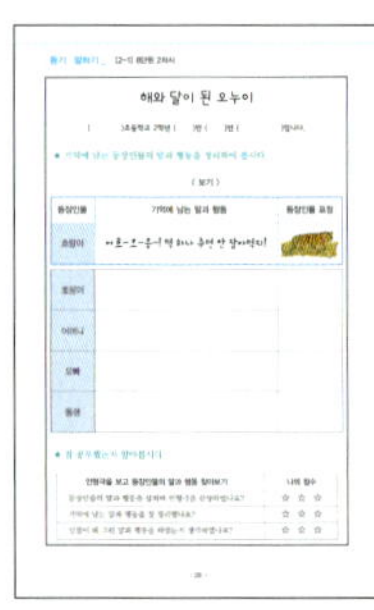

『해와 달이 된 오누이』에 나오는 등장인물의 말과 행동 중 기억에 남는 것을 적어 보는 활동이다. 이 활동을 통해 학생들이 인형극 보기 활동에 얼마나 집중하였는지, 극의 내용을 얼마나 이해하였는지를 알 수 있다. 교과서 활동 3에 제시된 표는 지면이 부족하고 학생에 따라 본 내용을 기억하고 정리하는 활동에 어려움을 느낄 수 있으므로, 〈보기〉를 제시하고 각 등장인물이 한 말과 행동을 정리할 수 있는 학습 활동지를 제작하였다. 또한 학생들이 등장인물이 왜 그런 말과 행동을 하였는지 생각해 보도록 하기 위하여 표정그리기 활동을 추가하였다.

활동 방법

① 학습 활동지의 〈보기〉를 참고하여 각 등장인물의 말과 행동에 어울리는 내용을 찾아 적는다.

② 정리한 표를 짝에게 보여준다. 평가표의 ☆기호에 짝이 잘하였으면 3개, 보통이면 2개, 부족하면 1개를 색칠하여 준다. (상호평가활동)

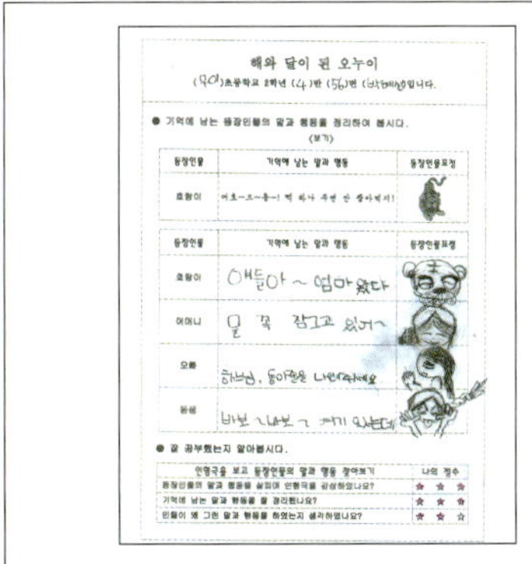

학습활동 결과물 (1)

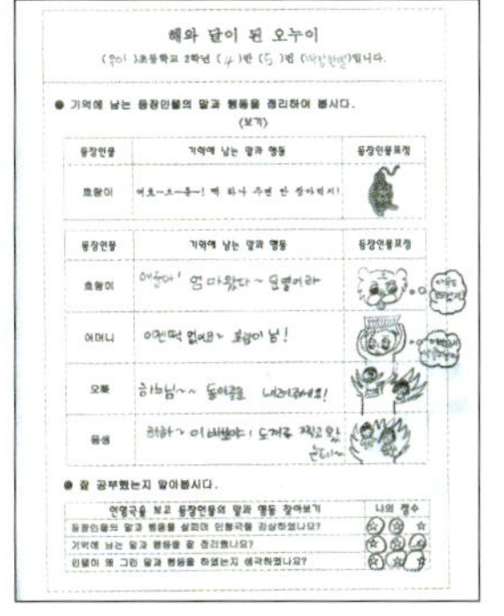

학습활동 결과물 (2)

[정리] 『해와 달이 된 오누이』를 그림책으로 감상하기

활동 목적

문학 작품에 대한 깊이 있는 이해를 돕기 위하여 『해와 달이 된 오누이』를 그림책으로 감상한다. 학급 아동 수만큼 그림책을 준비하기 어려우므로 실물화상기를 통해 보여주면서 읽어주면 좋다.

활동 방법

수업시간에 감상한 인형극과 선생님이 제시한 그림책 중 어떤 것이 생생하고 역동적으로 장면을 형상화하고 있는지 생각해 보게 한다. 또한 학생들이 직접 장면을 표현해 보는 데에 어떤 자료가 더 도움이 되는지를 생각해 보도록 한다.

① 이야기의 내용은 같은가요, 다른가요?

② 등장인물의 말과 표정, 행동이 가장 잘 드러난 것은 무엇인가요?

③ 내가 등장인물이 되어 따라 해 보기 쉬운 것은 무엇인가요?

해와 달이 된 오누이 (이규희 / 보림)

해와 달이 된 오누이

 학습개요

| 1 | 인형극을 보고, 등장인물의 말과 행동을 찾아봅시다. |
| 2~3 | 등장인물의 말과 행동에 주의하며 인형극을 해 봅시다. |

| 동기유발 | ★ 인형극을 보고, 이야기 제목 알아맞히기 |

⬇

| 학습문제 제시 | 등장인물의 말과 행동에 주의하며 인형극을 해 봅시다. |

⬇

| 활동 | ♥ 등장인물의 마음을 생각하며 실감 나게 말하기
♥ 『해와 달이 된 오누이』 인형극으로 꾸미기 |

⬇

| 정리 | ★ 등장인물의 말을 실감 나게 한 친구를 찾아 칭찬하기 |

[심화활동 1] 호랑이가 등장하는 옛이야기 찾아 읽고, 호랑이의 말과 행동 실감 나게 해 보기
[심화활동 2] 옛이야기로 다양한 인형극 꾸미기

♥ 교과서 관련 활동 / ★ 추가 제시 활동

[동기유발] 인형극을 보고, 이야기 제목 알아맞히기

활동 목적

막대인형이나 손인형을 가지고 인물이 했던 말과 행동을 보여주면, 학생들이 그 인물이 등장하는 이야기의 제목을 알아맞히는 활동이다. 2차시의 주된 활동인 인형극 하기에 대한 관심과 참여를 유도할 수 있다.

활동 방법

① 동기유발 자료이므로 인형 자료는 쉽게 구하거나 만들 수 있는 것이 좋다. 등장인물을 간단하게 그려 나무젓가락에 붙여 만들거나, 학습자료로 판매되는 손가락인형이나 손인형을 이용해도 좋다.

② "이 넓은 밭을 언제 다 갈지?" ➡ 콩쥐 팥쥐

　 "박에서 보물이 나와 부자가 되었다니" ➡ 흥부와 놀부

　 "이 도끼가 네 것이냐" ➡ 금도끼 은도끼

손가락인형을 이용하여 등장인물의 대사 중
생각나는 것을 간단히 말해 보는 장면

동기유발에 사용한 『흥부와 놀부』
손가락인형 자료

[학습문제 제시]

등장인물의 말과 행동에 주의하며 인형극을 해 봅시다.

[활동 1] 등장인물의 마음을 생각하며 실감 나게 말하기

활동 목적

인형극의 배역을 정하는 활동은 본격적인 인형극의 첫 단계이다. 다음 단계는 연습 단계로 등장인물이 처한 상황, 등장인물의 성격에 맞게 실감 나게 말하여 보는 것이다. 특히 자신이 맡은 등장인물의 모습을 살려 실감 나게 말하도록 한다.

① 한 모둠을 4명으로 구성하고 호랑이, 어머니, 오빠, 동생의 역할을 한 사람씩 맡는다.

② 동영상 자료의 몇 부분을 다시 보며 실감 나게 따라 말하여 본다.

[활동 2] 『해와 달이 된 오누이』 인형극으로 꾸미기

준비물 _ 두꺼운 도화지, 색연필, 싸인펜, 크레파스 등

인형극을 실제로 해보는 단계로 상황에 맞는 등장인물의 말과 행동을 실감 나게 해 보는 활동이다.

① 교과서 부록 자료를 뜯어 나무젓가락에 붙여서 막대 인형을 만든다.

② 교과서 97쪽 삽화를 참고하여 정해진 배역에 맞는 말과 행동을 실감 나게 해 본다.

실감 나는 인형극을 위해 배경을 꾸며 역할극을 하였다. 수업 시간이 부족하므로 인형극의 배경은 재량 활동 시간이나 자투리 시간을 이용하여 미리 만들어 놓는 것이 좋다. 만드는 순서는 아래와 같다.

① 8절 두꺼운 종이를 짧은 쪽에 맞추어 정사각형으로 자른다.

② 삼각형으로 두 번 접고 한쪽 대각선의 반만 자른다.

③ 반 자른 부분의 양 옆면을 서로 겹쳐 입체로 세워지게 만든다.

④ 다시 펴서 자르지 않은 큰 삼각형에 배경을 그린다. 교과서 97쪽의 삽화를 참고하여 4명의 모둠원이 각자 1개씩 4개의 배경을 완성한다.

⑤ 다시 입체로 접어 세운 후 4개를 겹쳐 붙이면 인형극 배경이 완성된다.

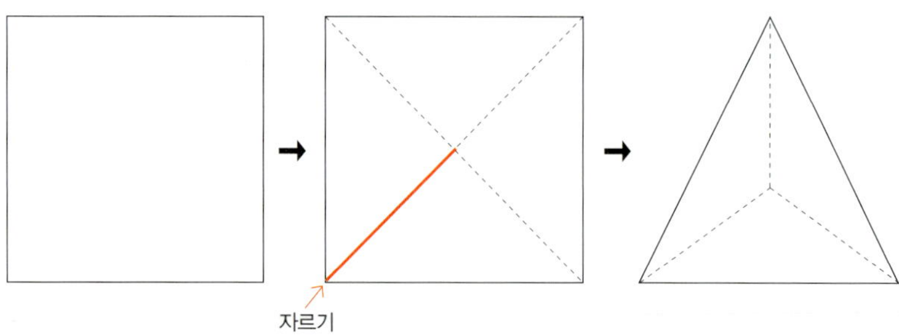

※ 이 무대를 활용할 경우 막대 인형의 나무 막대가 위로 가도록 하는 것이 인형을 움직이기가 편하다.

[정리] 등장인물의 말을 실감 나게 한 친구를 찾아 칭찬하기

활동 목적

모둠별로 인형극을 하고 잘한 점, 부족한 점에 대해 상호평가하는 시간을 가지면서 수업을 마무리 한다.

활동 방법

학생들에게 역할극 활동에 대한 피드백이 이루어지도록 구체적인 평가기준표를 제시하고 기록하도록 한다.

〈 상호평가표 예시 〉	
등장인물의 말과 행동에 주의하며 인형극하기	**친구 이름**
자신이 맡은 등장인물의 말과 행동을 열심히 연습하였다.	민혁, 현승, 민영, 예슬
등장인물에 어울리는 목소리로 말하였다.	현승, 민혁
등장인물에 어울리는 행동을 하였다.	민영, 예슬

 이런 활동도 있어요

[심화활동 1] 호랑이가 등장하는 옛이야기 찾아 읽고, 호랑이의 말과 행동 실감 나게 해 보기

활동 목적

우리 옛이야기 중에는 호랑이가 등장하는 것이 많다. 호랑이가 등장하는 이야기들은 잘 알려져 있고 재미있는 것이 많아 인형극을 해보는 활동에 쉽게 접근할 수 있는 장점이 있다. 호랑이가 등장하는 옛이야기 몇 편을 찾아 읽고, 각 이야기에 나오는 호랑이가 착한지, 악한지, 어리석은지 비교해 보는 활동은 재미있다. 또한 각 이야기에 나오는 호랑이의 특징에 맞는 말과 행동을 실감 나게 해 볼 수 있다.

① 집에 있는 책이나 학교 도서관에 있는 책 중 호랑이가 등장하는 옛이야기 책을 찾아보고 친구들과 돌려 읽는다.

② 호랑이가 어떤 성격인지를 비교한다.

　(예) 착한 호랑이 – 『은혜 갚은 호랑이』

　　　나쁜 호랑이 – 『해와 달이 된 오누이』, 『호랑이를 잡은 반쪽이』

　　　어리석은 호랑이 – 『호랑이와 곶감』, 『토끼의 재판』

③ 호랑이가 한 일이나 호랑이의 말과 행동을 아래와 같이 간단하게 정리하고 실감나게 말하여 본다.

제 목	어떤 호랑이?	호랑이가 한 일, 말과 행동
『해와 달이 된 오누이』	나쁜 호랑이	오누이의 어머니를 해치고 오누이도 해치려고 했다. "어흥! 떡 하나 주면 안 잡아 먹지!"
『은혜 갚은 호랑이』		
『호랑이와 곶감』		
『토끼의 재판』		

[심화활동 2] 옛이야기로 다양한 인형극 꾸미기

　교과서에서는 『해와 달이 된 오누이』로 막대인형극 꾸미기 활동을 제시하였다. 교과서 활동에서 더 나아가 학생들이 잘 알고 있는 옛이야기를 떠올리고 다양한 인형을 직접 제작하여 인형극을 해 봄으로써 문학 작품을 좀더 능동적으로 수용하고 반응할 수 있을 것이다.

① 모둠별로 잘 알고 있는 옛이야기를 떠올린다.

② 옛이야기 중 재미있는 장면을 정한다.

③ 그 장면에 등장하는 인물을 생각해 보고 친구와 역할을 정한다.

④ 등장인물이 했던 말과 행동을 떠올려 친구들과 말을 주고 받아 본다.

⑤ 연습한 내용으로 인형극 대본을 만들어 본다.

　(2학년 학생들의 활동이므로 대본의 형식을 갖춘 것이 아니어도 된다.)

⑥ 인형극에 필요한 인형을 제작하여 인형극을 해 본다.

■ 2학년 학생들이 쓴 인형극 대본 (예시)

1) 『호랑이를 잡은 반쪽이』 : 반쪽이가 호랑이를 잡는 장면

반쪽이 : 맛좀 봐라!

호랑이 영감 : 덤벼 봐라!

해설 : 반쪽이는 호랑이 머리와 배를 주먹으로 무찔렀습니다.

　　　호랑이를 잡은 반쪽이는 마을로 돌아왔습니다.

반쪽이 어머니 : 반쪽아, 무사히 돌아와서 고맙다. 장하다. 우리 아들!

고을 원님 : 약속대로 상을 내리리라.

반쪽이 어머니 : 그런데, 형들은 어디 있느냐?

반쪽이 : 찾아야 해요. 제가 곧 가겠습니다.

2) 『흥부 놀부』 : 흥부가 박을 타서 부자가 된 장면

흥부 : 큰 박이 열렸네. 톱으로 잘라 보자.

해설 : 흥부와 흥부의 아내는 톱으로 박을 자르기 시작했습니다.

흥부 : 안에 뭐가 들어있지?

흥부 아내 : 금이랑 돈, 진귀한 것들이 들어있어요.

해설 : 흥부와 흥부의 아내는 부자가 되었고 집도 새로 지었어요.

놀부 : 흥부가 부자가 되다니. 나도 제비 다리를 고쳐 주고 부자가 될 거야.

해설 : 하지만 다리가 부러진 제비는 보이지 않았어요.

놀부 : 그냥 제비 다리를 부러뜨리고 고쳐야겠다.

3) 『토끼의 간』 : 자라가 육지로 올라가 토끼를 만나는 장면

오징어 : 용왕님의 병이 더 깊어지는 것 같습니다.

용왕 : 어찌하면 내 병이 낫겠느냐?

오징어 : 토끼의 간을 드시면 낫습니다.

용왕 : 그게 정말이냐? 어서 가서 토끼의 간을 가지고 오너라.

오징어 : 육지에서도 숨을 쉴 수 있는 자라가 다녀오는 것이 좋겠습니다.

자라 : 제가 다녀오겠습니다.

해설 : 육지에서 도착한 자라는 토끼를 만났습니다.

토끼 : 넌 누구니?

자라 : 난 바다에 사는 자라야. 우리 함께 바다로 가지 않을래?

　　　그곳에 가면 멋진 용궁이 있어. 너에게 보석도 주고 잘 보살펴 줄거야.

토끼 : 그래? 나 가보고 싶어.

4) 『금도끼 은도끼』 : 착한 나무꾼이 연못에 도끼를 빠뜨린 장면

돌쇠 : 에구, 어찌할까?

해설 : 그때 산신령이 나타나서 말하였습니다.

산신령 : 왜 그리 슬피 우느냐?

돌쇠 : 제 하나뿐인 도끼를 빠뜨렸습니다.

산신령 : (금도끼를 보여주며) 이 도끼가 네 것이냐?

돌쇠 : 아닙니다! 그 값비싼 도끼는 제 것이 아닙니다.

산신령 : (은도끼를 보여주며) 이 도끼가 네 것이냐?

돌쇠 : 아닙니다. 그 도끼도 제 것이 아닙니다.

산신령 : 그럼 이 쇠도끼가 네 것이냐?

돌쇠 : (기뻐하며) 네 맞습니다.

5) 『콩쥐 팥쥐』 : 새어머니가 콩쥐에게 힘든 일을 시키는 장면

새어머니 : 콩쥐야, 시장에 다녀올테니 항아리에 물을 가득 채워 놓거라.

팥쥐 : 너 우리가 돌아오기 전에 다 해 놓아야 한다.

콩쥐 : 네, 어머니.

해설 : 콩쥐는 물을 길어 항아리에 부었어요. 하지만 아무리 물을 부어도 항아리에는
       물이 차지 않았어요.

콩쥐 : 어떻게 된 일이지? 아니, 항아리가 깨져 있잖아? 새어머니와 팥쥐가 돌아오면
       혼이 날텐데, 흑흑.

두꺼비 : 콩쥐야 울지마, 내가 도와줄께.

6) 『줄줄이 꿴 호랑이』 : 바보가 강아지에게 참기름을 바른 후 산에 데려가는 장면

바보 : (강아지를 쓰다듬으며) 자, 가만히 있거라~

강아지 : 멍멍

바보 : (강아지를 참기름에 담그면서) 자 들어간다.

효과음 : 퐁당

바보 : 조금만 있거라. (강아지를 빼면서) 다 되었다.

해설 : 바보는 강아지를 데리고 산에 올라갔어.

바보 : 여기에다 묶어 놓으면 되겠지?

강아지 : 멍멍멍멍멍

해설 : 바보는 강아지는 산 속에 두고 집으로 돌아왔지.

바보 : (방바닥에 누워) 아함~ 졸려.

■ 2학년 학생들이 만들어 사용한 다양한 종류의 인형

가면 인형 (반쪽이)

숟가락 인형 (흥부 놀부)

손장갑 인형 (토끼와 자라)

우유곽 인형 (금도끼 은도끼)

종이컵 인형 (콩쥐 팥쥐)

손가락 인형 (줄줄이 꿴 호랑이)

■ 종이컵 인형 만드는 방법

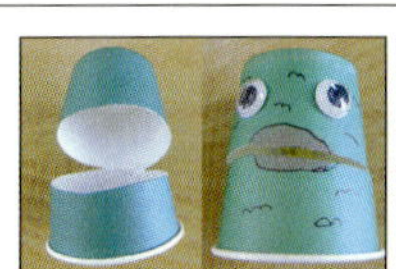

종이컵을 2cm정도 남기고 자른 후 등장인물 표정 그리기

컵 아래 안쪽에 나무막대 붙이기

컵 위 바깥쪽에 두꺼운 도화지 붙이기

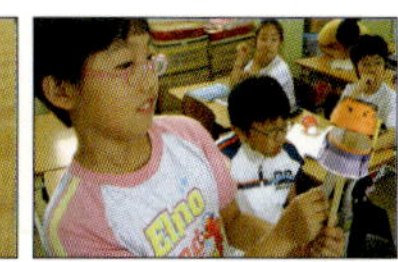

나무막대를 잡고 두꺼운 도화지를 잡아당기며 놀이하기

재미가 새록새록

1차시   이야기를 읽고, 인물의 모습과 행동 상상하기

2~3차시   인물의 모습과 행동에 어울리는 목소리로 이야기 읽기

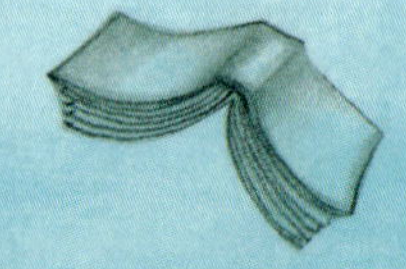

인물의 모습과 행동을 상상하며 글을 읽으면 이야기를 잘 이해할 수 있습니다.
인물의 모습과 행동을 상상하여 글을 읽고, 어울리는 목소리로 읽어 봅시다.

이 단원의 성취목표는 "인물의 모습과 행동을 상상하며 글을 읽으면, 이야기를 잘 이해할 수 있다"이다. 학생들은 인물의 모습과 행동 속에서 인물의 성격을 발견하고, 주된 사건과 연결 지어 글을 이해하게 된다. 또한 이것은 인물의 행동과 성격을 통해 이야기의 주제를 예측해 보는 고학년 학습의 디딤돌 역할을 한다고도 볼 수 있다.

불개이야기는 일식과 월식에 대한 옛사람들의 상상력이 만들어낸 이야기이고 등장하는 인물 또한 상상의 산물이다. 따라서 현실의 생활이나 삶을 다룬 이야기보다 등장인물의 모습과 행동을 상상하면서 독자는 더 많은 상상력을 발휘하게 될 것이다.

「불개이야기」는 해를 구하러 간 불개에 대한 이야기로 일식, 월식과 관련하여 내려오는 우리 고유의 판타지이다. 불개이야기는 『까막나라의 불개』, 『까막나라에서 온 삽사리』, 『암흑 나라의 불개』, 『해를 토한 불개』 등의 다양한 제목으로 책이 나와 있으며, 교과서 속 제재는 정승각님의 『까막나라에서 온 삽사리』를 원작으로 하고 있다.

'삽사리'는 '귀신을 쫓는 개'라는 뜻의 이름을 가진 우리의 개이다. 교과서에 실린 「불개이야기」(원제목 : 『까막나라에서 온 삽사리』)에는 불개뿐만 아니라 동서남북의 네 방위를 나타내는 사신인 청룡, 백호, 주작, 현무가 등장한다. 또한 그림도 오방색인 청, 황, 적, 백, 흑의 다섯 색을 사용하여 우리나라의 전통적인 멋이 한껏 느껴진다.

깜깜한 까막나라를 위해 빛을 얻어오려는 불개의 용맹함과 충직함에서 어린이들은 우리의 옛 정서도 맛볼 수 있을 것이다.

차시	교과서 쪽수	차시 문제	교과서 학습활동
1	읽기 119 ~ 121	이야기를 읽고, 인물의 모습과 행동을 상상해 봅시다.	1. 인물의 모습과 행동을 생각하며 「불개이야기」를 읽어 봅시다. 2. 인물의 모습과 행동 상상하여 봅시다. 3. 인물의 모습과 행동을 상상하면서 「불개이야기」를 읽어 봅시다.
2 ~ 3	읽기 122 ~ 129	인물의 모습과 행동에 어울리는 목소리로 이야기를 읽어 봅시다.	1. 불개는 불을 구하기 위하여 현무, 청룡, 백호를 만나게 됩니다. 현무, 청룡, 백호가 누구인지 알아봅시다. 2. 인물의 모습과 행동을 상상하며 「불개이야기」를 계속 읽어 봅시다. 3. 「불개이야기」를 읽고, 물음에 답하여 봅시다. 4. 「불개이야기」를 읽고, 인물의 모습과 행동에 어울리는 목소리를 생각하며 이야기를 읽어 봅시다. 5. 「불개이야기」를 읽고, 인상 깊은 장면을 친구들과 이야기하여 봅시다.

불개이야기

 학습개요

| 1 | 이야기를 읽고, 인물의 모습과 행동을 상상해 봅시다. |
| 2~3 | 인물의 모습과 행동에 어울리는 목소리로 이야기를 읽어 봅시다. |

| 동기유발 | ★ 그림을 보고 인물이 처한 상황 상상하기 |

↓

| 학습문제 제시 | 이야기를 읽고, 인물의 모습과 행동을 상상해 봅시다. |

↓

| 활동 | ♥ 5글자로 말해요!
 ♥ 불개 그림 그리기 |

↓

| 정리 | ★ 이야기와 함께 표정과 행동 따라하기 |

♥ 교과서 관련 활동 / ★ 추가 제시 활동

수업활동

[동기유발] 그림을 보고 인물이 처한 상황 상상하기

활동 목적

인물의 표정을 보고 인물이 처한 상황이 어떠할지 상상해 보는 활동이다. 차시 학습 목표인 글을 읽고 인물의 모습과 행동을 상상하는 학습 활동을 하기에 앞서 인물 표정 그림을 활용한 간단한 상상하기 활동이다.

활동 방법

학습 활동지의 그림을 살펴보고 그림 속의 등장인물이 어떤 표정을 지었는지 말한다. (즐거운 표정, 미안해하는 표정, 화난 표정, 슬픈 표정) 그리고 등장인물이 왜 그런 표정을 지었을지 등장인물이 처한 상황을 간단하게 상상하여 말하여 본다.

[학습문제 제시]

이야기를 읽고, 인물의 모습과 행동을 상상해 봅시다.

[활동 1] 5글자로 말해요!

활동 목적

이 활동은 학습자의 적극적인 작품 이해를 돕고 인물을 더욱 잘 이해하는 데에 도움이 된다.

활동 방법

① 교사는 지금까지의 이야기 줄거리를 간단히 설명하고, 불개와 임금님의 입장을 정리하여 준다.

② 이야기의 내용을 5글자의 대화글로 바꾸어 표현해 본다.

부록 _ 29쪽

부록 _ 30쪽

③ 짝끼리 역할을 나누어 번갈아 이야기해 본다.

　5글자의 대화글로 바꾸는 방법을 아래와 같은 예를 들어 학생들에게 설명해 주고 불개이야기에 적용하도록 하면 좋을 것이다.

　　(예) 수철이는 어젯밤 늦게까지 게임을 하느라 결국 오늘 아침에 학교에 지각을 하고야 말았습니다. 수철이의 지각이 궁금하셨던 선생님은 수철이에게 왜 오늘 지각하게 되었는지를 물어보셨고, 수철이는 머뭇거리며 대답을 하지 못하고 쩔쩔매다가 작은 소리로 늦잠을 잤다고 말하였습니다.

　　선생님 : 왜 늦었나요? / 수철 : 늦잠 잤어요.

[활동 2] 불개 그림 그리기

　이야기를 읽으면서 상상했던 인물의 모습과 행동을 그림으로 표현해보는 활동이다.

① 교과서에 제시된 이야기 ㉮와 ㉯를 모둠별로 선택하도록 한다.
② 선택한 이야기 속에 드러난 불개의 모습을 표정에 유의하며 그려보도록 한다.
③ 학생은 교사의 도움을 받아 그림을 설명한다.
④ 모둠별 그림 설명이 끝나면 쉬는 시간을 이용하여 작은 전시회를 여는 것도 좋다. 이때, 작품을 감상하면서 자신이 마음에 드는 작품에 스티커를 붙여 상호 평가가 이루어질 수 있도록 한다.

준비물 _ 스케치북, 도화지, 채색도구(색연필, 싸인펜 등)

[정리] 이야기와 함께 표정과 행동 따라하기

활동 목적

얼굴 표정이나 행동으로 주인공을 표현해 봄으로써 즐거운 분위기 속에서 학습 내용을 정리할 수 있다.

활동 방법

① 교사의 이야기를 듣고 어울리는 등장인물의 행동이나 표정을 표현한다.

② 가장 실감 나게 표현한 학생을 찾아 '표정의 달인'으로 임명한다.

임금님 : "누가 불을 구해 올 수만 있다면…"

불개 : "임금님, 제가 불을 찾아오겠습니다."

2~3차시

불개이야기

 학습개요

1	이야기를 읽고, 인물의 모습과 행동을 상상해 봅시다.
2~3	인물의 모습과 행동에 어울리는 목소리로 이야기를 읽어 봅시다.

동기유발	★ 등장인물 알아맞히기

↓

학습문제 제시	인물의 모습과 행동에 어울리는 목소리로 이야기를 읽어 봅시다.

↓

활동	★ 「불개이야기」 틀린 내용 찾기 – 내용 파악하기
	♥ 목소리가 담긴 정지영상 만들기
	♥ 불개의 마지막 한마디 써보기

↓

정리	★ 인물의 말과 행동에 어울리는 목소리 찾기

♥ 교과서 관련 활동 / ★ 추가 제시 활동

수업활동

[동기유발] 등장인물 알아맞히기

활동 목적

교과서를 열기 전에 이야기 속 등장인물의 모습을 상상해보고 그 모습을 찾아봄으로써 인물에 대한 궁금증을 증대시켜 참여의욕을 높인다.

활동 방법

① 교과서를 펴기 전에 프로젝션 TV 등을 활용하여 등장인물의 모습을 제시한다.

② 등장인물의 대사를 활용하거나 이야기의 줄거리를 힌트로 제시하여 학생들이 자연스럽게 그림에 관심을 갖도록 유도한다.

③ 정답을 맞힌 학생에게 대사를 주고, 그림에 어울릴 것 같은 목소리로 읽어보게 한다.

백호 : "이놈, 여기가 어딘줄 알고 오느냐? 썩 돌아가지 못할까?"

임금님 : "아! 불개가 햇빛과 달빛을 가져 왔었구나."

[학습문제 제시]

인물의 모습과 행동에 어울리는 목소리로 이야기를 읽어 봅시다.

[활동 1] 『불개이야기』 틀린 내용 찾기 – 내용 파악하기

활동 목적

틀린 내용 찾기는 이야기의 내용을 얼마나 제대로 이해했는지 확인하기 위한 활동이다. 학습자의 읽기능력 향상에 도움이 될 것이다.

부록 _ 31쪽

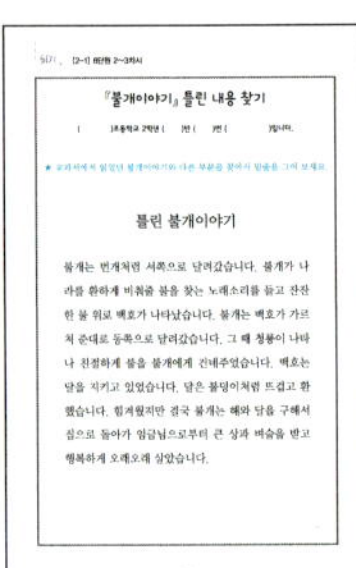

활동 방법

① 교과서 이야기를 읽고, 잠시 동안 줄거리에 대해 생각해 보게 한다.

② 잘못된 내용의 "불개이야기"를 나누어주고, 읽었던 내용과 다르거나 잘못된 부분을 찾아보도록 한다.

나누어 줄 글 전문

> 불개는 번개처럼 서쪽으로 달려갔습니다.
> 불개가 나라를 환하게 비춰줄 불을 찾는 소리를 듣고 잔잔한 물 위로 백호가 나타났습니다. 불개는 백호가 가르쳐 준대로 동쪽으로 달려갔습니다.
> 그 때 청룡이 나타나 친절하게 불을 불개에게 건네주었습니다. 해는 불덩이처럼 뜨겁고 환했습니다. 힘겨웠지만 결국 불개는 해와 달을 구해서 집으로 돌아가 임금님으로부터 큰 상과 벼슬을 받고 행복하게 살았습니다.

잘못된 내용 고치기

① 서쪽 ➡ 북쪽

② 잔잔한 물 위로 백호가 ➡ 현무가

③ 친절하게 불을 불개에게 건네주었습니다. ➡ 뜨거운 불을 내뿜었습니다.

④ 큰 상과 벼슬을 받고 행복하게 살았습니다.

　　➡ 신하들은 불개를 낭떠러지 아래로 던져버렸습니다.

[활동 2] 목소리가 담긴 정지영상 만들기

활동 목적

　이야기 속 재미있는 장면을 직접 몸으로 표현해 봄으로써 상상한 내용을 구체화할 수 있다. 그 장면에서 등장인물의 모습과 행동에 어울리는 목소리로 대사를 말해 본다.

활동 방법

① 모둠원이 돌아가면서 이야기 내용 중에서 재미있는 장면을 말한다.

② 모둠원이 말한 장면 중에서 하나를 선택한다. 각자 역할을 맡아서 사진처럼 정지된 영상으로 꾸미는 연습을 한다.

　　(역할을 맡은 학생은 등장인물의 목소리로 한마디씩 준비한다.)

③ 모둠이 앞에 나와 "정지!" 신호에 맞춰 연습한 장면을 보여준다.

④ 정지된 장면 속의 등장인물을 교사가 누르면 녹음된 인형이 말하는 것처럼 역

할별로 준비한 목소리와 대사로 이야기한다.

⑤ 다른 모둠의 학생들이 어떤 장면인지 알아맞히는 퀴즈 활동의 형태로도 진행이 가능하다.

⑥ 퀴즈형태의 진행이 어려울 경우 모둠에서 1명의 큐레이터(설명하는 역할)를 선정하여 자신들이 표현한 장면을 설명하도록 한다.

정지영상 활동장면

[활동 3] 불개의 마지막 한마디 써보기

활동 목적

등장인물이 되어 이야기를 종합적으로 내면화하고 정리해 보는 활동이다.

활동 방법

① 이야기의 후반부를 상기시키며 불개의 이후 삶을 떠올리게 한다.

② 자신이 불개라고 생각하고 감정이입하게 한다.

③ 불개가 된 자신이 마지막으로 이야기 속의 사람들에게 또는 친구들에게 하고 싶은 말을 떠올려 보게 한다.

④ 준비된 활동지에 생각한 내용을 간단히 적게 한다.

⑤ 한 명씩 불개의 목소리로 마지막 한마디를 말해보게 한다.

부록 _ 32쪽

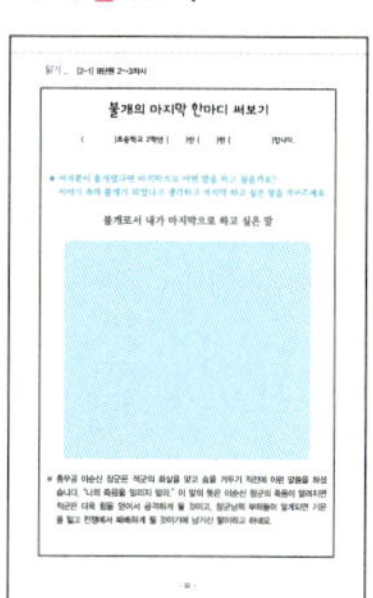

[정리] 인물의 말과 행동에 어울리는 목소리 찾기

학생들에게 이야기의 장면을 제시하고 어울리는 목소리로 읽어볼 수 있도록 한다.

(장면 1) 백호가 불개에게 으르렁거리는 장면

"이놈, 여기가 어딘 줄 알고 오느냐? 썩 돌아가지 못할까?"　(　　　　　　　)목소리

(장면 2) 불개가 내뿜은 불덩이를 보고 신하들이 벌벌 떠는 장면

"임금님, 저 개를 없애지 않으면 큰일이 날까 두렵습니다."　(　　　　　　　)목소리

재미가 새록새록

1차시   재미있는 말이나 반복되는 말 찾기
2~3차시   재미있는 말이나 반복되는 말 만들기

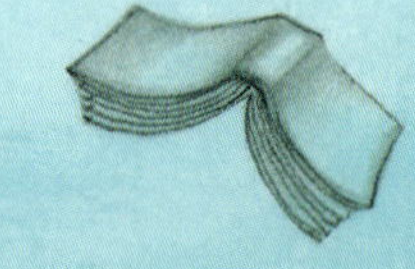

재미있는 말이나 반복되는 말을 넣어 시를 써봅시다.

　이 단원에서는 재미있는 말이나 반복되는 말을 찾아보고, 더 나아가 이를 직접 만들어보는 활동을 하게 된다. 꼬리에 꼬리를 무는 '연상놀이' 같은 활동들은 창의성을 키우는 중요한 도구가 된다. 또한 이러한 과정을 통하여 사물의 모습이나 그에 대한 생각을 언어로 표현하는 능력을 기를 수 있다. 반복되는 말의 운율을 느끼고 이를 노래로 표현해보는 것 또한 좋은 경험이 될 것이다.

　「꼬부랑 할머니」는 충청북도 음성군 맹동면 인곡리에서 전해 내려오는 구비전승 설화로, '꼬부랑' 의 반복적인 사용을 통해 언어유희를 즐기는 형식담이다. 허리가 굽은 꼬부랑 할머니와 꼬부랑 고갯길, 꼬부랑 엿가락 등 구불구불한 모습의 사물 및 자연의 모습을 재미있게 엮어나가고 있다. 「꼬부랑 할머니」는 그림 동화 책으로도 출판되었고 동요로도 작곡되어 불리고 있는데 교과서에 실린 제재는 동요의 가사이다.

　『시리동동 거미동동』(제목의 '시리동동' 은 거미가 거미줄에 매달려 있는 모습을 표현하는 말)은 권윤덕 님의 그림책으로, 제주도 꼬리따기 노래를 새롭게 정리한 것이다. 해녀인 엄마를 만나러 가는 소녀의 동선을 따라 제주도의 아름다운 자연경관이 펼쳐진다. 검은 돌과 거미, 하얀 토끼와 하늘을 나는 까마귀, 높은 바위 무더기와 푸른 바다, 깊고 깊은 엄마의 마음이 말 엮기 노래의 형식으로 펼쳐져 경쾌한 박자감을 느낄 수 있다.

🏫 교과서 단원 구성

차시	교과서 쪽수	차시 문제	교과서 학습활동
1	쓰기 89~91	재미있는 말이나 반복되는 말을 찾아봅시다.	1. 할머니를 떠올리며「꼬부랑 할머니」를 읽어 봅시다. (1) 재미있는 말이나 반복되는 말을 찾아봅시다. (2) 짝이나 모둠별로 돌아가며 노래로 불러 봅시다. (3) 내가 알고 있는 재미있는 말이나 반복되는 말을 친구에게 알려 줍시다.
2~3	쓰기 92~95	재미있는 말이나 반복되는 말을 만들어 봅시다.	1. 노랫말이 자연스럽게 이어지는지 살펴보며『시리동동 거미동동』을 읽어 봅시다. 2.『시리동동 거미동동』을 읽고, 물음에 답하여 봅시다. 3. 내용과 어울리도록 반복되는 말을 넣어 봅시다. 바꾼 노랫말로 친구들과 함께 노래를 불러 봅시다.

꼬부랑 할머니

 학습개요

1	재미있는 말이나 반복되는 말을 찾아봅시다.
2 ~ 3	재미있는 말이나 반복되는 말을 만들어 봅시다.

동기유발	★ '할머니' 단어 연상 게임하기 ★ 할머니 얼굴 그리기

↓

학습문제 제시	재미있는 말이나 반복되는 말을 찾아봅시다.

↓

활동	♥ 할머니를 떠올리며 「꼬부랑 할머니」 읽기 ♥ 재미있는 말이나 반복되는 말 찾아보기 ♥ 재미있는 말이나 반복되는 말 몸으로 표현하기 ★ 내가 알고 있는 재미있는 말이나 반복되는 말을 친구에게 알려주기 (딱지책 만들기)

↓

정리	★ 딱지책 전시 및 상호평가하기

♥ 교과서 관련 활동 / ★ 추가 제시 활동

[동기유발 1] '할머니' 단어 연상 게임하기

활동 목적

학습을 시작하기에 앞서 제재인 '할머니'에 대한 자신의 경험을 떠올려 보도록 한다.

활동 방법

① 도우미 학생 3명을 뽑아 앞으로 나오게 한다.

② 도우미 학생들은 교사가 제시하는 힌트(주름, 흰머리, 지팡이 등 할머니를 연상 시킬 수 있는 단어)를 반 친구들에게 몸짓으로 표현한다.

③ 다른 학생들은 도우미 학생들의 몸짓을 보고 힌트를 알아맞힌다.

④ 도우미 학생들이 설명한 3가지 힌트와 연관 지어 정답(할머니)을 맞힌다.

여기서 잠깐

도우미 학생들은 말은 하지 않고, 몸짓으로만 힌트를 표현한다.

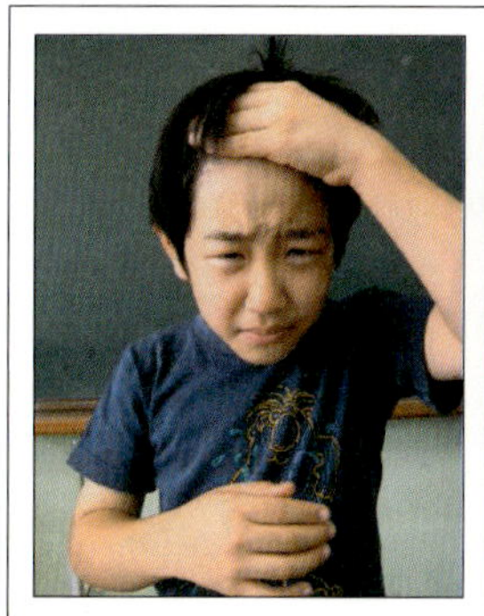

〈힌트 1〉 주름

〈힌트 2〉 흰머리

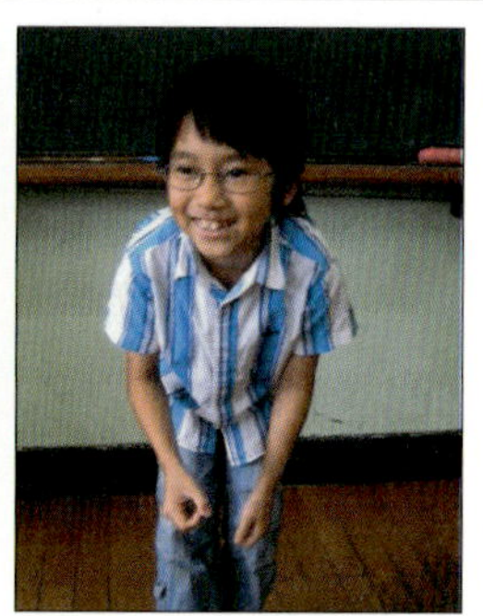

〈힌트 3〉 지팡이

[동기유발 2] 할머니 얼굴 그리기

활동 목적

본 학습 이전에 제재인 '할머니'를 그려보면서 할머니의 모습과 특징을 떠올리고 경험을 구체화할 수 있는 기회를 제공한다.

활동 방법

준비된 그림을 완성하면서 할머니의 모습을 생각해본다.

여기서 잠깐

자신의 할머니가 아니더라도 평소 생각하는 할머니의 이미지를 떠올려 그림을 완성

준비물 _ 색연필

부록 _ 33쪽

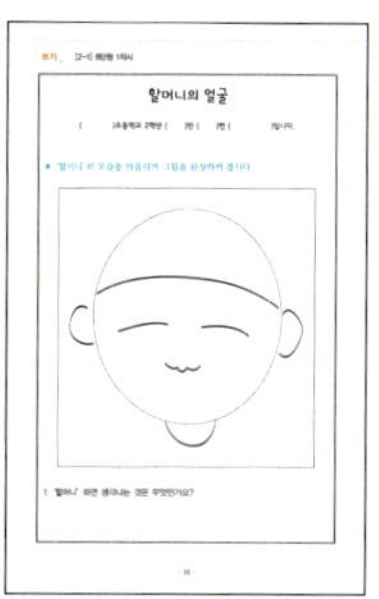

하게 한다. 미술 시간이 아니므로 그림의 완성도보다는 이미지를 표현하는 정도로 그리도록 한다.

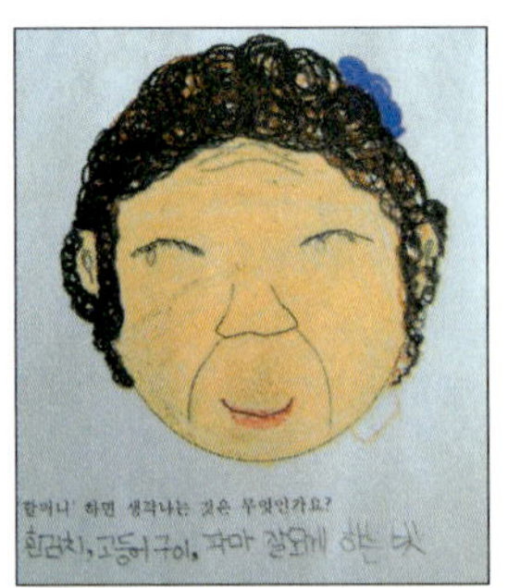

[학습문제 제시]

재미있는 말이나 반복되는 말을 찾아봅시다.

[활동 1] 할머니를 떠올리며 「꼬부랑 할머니」 읽기

교과서 90~91쪽에 있는 「꼬부랑 할머니」를 읽는다.

읽을 때 행이 바뀌는 곳에서는 박수 한 번, 연이 바뀌는 곳에서는 박수 세 번을 치게 하여 리듬감을 살리며 연과 행을 구분해 읽도록 한다.

꼬부랑 할머니 (한태근 작사 / 작곡)

꼬부랑 할머니

꼬부랑 할머니가 꼬부랑 고갯길을(짝)
꼬부랑 꼬부랑 넘어가고 있네.(짝짝짝)

꼬부랑 할머니가 꼬부랑 길에 앉아(짝)
꼬부랑 엿가락을 살며시 꺼냈네.(짝짝짝)

꼬부랑 할머니가 맛있게 자시는데(짝)
꼬부랑 강아지가 기어 오고 있네.(짝짝짝)

꼬부랑 꼬부랑 꼬부랑 꼬부랑(짝)
고개는 열두 고개 고개를 고개를 넘어간다.
(짝짝짝)

꼬부랑 강아지가 그 엿 좀 맛보려고(짝)
입맛을 다시다가 예끼놈 맞았네.(짝짝짝)

꼬부랑 깽깽깽 꼬부랑 깽깽깽(짝)
고개는 열두 고개 고개를 고개를 넘어간다.
(짝짝짝)

[활동 2] 재미있는 말이나 반복되는 말 찾아보기

활동 목적

재미있는 말이나 반복되는 말을 찾을 때 색연필로 표시하고 발표하는 활동을 통해 서로의 생각을 비교할 수 있다.

활동 방법

「꼬부랑 할머니」를 다시 읽으며 가장 많이 나오는 말에 파란색 색연필로 표시한다. 다 표시했으면 그 밖에 재미있는 말에 빨간색 색연필로 표시한다. (반복되는 말과 재미있는 말은 중복될 수 있음을 미리 언급한다) 각자 어느 부분에 표시를 했는지 짝, 모둠별로 확인 후 발표하게 한다.

[활동 3] 재미있는 말이나 반복되는 말 몸으로 표현하기

활동 목적

교과서에는 「꼬부랑 할머니」를 읽고 재미있는 말이나 반복되는 말을 찾아보는 활동으로 제시되어 있다. 하지만 학생들은 글을 찾고 써보는 활동보다는 몸을 움직이며 하는 활동을 더 좋아한다. 따라서 재미있었던 장면이나 생각나는 구절을 동작으로 표현해보게 한 후 이를 발표하는 편이 좀 더 활기찬 수업을 위해 좋을 것이다.

활동 방법

① 가장 많이 반복되는 '꼬부랑' 이라는 단어에 어울리는 몸짓을 생각한다.

② 「꼬부랑 할머니」 노래를 하며 '꼬부랑' 이라는 단어가 나올 때마다 정해진 몸짓을 한다.

③ 가장 재미있게 몸짓을 표현한 학생을 오늘의 '몸짓왕' 으로 뽑는다.

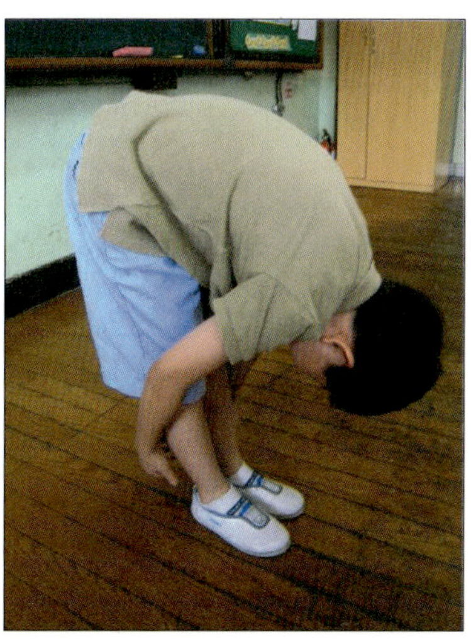

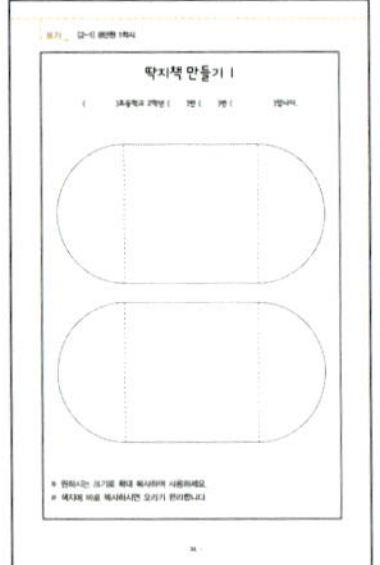

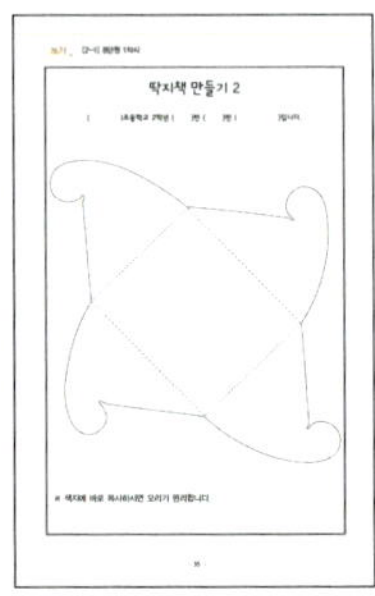

[활동 4] 내가 알고 있는 재미있는 말이나 반복되는 말을 친구에게 알려주기 (딱지책 만들기)

활동 목적

교과서에서는 '내가 알고 있는 재미있는 말이나 반복되는 말을 친구에게 알려주는 활동'으로 제시되어 있다. 그러나 구체적인 활동 없이 제시되어 실제 수업에서는 그냥 넘어가기 쉽다. 따라서 학생들이 흥미 있게 접근할 수 있는 조작 활동을 제시함으로써 활동 목적을 달성할 수 있도록 한다.

활동 방법

딱지책을 만든 후 각 날개에 자기가 알고 있는 재미있는 말이나 반복되는 말을 적어 보게 한다. 이때 도서실을 활용하여 재미있는 말이나 반복되는 말이 많이 나와 있는 그림책을 찾아 딱지책에 적어보도록 하는 것도 좋다.

딱지책 만드는 방법

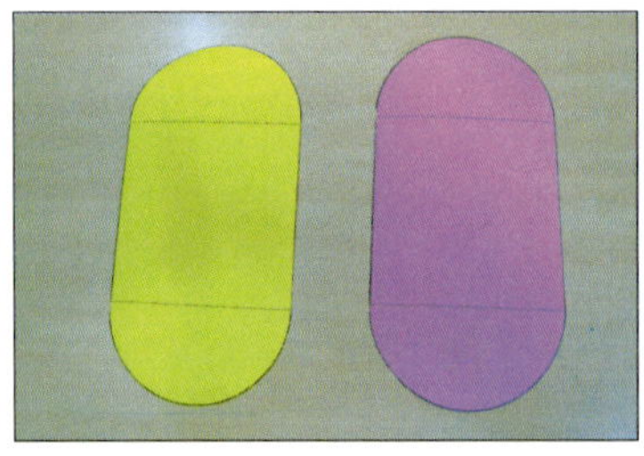

색지 2장을 반창고 모양으로 준비한다.

점선을 따라 날개를 접는다.

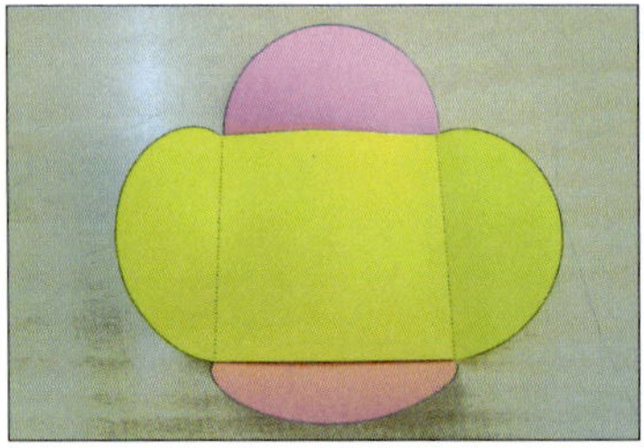

색지를 엇갈려 놓은 후 겹쳐진 부분을 풀 칠한다.

날개를 순서대로 접어 딱지를 만든다.

딱지책 학생 예시 작품

가운데 부분에는 '내가 알고 있는 재미있는 말이나 반복되는 말 / 자기 이름'을 쓰고 네 날개에는 각각 친구들에게 알려주고 싶은 말을 쓰도록 한다. 도서관 활용 수업을 통한 그림책에서 찾아 쓰기를 할 때에는 가운데 부분 여백에 책 제목을 쓰게 한다.

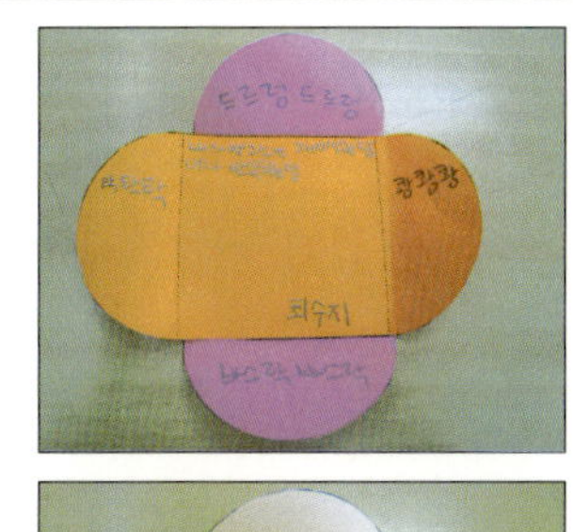
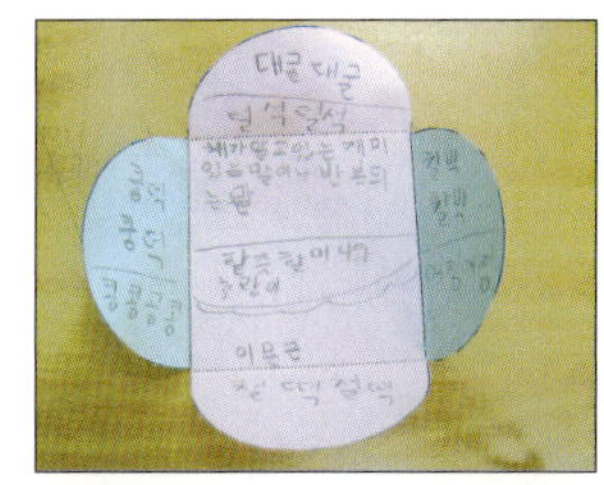
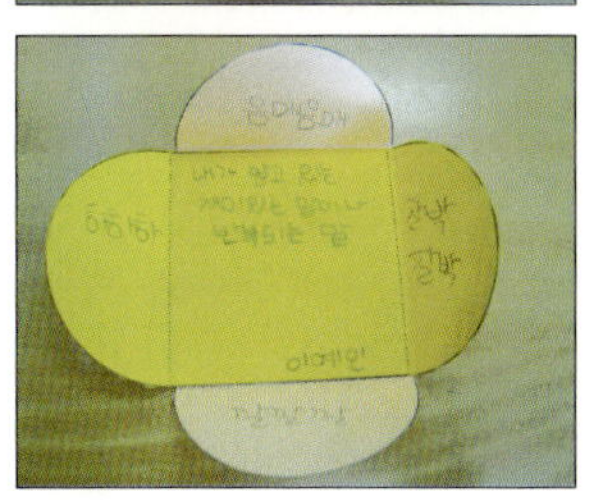
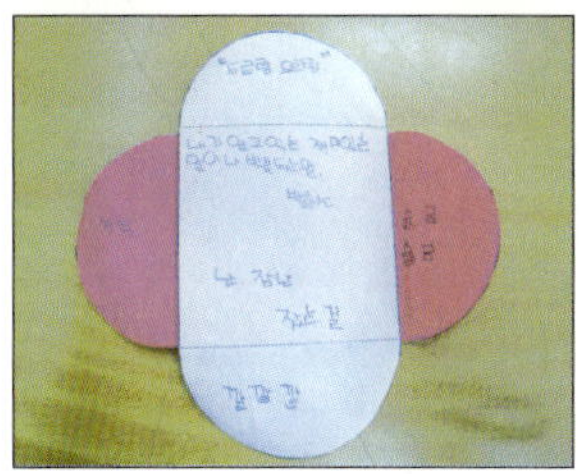

색지가 두 장일 때는 부록 34쪽의 딱지본을, 색지가 한 장일 때는 부록 35쪽의 딱지본을 활용한다.

[정리] 딱지책 전시 및 상호평가하기

딱지책을 감상하면서 여러 가지 재미있는 말이나 반복되는 말을 학습할 수 있다.

딱지책을 모둠별로 게시판에 전시한 후 친구들 작품을 감상하며 친구들이 소개한 재미있는 말이나 반복되는 말 중 인상 깊은 것을 학습 활동지에 쓰도록 한다.

딱지책 감상이 끝난 후에는 날개를 접어 환경 게시물로 활용한다. 딱지책을 게시할 때에는 검은색 도화지를 이용하면 깔끔하고 보기에 좋다.

부록 _ 36쪽

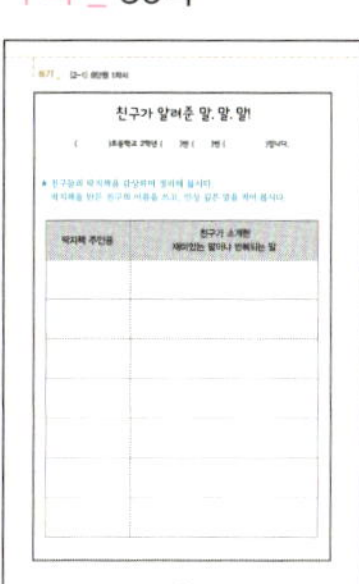

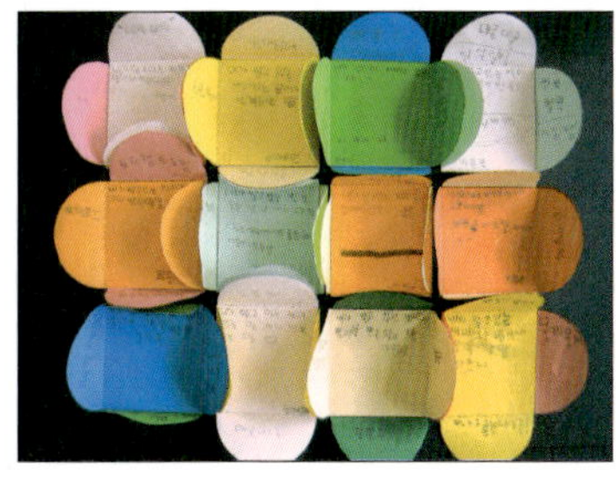

[잠자리 꽁꽁]

잠자리 꽁꽁 꼼자리 꽁꽁

이리와라 꽁꽁 저리가라 꽁꽁

잠자리 꽁꽁 꼼자리 꽁꽁

이리오면 살고 저리가면 죽는다

잠자리 꽁꽁 (류동일 작사)

[까치야 까치야]

① 까치야 까치야 헌 이 줄게 새 이 다오

　　까치야 까치야 헌 이 줄게 새 이 다오

　　까치야 까치야 헌 이 줄게 새 이 다오

② 까치야 내 눈 낫게 해 주렴

　　까치야 까치야 네 새끼 우물에 빠졌다

　　조리로 건져라 바가지로 건져라

　　까치야 까치야 물에 빠진 네 새끼 건져 줄게

　　내 눈 낫게 해주렴

　　맛난 반찬에 고기하고 밥 줄게

　　내 눈 낫게 해주렴

전래동요 / 백창우 채보, 작곡
『술래잡기 힐 사람 여기 붙어라』 수록

아래의 책들은 모두 의성어, 의태어가 많이 쓰였고, 반복되는 말이 잘 나타나있다.

 **곰 사냥을 떠나자** (글 마이클 로젠 / 시공주니어)	곰 사냥을 떠난 가족들이 막상 곰을 보자 겁이 나서 도망가 이불 속으로 숨는 이야기다. 반복되는 문장과 의성어가 많이 있어 읽는 재미를 더한다.
 **꼬부랑 할머니** (권정생 / 한울림어린이)	'꼬부랑' 으로 시작되는 각 문구는 맛깔스러운 우리말의 특성이 잘 드러나 있어 우리말 특유의 리듬감과 운율, 아름다움을 느낄 수 있다.
 **훨훨 간다** (권정생 / 국민서관)	할머니, 할아버지가 나누는 이야기에 도둑이 겁을 먹고 도망갔다는 이야기다. 짧고 재미난 입말과 해학적인 표정을 잘 살린 그림이 재미있다.

시리동동 거미동동

학습개요

1	재미있는 말이나 반복되는 말을 찾아봅시다.
2~3	재미있는 말이나 반복되는 말을 만들어 봅시다.

동기유발	★ 공통점을 찾아라! (말 엮기 노래)

↓

학습문제 제시	재미있는 말이나 반복되는 말을 만들어 봅시다.

↓

활동	★ 『시리동동 거미동동』 책 보며 수수께끼 풀기
	♥ 『시리동동 거미동동』 읽기
	♥ 재미있는 말이나 반복되는 말 찾기
	♥ '깊은 것은 엄마 마음' 바꾸어 보기
	♥ 반복되는 말을 바꾸어 노래하기

↓

정리	★ 상호평가하기

[심화활동] 신문지를 이용해 거미 만들기

♥ 교과서 관련 활동 / ★ 추가 제시 활동

수업활동

[동기유발] 공통점을 찾아라! (말 엮기 노래)

활동 목적

말 엮기 노래를 불러 보고 가사 속에서 사물간의 공통점을 찾아 이야기할 수 있다.

활동 방법

① 두 개의 사물의 공통점을 엮어 노래하는 '말 엮기 노래'를 함께 불러 본다.

말 엮기 노래

원숭이 엉덩이는 빨개	빨간 건 사과
사과는 맛있어	맛있는 건 바나나
바나나는 길어	긴 것은 기차
기차는 빨라	빠른 것은 비행기
비행기는 높아	높은 것은 백두산

② 노래 가사 속에서 사물들의 공통점을 찾아 이야기한다.

　(예) 원숭이 엉덩이와 사과 = 빨갛다

　　　사과와 바나나 = 맛있다.

[학습문제 제시]

재미있는 말이나 반복되는 말을 만들어 봅시다.

[활동 1] 『시리동동 거미동동』 책 보며 수수께끼 풀기

활동 목적

교과서에 제시된 『시리동동 거미동동』은 권윤덕 님의 제주도 꼬리따기 노래 『시리동동 거미동동』 그림책의 일부이다. 작가가 그림책 속에 숨겨놓은 수수께끼를 풀며 얻게 되는 즐거움도 클 것이다.

『시리동동 거미동동』의 수수께끼

1. 세모가 있어요. 이것은 나중에 무엇이 될까요?

2. 아이가 돌담 틈으로 밖을 내다보고 있는데 무엇을 보고 있는 걸까요?

시리동동 거미동동 (권윤덕 / 창비)

3. 왕거미는 어디로 갔을까요?

4. 아이는 어디로 가는 걸까요?

5. 그림과 노랫말의 박자를 알아챘나요? 한 장은 흰 여백이 있고, 다음 장은 모두 색으로 가득 찼네요. 앞으로도 계속 그럴까요?

6. 아이의 한쪽 눈이 얼굴 밖으로 나와 있군요. 아이는 코도 없고, 입도 없는데 놀라는 모습, 슬퍼하는 모습, 웃는 모습을 알아챌 수 있나요?

[활동 2] 『시리동동 거미동동』 읽기

활동 목적

‘원숭이 엉덩이는 빨개~’로 시작되는 말 엮기 노래도 사물간의 공통점을 리듬감 있게 이어감으로써 재미있게 즐길 수 있는 것처럼 『시리동동 거미동동』도 간단하고 반복되는 리듬을 붙여 불러봄으로써 꼬리따기 노래의 재미를 느낄 수 있도록 한다.

활동 방법

참고 _ 신동일의 작곡 이야기

① 『시리동동 거미동동』의 곡을 감상한다. _ http://blog.daum.net/dongilsheen/6925745

② 교사의 선창을 따라 『시리동동 거미동동』을 노래한다.

③ 노래하며 그림책 속의 소녀가 엄마를 찾아가며 가는 길에 만났던 것들에 대해 떠올리도록 한다.

[활동 3] 재미있는 말이나 반복되는 말 찾기

활동 방법

① 『시리동동 거미동동』을 다시 한 번 읽어본다.

② 『시리동동 거미동동』 속에서 재미있는 말이나 반복되는 말을 찾아 색연필로 표시한다.

③ 친구들과 이야기를 나눈다.

[활동 4] ‘깊은 것은 엄마 마음’ 바꾸어 보기

준비물 _ 별 스티커

부록 _ 37쪽

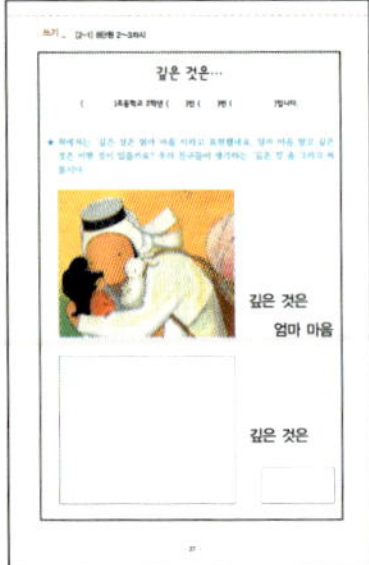

활동 방법

① 엄마의 마음 말고 깊은 것은 무엇이 있을지, 내가 작가였다면 어떻게 썼을지 생각해 본다.

② 생각한 내용을 학습 활동지에 완성한다.

③ 친구는 어떻게 생각하였는지 친구의 학습 활동지를 바꿔 읽으며 가장 잘 했다고 생각하는 작품에 별 스티커를 붙여주도록 한다.

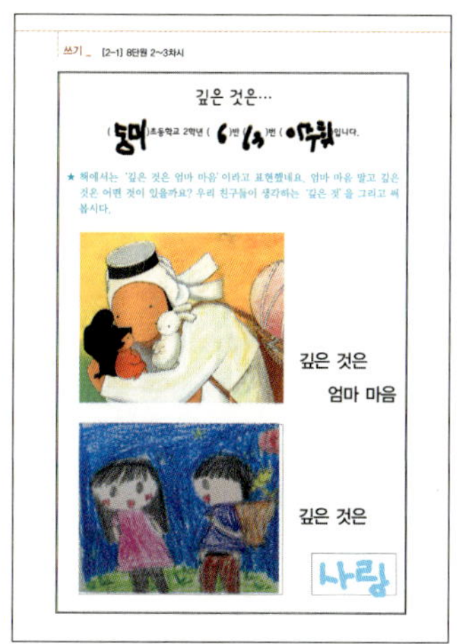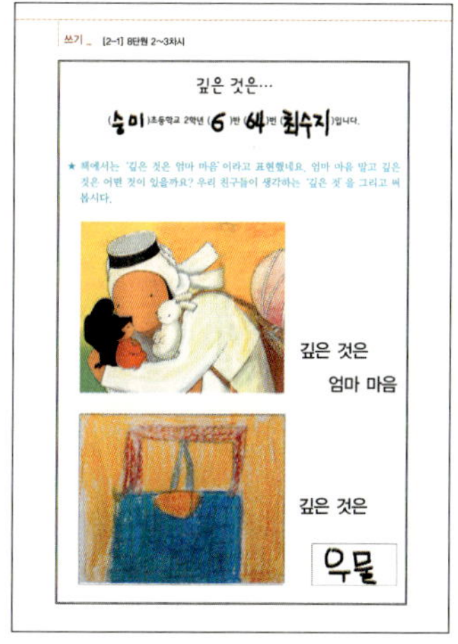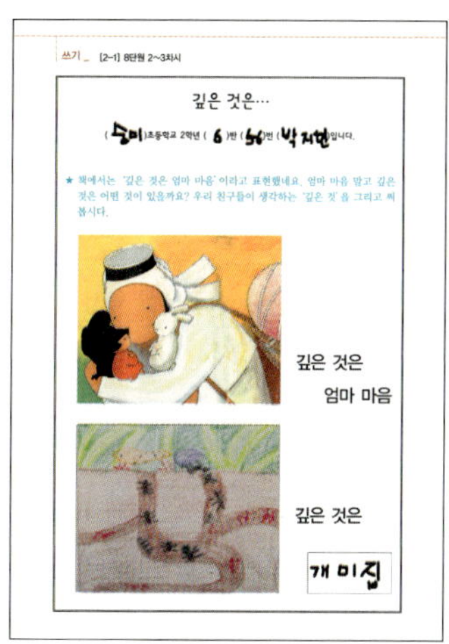

[활동 5] 반복되는 말을 바꾸어 노래하기

활동 방법

① 「잘잘잘」 원곡을 감상한다.

  1) 백창우 인터넷 개밥소굴 (http://100dog.co.kr)

    홈페이지 접속 후 오른편 메뉴 중 노래밥그릇 〉 아이들 음반 〉 "두껍아 두껍아 헌 집

    줄게 새 집 다오" 음반 중 「잘잘잘」 감상하기

  2) 푸른 하늘의 동요 사랑방 (http://www.koreadongyo.net/)

    노래 찾기 〉 「잘잘잘」 검색 후 감상하기

② 「잘잘잘」을 따라 불러 본다.

③ 모둠 학습 활동지에 「잘잘잘」 대신에 다른 말로 바꾸어 본다.

④ 모둠별로 발표한다.

부록 _ 38쪽

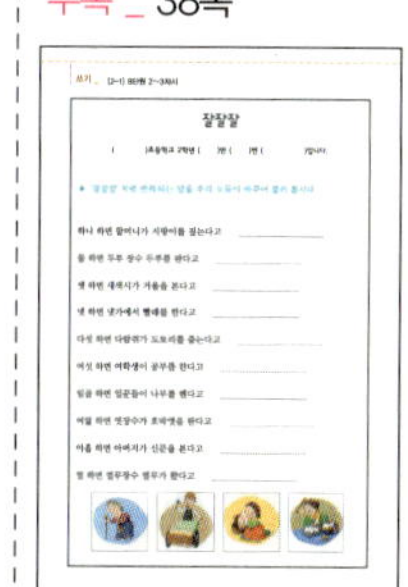

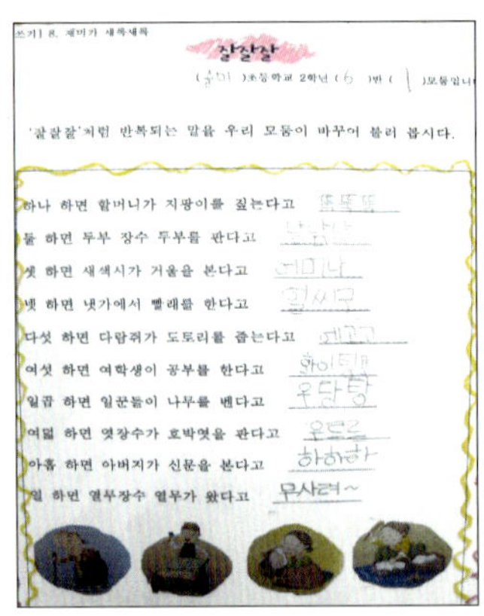

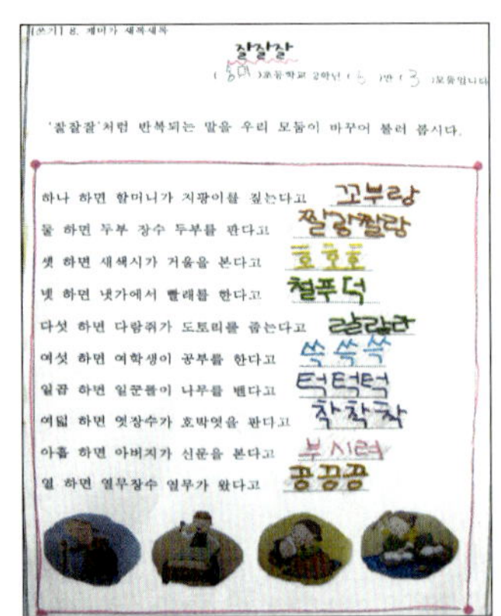

[정리] 상호평가하기

활동 목적

모둠별 발표를 통해 개별적인 상호평가를 할 수 있다.

부록 _ 39쪽

활동 방법

다른 모둠의 노래를 들으며 상호평가를 하도록 한다.

① 반복되는 말을 잘 바꾸었나요?

② 글의 내용과 어울리나요?

③ 큰 소리로 재미있게 노래했나요?

 이런 활동도 있어요

[심화활동] 신문지를 이용해 거미 만들기

활동 목적

준비물 _ 신문지, 스카치 테이프, 모루, 스폰지 볼이나 단추, 모형 눈 등

교과서 제재인 『시리동동 거미동동』 중 '시리동동'은 거미가 거미줄에 매달려 있는 모양을 표현한 말이다. 교과서 외 활동으로 즐거운 생활과 연계하여 거미를 만들고, 제목처럼 거미가 거미줄에 매달려 있는 '시리동동'을 꾸며보는 것도 좋은 활동이 될 것이다.

활동 방법

신문지를 뭉쳐 몸통을 만들고, 부재료로 거미의 모습을 꾸민다.

철망을 이용하면 거미가 거미줄에 매달려 있는 느낌을 쉽게 표현할 수 있다.

참고자료

- **신동일의 작곡 이야기** _ http://blog.daum.net/dongilsheen/6925745
  클래식과 국악과 학생 음악을 아우르며 활동하고 있는 신동일 작곡가의 블로그로, 제주 꼬리따기노래를 정리한 『시리동동 거미동동』 노래를 들을 수 있다.(연주는 노래에 소리꾼 김정은과 한음어린이합창단, 해금 박경숙, 타악 연제호, MIDI 편곡 김준성이다.)

- **백창우 인터넷 개밥소굴** _ http://100dog.co.kr
  작사가, 작곡가, 가수, 시인, 음악 프로듀서인 백창우의 홈페이지인 '백창우 인터넷 개밥소굴'에서는 우리가 잘 아는 전래동요 뿐 아니라 놀이노래, 자장노래 등 다양한 곡을 감상할 수 있다.

- **푸른 하늘의 동요 사랑방** _ http://www.koreadongyo.net/
  창작동요를 감상할 수 있는 동요 사이트이다. 각종 창작동요 대회의 수상곡들이 수록되어 있음은 물론 기존의 동요들까지 포함되어 있어 자료의 양이 방대하다. 노래 검색 및 앨범이 가능하고, 동영상도 감상할 수 있다.

느낌을 나누어요

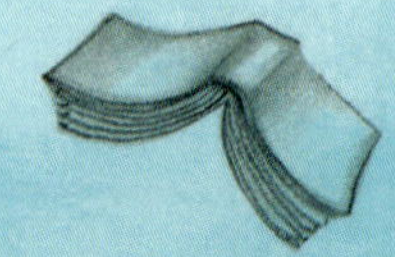

인형극에는 실감 나게 표현하고 싶은 말과 행동이 많이 나옵니다. 인형극에 대하여 알아보고, 인형극의 내용을 역할놀이로 꾸며 봅시다.

이 단원은 2학년 1학기 8단원 '재미가 새록새록'과 연계되는 단원이다. 1학기 때는 인형극을 보고 등장인물의 말과 행동을 찾아보고, 등장인물의 말과 행동에 주의하며 인형극을 하는 것으로 단원이 꾸며졌었다. 이번 단원에서는 인형극에 대해 자세히 알아보고 인물의 말과 행동에 주의함으로써 학생들이 실제로 연극을 할 수 있도록 준비시킨다. 인물의 말과 행동을 잘 관찰하고 이를 흉내 내어 봄으로써 문학 작품의 등장인물이 되어보는 체험을 하게 되는 것이다. 이 단원에서는 학생들이 자연스럽게 몸짓 표현할 수 있도록 다양한 교실 연극 기법들을 사용하여 구성하였다.

📕 제재 분석

『팥죽 할머니와 호랑이』는 우리 옛이야기 중에서도 학생들이 특히 좋아하는 이야기이다. 알밤, 자라, 멍석, 지게 등의 사물이 사람처럼 말을 하고 살아 움직인다는 사실 자체가 학생들에게는 매우 흥미로운 설정이다. 특히 팥죽 할머니에게 팥죽 한 그릇을 얻어먹은 사물들이 호랑이를 물리치는 과정은 옛이야기 특유의 재치가 넘친다. 호랑이가 아궁이에 들어가 있던 알밤에게 눈을 얻어맞고, 자라에게 코를 물리고, 개똥을 밟고 미끌어지는가 하면 송곳에 엉덩이를 찔리는 장면 등이 재미있게 표현되어 있다. 할머니를 비롯한 알밤, 자라, 멍석, 개똥, 지게 등 힘없는 이들이 힘을 합쳐 힘센 호랑이를 물리치는 이야기는 협동의 중요성을 알려준다.

또한 이 제재는 팔팔팔, 폴짝폴짝, 엉금엉금, 콩콩, 경중경중 등 다양한 흉내말을 통하여 사물의 특징을 잘 살린 이야기로 몸짓으로 표현하기에 적당하다.

이러한 이유 때문에 여러 출판사에서 『팥죽 할머니와 호랑이』, 『팥죽 할멈과 호랑이』 등의 제목으로 책을 출판하였으며 각 출판사마다 이야기의 전개나 등장인물, 사건 해결 과정 등에서 다소 차이를 보이고 있다.

교과서에 제시된 '들려줄 자료(듣기 자료)'에서는 호랑이, 팥죽 할머니, 알밤, 송곳, 멍석, 지게만이 등장인물로 제시되어 있으며, 교과서 붙임자료에 제시된 인형극 자료에도 위의 인물만이 나와 있어 수업 시간에 활용될 그림책과는 차이가 있을 수 있다.

차시	교과서 쪽수	차시 문제	교과서 학습활동
1	듣말 5～7	인형극에 대하여 알아봅시다.	1. 인형극의 종류에는 어떤 것들이 있는지 생각하며 그림을 살펴봅시다. 2. **1**의 그림을 다시 보고, 인형극의 종류와 특징을 선으로 이어 봅시다. 3. 내가 해보고 싶은 인형극에 대하여 말하여 봅시다. 그리고 그 까닭도 말하여 봅시다.
2	듣말 8～9	인형극을 보고, 인물의 말과 행동을 찾아봅시다.	1. 인물의 말과 행동을 생각하며 인형극 『황소가 된 돌쇠』를 감상하여 봅시다. 2. 인형극 『황소가 된 돌쇠』를 다시 보고, 물음에 답하여 봅시다. 3. 인형극 『황소가 된 돌쇠』에 나오는 돌쇠의 말과 행동 중에서 기억에 남는 것을 적어봅시다.
3	듣말 10～12	인물의 말과 행동에 주의하며 인형극을 봅시다.	1. 경종이네 반 친구들이 『팥죽 할머니와 호랑이』 이야기를 인형극으로 꾸며 보았습니다. 인물의 말과 행동에 주의하며 인형극 『팥죽 할머니와 호랑이』를 감상하여 봅시다. 2. 인형극 『팥죽 할머니와 호랑이』를 다시 보고, 물음에 답하여 봅시다. 3. 〈보기〉와 같이 인물이 등장할 때의 행동을 나타내는 표현을 적어 봅시다.
4	듣말 13～17	인형극에 나오는 인물의 행동을 몸짓으로 나타내어 봅시다.	1. 인물의 행동에 주의하며 인형극 『팥죽 할머니와 호랑이』의 몇 장면을 봅시다. 2. '거울놀이'를 하며 인형극 『팥죽 할머니와 호랑이』에 등장하는 인물의 행동을 몸짓으로 표현하여 봅시다. 3. 인형극 『팥죽 할머니와 호랑이』에 나오는 장면 중에서 몸짓으로 실감 나게 표현하고 싶은 부분을 찾아 말하여 봅시다. 4. 인형극 『팥죽 할머니와 호랑이』에 나오는 장면 중에서 하나를 골라 몸짓으로 실감 나게 표현하여 봅시다.

해와 달이 된 오누이

학습개요

1	인형극에 대하여 알아봅시다.
2	인형극을 보고, 인물의 말과 행동을 찾아봅시다.
3	인물의 말과 행동에 주의하며 인형극을 봅시다.
4	인형극에 나오는 인물의 행동을 몸짓으로 나타내어 봅시다.

동기유발	★ 무슨 이야기일까요? ★ 인형극을 본 경험 말하기

↓

학습문제 제시	인형극에 대하여 알아봅시다.

↓

활동	♥ 인형극의 종류 생각하며 그림 살펴보기 ♥ 인형극의 종류와 특징 선으로 잇기 ♥ 내가 하고 싶은 인형극과 까닭 말하기

↓

정리	★ 인형극의 종류 맞히기

♥ 교과서 관련 활동 / ★ 추가 제시 활동

수업활동

[동기유발 1] 무슨 이야기일까요?

활동 목적

이 차시에서는 인형극의 종류를 알려주기 위한 소재로 『해와 달이 된 오누이』를 택하고 있다. 6쪽에 나온 그림 속에서 등장인물과 대사만으로도 이야기의 제목을 떠올릴 수 있는 것은 인형극의 종류가 바뀌더라도 등장인물과 이야기의 전개에는 큰 차이가 없기 때문이다. 그렇기 때문에 인형극의 종류를 공부하기에 앞서 등장인물과 대사 등의 관련된 정보만으로 이야기의 제목을 유추하는 활동을 통하여 학습에 대한 흥미를 높일 수 있다.

활동 방법

① 학생들에게 등장인물이나 나오는 사물, 대사 등을 열거하며 연상되는 옛이야기를 떠올리도록 한다.

② 정답을 맞힌 학생이 앞에 나와 문제를 내게 해도 좋다.

(예) ※ 등장인물이나 사물로 연상하기

　　호랑이, 엄마, 우는 아기, 곶감 - 호랑이와 곶감

　　제비, 밥주걱 - 흥부와 놀부

　　도깨비, 혹 - 혹부리 영감

※ 대사로 연상하기

　　"이 도끼가 네 도끼냐?" - 금도끼와 은도끼

　　"떡 하나 주면 안 잡아먹지." - 해와 달이 된 오누이

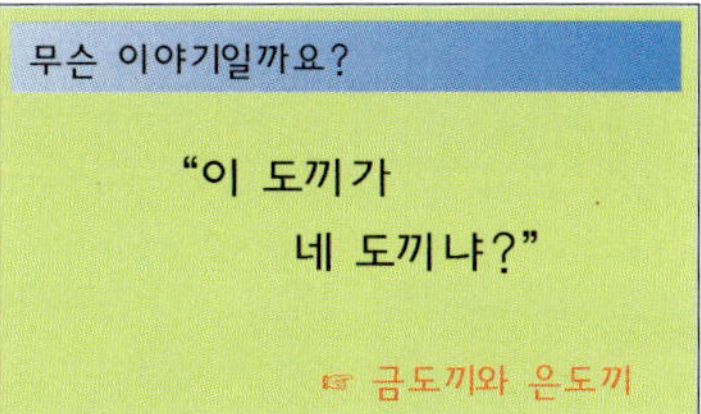

[동기유발 2] 인형극을 본 경험 말하기

활동 목적

이 차시의 학습 목표는 인형극에 대해 알아보는 것이다. 학생들에게 자신이 보았거나 알고 있는 인형극에 대해 간단하게 말하여 보도록 하는 것은 자연스러운 동기유발이 되면서 차시 학습목표와도 긴밀히 관련된다.

모둠별로 자신이 본 인형극에 대해 이야기한다. 반 전체가 발표할 때에는 릴레이 발표 형식을 사용하는 것도 좋다.

[학습문제 제시]

인형극에 대하여 알아봅시다.

[활동 1] 인형극의 종류 생각하며 그림 살펴보기

교과서에서는 『해와 달이 된 오누이』의 내용을 각각의 다른 인형극으로 제시하여 인형극의 종류에 대해 알려주고 있다. 그림만 보고도 각 인형극의 특징을 어느 정도 알 수는 있으나 학생들의 이해를 돕고 흥미를 유발하기 위해서는 실제 인형극 영상을 비교해보면서 인형극의 종류에 대해 알아보는 활동이 필요할 것이다.

① 교사는 학생들과 교과서 6쪽의 그림을 보며 각 인형극의 특징에 대해 이야기한다.

  1 번 – 줄이 연결되어 있어요. / 사람 손이 줄을 움직여요.

  2 번 – 사람 손에 호랑이랑 오빠, 동생 인형이 끼워져 있어요.

  3 번 – 다른 것보다 호랑이 크기가 커요. / 얼굴에 호랑이 가면을 쓴 것 같아요.

  4 번 – 그림이 까매요. / 호랑이랑 오누이 발바닥에 선이 있어요. /

    배경이 밝아요. / 그림자 같아요.

② 각 인형극의 실제 동영상을 미리 준비해두었다가 보여주면 학생들의 이해를 높일 수 있다.

① 인형극단 친구들 _ http://pupet.pe.kr

 – 메인화면 중앙 오른쪽 메뉴 〈방송출연 / 동영상보기〉

 – 상단 메뉴 중 〈작품 안내〉: 사진 / 동영상 자료를 볼 수 있음

 – 상단 메뉴 중 〈자료실〉: 각 인형극 관련 자료와 극단 동영상 자료, 음향 파일 등을 구할 수 있음

② 그림자영화 『프린스 앤 프린세스』

[활동 2] 인형극의 종류와 특징 선으로 잇기

활동 목적

이 활동은 차시 목표에 해당하는 활동으로, 교과서에서는 7쪽 그림을 보고 인형극의 종류와 특징을 선으로 이어 보도록 제시하고 있다.

활동 방법

교과서 6쪽에 있는 그림을 다시 보고, 7쪽의 선 잇기를 한다.

[활동 3] 내가 하고 싶은 인형극과 까닭 말하기

활동 목적

이 활동은 대단원 목표와 연결되는 활동이다. 4차시에서 인형극을 직접 하기 위한 준비 단계로, 인형극의 종류와 특징을 알고 자신이 하고 싶은 인형극을 정해보는 것이다.

활동 방법

반 전체로 발표하기에는 시간이 너무 오래 걸리므로 짝이나 모둠끼리 자기가 하고 싶은 인형극과 그 까닭을 말하게 한다.

[정리] 인형극의 종류 맞히기

활동 목적

1차시의 학습 목표는 인형극의 종류와 각각의 그 특징에 대해 아는 것이므로 차시 목표에 도달했는지 간단한 퀴즈를 통해 확인한다.

활동 방법

교사가 말하는 인형극의 특징을 듣고 어떤 인형극인지 알아맞힌다. 골든벨 판을 이용하거나 발표를 하게 할 수도 있다.

황소가 된 돌쇠

 학습개요

1	인형극에 대하여 알아봅시다.
2	인형극을 보고, 인물의 말과 행동을 찾아봅시다.
3	인물의 말과 행동에 주의하며 인형극을 봅시다.
4	인형극에 나오는 인물의 행동을 몸짓으로 나타내어 봅시다.

| 동기유발 | ★ 전시 학습 상기 – 인형극의 종류 알기 |
| | ★ 몸짓놀이 – 나는 풍선! |

⬇

| 학습문제 제시 | 인형극을 보고, 인물의 말과 행동을 찾아봅시다. |

⬇

활동	★ 내용 파악하기 – ○× 퀴즈
	★ 인터뷰하기
	★ 기억에 남는 말과 행동을 정지 영상으로!

⬇

| 정리 | ♥ 인형극을 볼 때에 주의할 점 정리하기 |

♥ 교과서 관련 활동 / ★ 추가 제시 활동

[동기유발 1] 전시 학습 상기 – 인형극의 종류 알기

활동 목적

1차시에서는 인형극의 종류와 그 특징에 대해 배우고, 이번 차시에서는 본격적인 인형극을 본 후 인형극을 하기 위한 준비로 몸짓으로 나타내기를 한다. 이 활동은 학습에 들어가기에 앞서서 지난 시간에 배웠던 인형극의 종류와 특징에 대해 상기할 수 있는 활동이다.

활동 방법

① 교사는 미리 준비된 PPT를 통해 인형극의 특징을 제시한다.

  (예) 인형 속에 손을 넣어 표현합니다. – 손 인형극

   인형의 그림자를 비추어 표현합니다. – 그림자 인형극

   인형의 머리나 손, 발에 줄을 매달아 표현합니다. – 줄 인형극

   얼굴에 탈을 쓰거나 직접 옷을 입고 표현합니다. – 탈 인형극

② 인형극의 특징을 제시하지 않고 각 인형극의 사진이나 그림을 제시할 수도 있다.

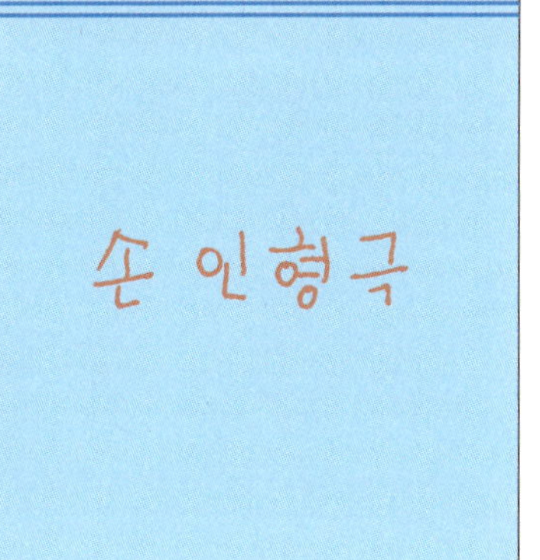

[동기유발 2] 몸짓놀이 – 나는 풍선!

활동 목적

이번 차시에서는 인형극을 보고 등장인물의 행동을 몸짓으로 표현해보는 활동을 한다. 2학년 학생들은 활동적인 특성을 지니고 있으며, 언어적 활동보다는 움직임 활동에 흥미를 많이 느끼는 시기지만, 아무런 준비 없이 움직임 활동을 하게 하면 당황해하거나 쑥스러워하는 경우가 많다. 수업에 들어가기에 앞서 '되어보기' 활동을 통한 몸 풀기로 긴장을 완화시킨다.

교사의 말에 따라 몸짓 놀이를 시작한다. 이때 대사를 하거나 소리를 내지 않고 몸짓으로만 나타낼 수 있게 한다. 자리에 앉아서 해도 상관없지만, 교실의 공간을 넓게 만든 후 나와서 자유롭게 표현하게 하는 것이 더 좋다.

★ 풍선이 되었다고 상상하면서 몸짓 놀이를 해 봅시다.

① 바람을 불어넣기 전의 풍선

② 바람이 조금 들어간 풍선

③ 바람이 다시 빠지는 풍선

④ 크게 부풀어 오르는 풍선

⑤ 터지는 풍선

크게 부풀어 오르는 풍선

터지는 풍선

[학습문제 제시]

인형극을 보고, 인물의 말과 행동을 찾아봅시다.

[활동 1] 내용 파악하기 – ○× 퀴즈

준비물 _ ○×판

이 활동은 『황소가 된 돌쇠』 인형극을 보고 내용을 파악하는 활동이다. 상황에 따라서 ○× 퀴즈 형식으로 진행해도 좋다. ○× 퀴즈를 통하여 반 전체의 학생들이 이야기의 내용을 얼마나 정확히 이해하고 있는지를 한눈에 파악할 수 있다. 또한 정답에 대한 즉각적인 확인이 가능하고 점수를 획득하는 과정에서 재미를 느낄 수 있다.

제시할 문제를 PPT자료로 준비한다. (PPT없이 그냥 질문해도 상관없다.) 학생들은 내용을 빨리 살펴보고 맞으면 ○, 틀리면 ×표시를 한다. 이때, ○×판을 이용해도 되고, 팔로 크게 ○을 하거나 ×표를 만들어 표현해도 좋다.

① 돌쇠는 부지런한 아이였다. (×)

② 돌쇠는 노인이 준 탈을 쓰고 황소가 되었다. (O)

③ 황쇠가 된 돌쇠는 농부에게 팔려갔다. (O)

④ 돌쇠는 홍당무를 먹고 다시 사람이 되었다. (×)

⑤ 다시 사람이 된 돌쇠는 부지런한 아이가 되었다. (O)

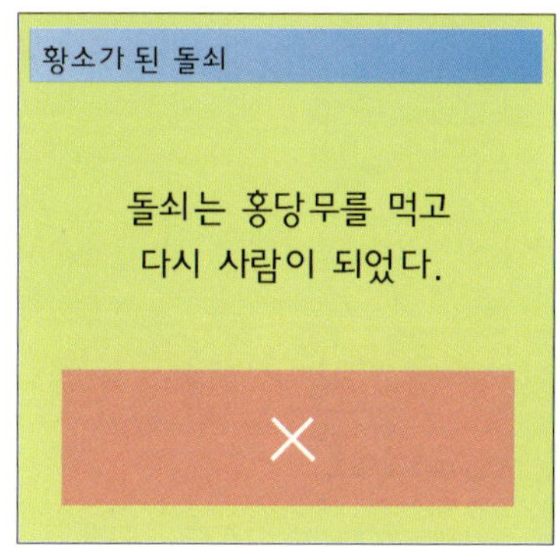

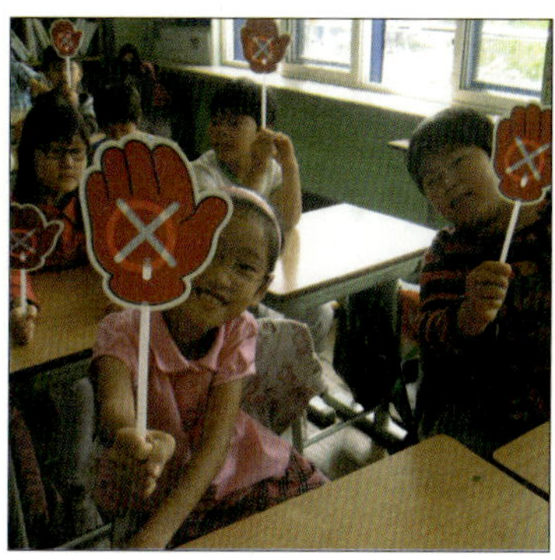

[활동 2] 인터뷰하기

활동 목적

교과서에서는 돌쇠의 말과 행동 중에서 기억에 남는 것을 적어보도록 하고 있다. 이는 인형극에서는 인형의 표정이 변하지 않기 때문에 말과 행동을 잘 살펴봐야 한다는 것을 가르쳐주기 위함이다. 묻고 답하기보다는 학생들의 생각을 이끌어낼 수 있는 활동으로 진행하는 것이 좋겠다.

활동 방법

교과서 9쪽 2번의 (1), (2), (3)번 질문은 반 학생들이 돌쇠라고 가정하고 인터뷰 형식으로 진행한다. 아무에게나 질문할 수도 있지만, 대답하고 싶어 손드는 학생을 시키는 것이 학생들의 부담감을 줄일 수 있다.

(예) 돌쇠야, 넌 원래 어떤 아이였니?

돌쇠야, 넌 어떻게 황소가 된 거야?

돌쇠야, 다시 사람이 되고 나니 어떤 생각이 들었어?

 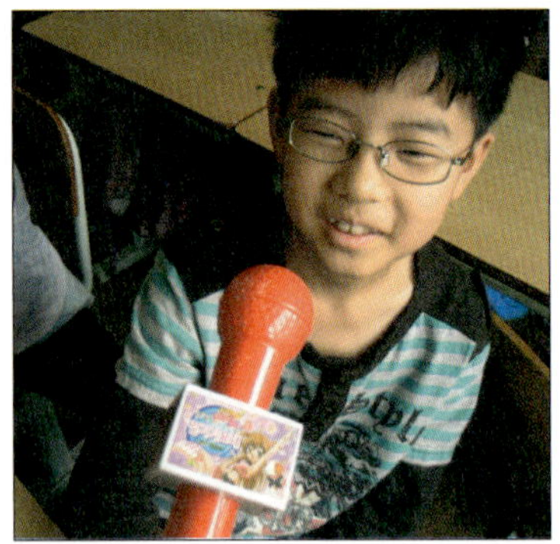

　인터뷰를 진행할 때에는 모형 마이크를 사용하면 학생들이 훨씬 더 즐거운 마음으로 활동에 참여할 수 있다.

[활동 3] 기억에 남는 말과 행동을 정지 영상으로!

활동 목적

　교과서에서는 돌쇠의 말과 행동 중에서 기억에 남는 것을 적어보도록 하고 있다. 몸을 움직이기 좋아하는 저학년 학생들의 특성 상 몸짓으로 표현해보는 활동이 수업에 대한 흥미를 불러 일으킬 수 있으며, 학습 목표 도달에도 더욱 긍정적으로 작용할 것이다.

활동 방법

　모둠 친구들과 함께 돌쇠의 말과 행동 중에서 기억에 남는 것을 이야기해본다. 그 중 하나를 골라 모둠 친구들과 함께 정지 영상으로 표현해본다. 교사가 "하나 둘 셋, 정지!"를 외치면 멈췄다가 "재생"을 외치면 자신이 기억에 남는 돌쇠의 말과 행동을 표현한다.

게으른 돌쇠의 모습

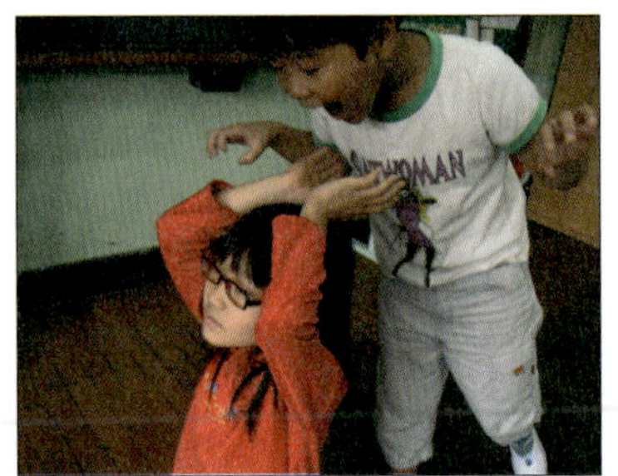

돌쇠가 무를 먹으려는 장면

　정지 영상으로 표현하기에서는 대사 없이 마임으로만 표현하게 하되 동작은 크게 할 수 있도록 지도한다. 몸짓으로 나타내기나 인형극 등 교육연극을 진행할 때에는 자리 배치를 'ㄷ자형' 으로 하여 교실 중앙을 무대로 만드는 것이 좋다.

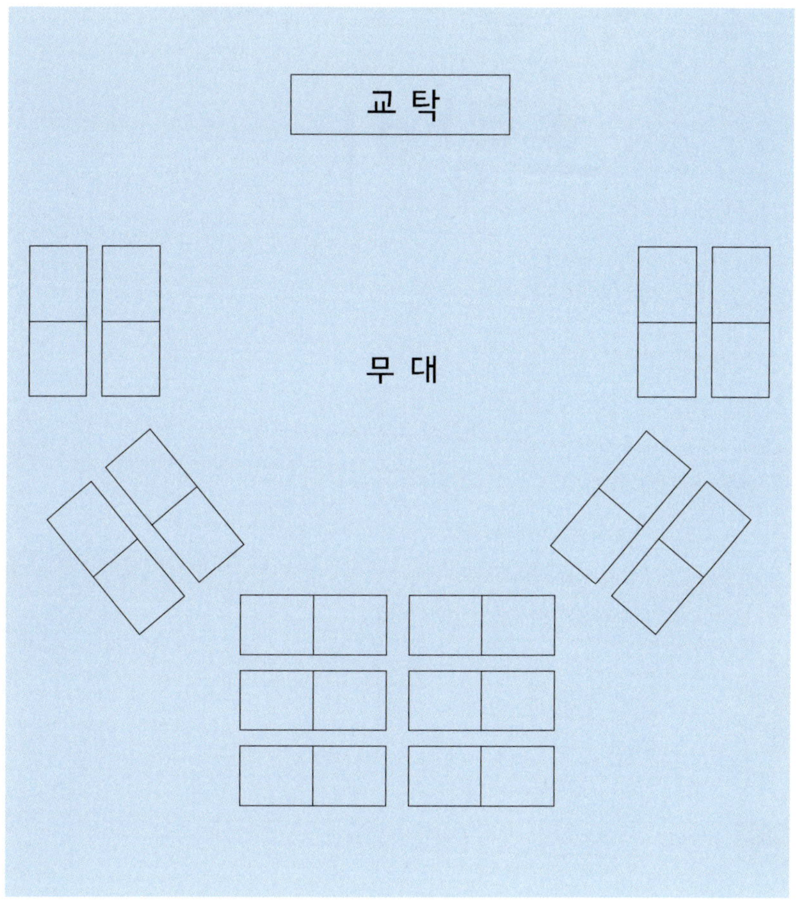

[정리] 인형극을 볼 때에 주의할 점 정리하기

　인형극에서 생각이나 느낌을 표현하는 방법을 알아본다.

① '돌쇠' 와 '황소가 된 돌쇠' 의 말과 행동을 비교하여 본다.

② 인형은 표정을 바꿀 수 없기 때문에 생각이나 느낌을 표현하기 위하여 말과 행동을 더욱 과장되게 표현해야함을 안다.

팥죽 할머니와 호랑이

 학습개요

1	인형극에 대하여 알아봅시다.
2	인형극을 보고, 인물의 말과 행동을 찾아봅시다.
3	인물의 말과 행동에 주의하며 인형극을 봅시다.
4	인형극에 나오는 인물의 행동을 몸짓으로 나타내어 봅시다.

동기유발	★ 마음 열기 – 창의적 놀이하기 ★ 1인 팬터마임

↓

학습문제 제시	인물의 말과 행동에 주의하며 인형극을 봅시다.

↓

활동	★ 내용 파악하기 / ♥ 인터뷰하기 & 정지 영상으로 나타내기 ♥ 인물의 행동을 재미있게 표현한 말을 찾아 적고 몸짓으로 표현하기

↓

정리	♥ 등장인물 그림으로 표현하기

[심화활동 1] 그림책 『팥죽 할머니와 호랑이』 찾아 읽기

[심화활동 2] 『팥죽 할머니와 호랑이』와 비슷한 이야기 찾아보기

[심화활동 3] 남생아 놀아라 – 흉내말 놀이

♥ 교과서 관련 활동 / ★ 추가 제시 활동

수업활동

[동기유발 1] 마음 열기 – 창의적 놀이하기

활동 목적

이번 차시부터는 몸짓 표현 및 해설이 있는 팬터마임을 하는 등 본격적으로 인형극을 하기 위한 준비를 갖추는 단계이다. 본 수업에 들어가기에 앞서 상상하여 몸짓으로 표현해보는 활동을 통하여 마음을 열도록 한다.

활동 방법

교사의 말에 따라 상상을 하며 몸짓으로 표현한다.

> 나는 조그만 씨앗이에요. 캄캄한 땅속에 누워 있어요. 아이 갑갑해. 너무 어두워. 아, 몸이 간지러워요. 조그만 싹이 내 몸에서 나오려고 해요. 영차, 영차 흙을 머리로 밀고, 영차, 영차, 돌멩이도 밀고, 드디어 세상 밖이에요. 와, 해님이다. 만세! 나는 두 팔을 쭉 뻗어 해님에게 인사합니다.
>
> "해님, 안녕하세요?"

나는 조그만 씨앗이에요.

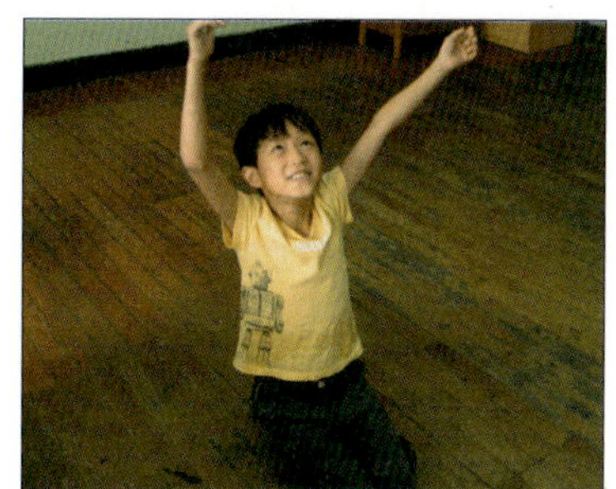

"해님, 안녕하세요?"

[동기유발 2] 1인 팬터마임

활동 목적

팬터마임은 말을 하지 않고 몸짓만으로 자신의 생각을 표현하는 활동이다. 언어적 활동에 익숙하지 않은 학생들도 움직임을 통하여 자신의 생각이나 느낌을 자연스럽게 표현할 수 있다. 학생들은 말과 행동을 함께 해야 하는 즉흥 활동에 비해 무언의 몸짓으로 표현하는 것을 더 편안하게 생각하며 쉽게 참여한다. 본 차시 수업에서 이루어질 '해설이 있는 팬터마임'에 대비하여 자기 혼자서 간단하게 할 수 있는

1인 팬터마임을 통해 마음을 연다.

교사의 안내에 따라 자기 자리에서 자유롭게 1인 팬터마임으로 표현한다.

(팬터마임 안내의 예)

– 알밤이 팥죽을 먹는다면 어떠한 모습으로 먹을지 팬터마임으로 표현해 보자.

– 송곳이 팥죽을 먹을 때 어떤 점이 곤란할지 팬터마임으로 표현해 보자.

– 할머니는 호랑이와 밭매기 내기를 하고 있다. 할머니는 이 내기에서 이겨야만 한다. 밭을 매는 할머니를 팬터마임으로 표현해 보자.

– 호랑이는 할머니를 잡아먹으려고 하다가 팥죽을 먹기 위해 할머니가 팥죽을 다 쑨 다음 할머니에게 가기로 한다. 할머니에게 찾아가는 순간을 기다리면서 호랑이는 어떻게 시간을 보내고 있을지 상상하여 표현해 보자.

알밤이 팥죽 먹는 모습

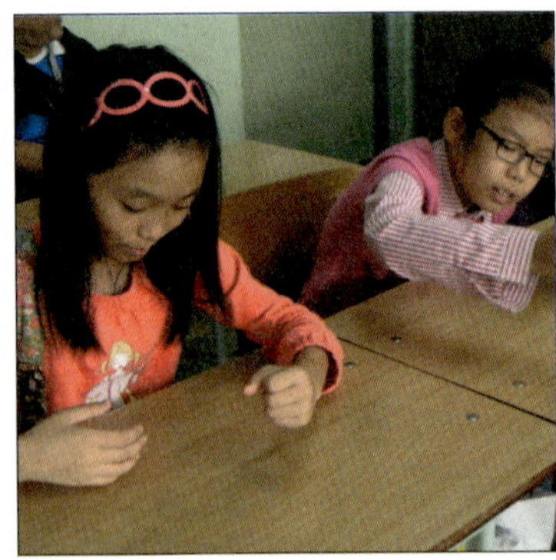

밭을 매는 할머니의 모습

[학습문제 제시]

인물의 말과 행동에 주의하며 인형극을 봅시다.

[활동 1] 내용 파악하기

준비물 _ 문제 PPT, ○×판

『팥죽 할머니와 호랑이』 인형극을 보고 내용을 파악하는 활동이다. 상황에 따라서 ○× 퀴즈 형식으로 진행해도 좋다. ○× 퀴즈를 통하여 반 전체의 학생들이 이야기의 내용을 얼마나 정확히 이해하고 있는지를 한눈에 파악할 수 있다. 또한 정답에 대한 즉각적인 확인이 가능하고 점수를 획득하는 과정에서 재미를 느낄 수 있다.

제시할 문제를 PPT로 준비한다. 이때, PPT없이 그냥 질문해도 상관없다. 학생들은 내용을 빨리 살펴보고 안내에 따라 맞으면 ○, 틀리면 ×표시를 한다. ○×판을 이용하도 좋고, 팔로 크게 원을 그리거나 ×표를 만들어 표현해도 좋다.

① 할머니는 팥죽을 잘 끓이신다. (○)

② 호랑이는 할머니가 밭 매는 걸 도와주려고 나타났다. (×)

③ 이야기에 나오는 등장인물은 팥죽할머니, 호랑이, 지게뿐이다. (×)

④ 호랑이는 한겨울에 할머니를 잡아먹으러 다시 나타났다. (○)

[활동 2] 인터뷰하기 & 정지 영상으로 나타내기

활동 목적

준비물 _ 모형 마이크

교과서에서는 내용 파악 질문과 함께 밭에서 호랑이를 만났을 때 할머니는 어떤 마음이었을지, 하얀 겨울이 되자 할머니께서 우신 까닭은 무엇이었는지, 『팥죽 할머니와 호랑이』에서 재미있었던 장면은 무엇인지를 함께 묻고 있다. 하지만 11쪽 2번 (2), (3), (4)는 인형극을 준비하기 위해 아주 중요한 질문이므로 묻고 답하기보다는 학생들의 생각을 이끌어낼 수 있는 활동으로 진행하는 것이 좋겠다.

활동 방법

① (2), (3)번 질문은 반 학생들이 할머니라고 가정하고 인터뷰 형식으로 진행한다. 아무에게나 질문할 수도 있지만, 대답하고 싶어 손드는 학생을 시키는 것이 학생들의 부담감을 줄일 수 있다.

(예) 할머니, 밭에서 호랑이를 만났을 때 어떤 마음이 드셨어요?

할머니, 하얀 겨울에 왜 우셨나요?

② (4)번은 가장 재미있었던 장면을 정지 영상으로 표현한다. 교사가 "하나 둘 셋, 정지!"를 외치면 멈췄다가 "재생"을 외치면 자신이 재미있었던 장면을 팬터마임으로 표현한다.

여기서 잡깐

인터뷰를 진행할 때에는 모형 마이크를 사용하면 학생들이 훨씬 더 즐거운 마음으로 활동에 참여할 수 있다. 또한 재미있었던 장면을 정지 영상으로 표현하기에서는 대사 없이 마음으로만 하게 하되 동작은 크게 할 수 있도록 지도한다.

인터뷰하기

송곳이 호랑이를 찌르는 장면

[활동 3, 4] 인물의 행동을 재미있게 표현한 말을 찾아 적고 몸짓으로 표현하기

준비물 _ 흉내말 PPT

활동 목적

교과서에서는 인형극을 보고 인물의 행동을 재미있게 표현한 말을 찾아 적어보게 되어 있다. 이는 교과서 12쪽의 4번 활동과 같은 맥락으로 다음 차시에서 몸짓으로 나타내기를 하기 전에 등장인물의 행동을 되새겨보기 위한 것이다. 『팥죽 할머니와 호랑이』에 나오는 흉내말을 통하여 등장인물의 행동을 보다 잘 표현할 수 있다.

활동 방법

① 이야기에 나오는 흉내말을 PPT로 제시한다.

(예) 팔팔팔, 어슬렁어슬렁, 꿀꺽, 쨍쨍, 펄펄, 꺼이꺼이, 폴짝폴짝 통통, 척척, 후루룩, 뾰족뾰족, 깡충깡충 콩콩, 데굴데굴 척척, 겅중겅중 껑충

② 흉내말들을 보며 어떤 장면일지, 어떤 등장인물에 관한 것일지 생각한다.

이 중에서 알밤, 송곳, 멍석, 지게의 행동에 알맞은 표현을 찾아 교과서 12쪽의 4번에 적게 한다.

③ 알밤(폴짝폴짝 통통), 송곳(깡충깡충 콩콩), 멍석(데굴데굴 척척), 지게(겅중겅중 껑충)를 몸짓으로 표현해 본다.

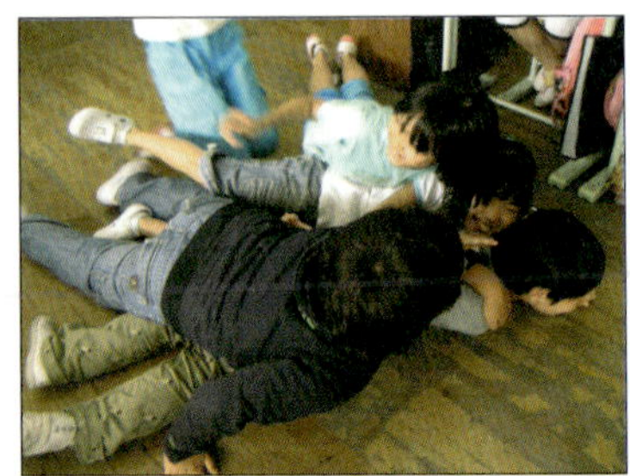

[정리] 등장인물 그림으로 표현하기

활동 목적

등장인물들의 모습을 동작이 잘 표현되도록 그림으로 나타내어 본다. 등장인물의 이미지를 형상화함으로써 다음 차시에서 인물의 행동을 몸짓으로 나타내는 데에 도움을 얻을 수 있다.

활동 방법

① 『팥죽 할머니와 호랑이』에 나온 등장인물들을 떠올린다.

② 눈을 감고 등장인물, 일어난 일, 배경을 자세하게 떠올린다.

③ 정해진 시간 동안 자신이 떠올린 장면을 그림으로 표현한다. (그림으로 표현하기 어려운 부분은 말로 설명해도 좋다.)

④ 왜 등장인물을 그렇게 표현했는지 이유를 간단히 쓴다.

여기서 잠깐

장면을 상상하는 활동이 목적이므로 그림을 그리는 데에 필요 이상의 시간을 낭비하지 않도록 한다. 간단히 윤곽만 그리는 정도면 된다.

 이런 활동도 있어요

[심화활동 1] 그림책 『팥죽 할머니와 호랑이』 찾아 읽기

활동 목적

학교 도서실을 이용하여 그림책 『팥죽 할머니와 호랑이』를 찾아 읽도록 한다. 그림책을 읽은 후 교과서의 인형극과 어떤 점이 같고 어떤 점이 다른지를 비교해 보도록 한다. 이러한 활동을 통하여 학생들은 아주 오랜 옛날부터 입에서 입으로 전해 내려오는 옛이야기는 일어난 일과 끝나는 부분, 등장인물이나 사건 전개 등이 조금씩 다른 경우가 있음을 알 수 있다. 또한 옛이야기 책에 대한 매력을 느끼게 하면서 학생들의 독서 욕구를 증진시킬 수 있다.

활동 방법

① 등장인물, 일어난 일 중에서 같은 점과 다른 점을 찾아본다.

② 이야기의 끝부분이 어떻게 다른지 찾아본다.

③ 학습 활동지에 간단하게 정리하고, 내가 찾은 것과 친구가 찾은 것을 비교해 본다.

제 목	책 표 지	독 후 활 동
팥죽 할머니와 호랑이 (보림)		★ 교과서와 같은 점 찾기 - 등장인물 : - 일어난 일 :
팥죽 할멈과 호랑이 (시공주니어)		★ 교과서와 다른 점 찾기 - 등장인물 : - 일어난 일 : - 어떻게 끝났나요? :

[심화활동 2] 『팥죽 할머니와 호랑이』와 비슷한 이야기 찾아보기

활동 목적

교과서에 실린 제재글과 비슷한 이야기를 더 찾아 읽어봄으로써 학습 목표에 도 달한 학생들이 배운 내용을 자연스럽게 적용해 볼 수 있다. 또한 수업 시간 외의 책 읽기를 통해 학습 목표 도달을 위한 책 읽기가 아니라 스스로 찾아 읽는 책 읽기의 즐거움을 누릴 수 있을 것이다.

활동 방법

교사나 친구의 소개를 바탕으로 학급 문고, 학교 도서실 등에서 『팥죽 할머니와 호랑이』와 같이 힘없고 약한 주인공들이 힘을 합쳐 힘센 자를 물리치는 이야기를 더 찾아 읽어 본다. 또는 '호랑이'가 등장인물로 나오는 이야기를 찾아 읽는 것으로 활 동을 바꿔할 수도 있다. 책을 읽은 후 일어난 일을 2~3개의 문장으로 간단하게 정 리한다.

『팥죽 할머니와 호랑이』처럼 호랑이가 나오는 이야기를 더 찾아 읽어 봅시다. 그리고 일어난 일을 간단하게 정리하여 봅시다.

제 목	책 표 지	일어난 일 정리하기
호랑이와 곶감 (국민서관)		
반쪽이 (보림)		
딸랑새 (보리)		
호랑이 뱃속에서 고래 잡기 (푸른숲)		

[심화활동 3] 남생아 놀아라 – 흉내말 놀이

활동 목적

학교 도서실을 이용하여 그림책 『팥죽 할머니와 호랑이』를 찾아 읽도록 한다. 그림책을 읽은 후 교과서의 인형극과 어떤 점이 같고 어떤 점이 다른지 비교해 보도록 한다. 이를 통해 아주 오랜 옛날부터 입에서 입으로 전해 내려오는 옛이야기는 일어난 일이나 등장인물, 사건 전개 등이 조금씩 다른 경우가 있음을 알 수 있다. 또한 학생들에게 옛이야기 책에 대한 매력을 느끼게 하면서 독서 욕구를 증진시킬 수 있다.

활동 방법

① 「남생아 놀아라, 촐래촐래 잘 논다」 노래를 익힌 후 시작한다.

② 원으로 선 상태에서 이름이 불린 참가자 한 사람이 원으로 들어간다.

③ '남생아' 대신 반 학생의 이름을, '촐래촐래' 대신 의성어·의태어로 바꾼다.

④ "영희야 놀아라" 하면 영희가 원으로 들어가서 몸을 비틀면서 "[비틀비틀] 잘 논다" 이렇게 노래한다. 다른 학생들은 "비틀비틀 잘 논다"를 같이 행동하며 노래한다.

⑤ 영희는 학생들의 후렴이 끝나면 한 친구의 이름을 부르며 제자리로 들어간다. "철수야 놀아라" 하면 철수가 원으로 들어가서 "깡충깡충 잘 논다" 하며 뛰는 시늉을 한다. 다른 학생들은 "깡충깡충 잘 논다"를 같이 노래하며 행동한다.

『팥죽 할머니와 호랑이』에 관련된 놀이로 바꾸면

① 반 아이들이 『팥죽 할머니와 호랑이』의 등장인물 중 하나를 각각 고르게 한다.

② 교사가 "알밤아 놀아라" 하면 알밤을 고른 학생들 중 한 명이 재빨리 원으로 들어가서 자신이 생각한 의성어나 의태어를 넣어 노래한다. 예를 들면 "통통통 잘 논다" 이렇게 노래하면서 알밤의 몸짓을 하면, 다른 학생들은 "통통통 잘 논다"를 따라 행동하며 노래한다.

③ 교사가 "지게아 놀아라" 하면 호랑이를 고른 학생들 중 한 명이 원으로 들어가 "껑중껑중 잘 논다" 하고 노래하며 지게의 몸짓을 한다. 다른 학생들은 이를 따라 행동하며 노래한다.

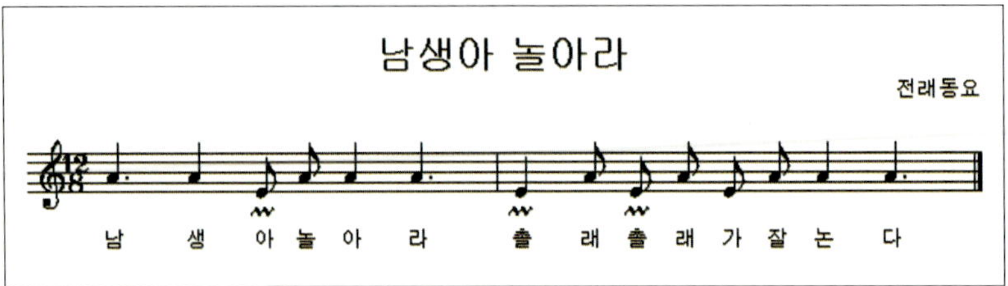

팥죽 할머니와 호랑이

 학습개요

1	인형극에 대하여 알아봅시다.
2	인형극을 보고, 인물의 말과 행동을 찾아봅시다.
3	인물의 말과 행동에 주의하며 인형극을 봅시다.
4	인형극에 나오는 인물의 행동을 몸짓으로 나타내어 봅시다.

| 동기유발 | ★ 빠른 움직임 팬터마임 / ★ 세고 / 멈추는 팬터마임
★ 느린 동작 팬터마임 |

↓

| 학습문제 제시 | 인형극에 나오는 인물의 행동을 몸짓으로 나타내어 봅시다. |

↓

| 활동 | ★ 내용 파악하기 – 골든벨 퀴즈 / ♥ 거울놀이하기
♥ 몸짓으로 실감 나게 표현하고 싶은 부분 찾고, 장면 하나 골라 몸짓으로 실감 나게 표현하기 |

↓

| 정리 | ♥ 으뜸이 시상하기 |

[심화활동 1] 얼음조각(동상) 만들기
[심화활동 2] 우유곽 인형 만들기

(♥ 교과서 관련 활동 / ★ 추가 제시 활동)

[동기유발 1] 빠른 움직임 팬터마임

활동 목적

빠른 움직임 팬터마임은 팬터마임의 한 종류로 긴박한 순간을 표현하기에 적당하다. 대사 없이 동작만으로 그 상황을 표현해내야 하므로 더욱 이야기에 몰입할 수 있다.

활동 방법

① 교사는 상황을 제시한다.

> 지금부터 여러분은 멍석이에요. 호랑이가 송곳에 찔리는 순간 호랑이가 도망가지 못하도록 빠르게 호랑이를 말아야 해요. 송곳에 찔린 호랑이가 집밖으로 달려 나가려고 하네요. 음악을 틀면 달려 나가려는 호랑이를 뚜르르 마는 동작을 빠르게 해보세요.

② 음악이 시작되면 학생들은 교사가 제시한 상황을 동작으로 표현한다.

여기서 잠깐

음악의 종류는 상관없으나 빠른 움직임을 표현해야 하는 상황이므로 최대한 빠른 빠르기의 음악을 선곡한다. 또한 음악이 멈추면 동작도 멈추고 제자리로 되돌아와야 함을 미리 이야기해준다.

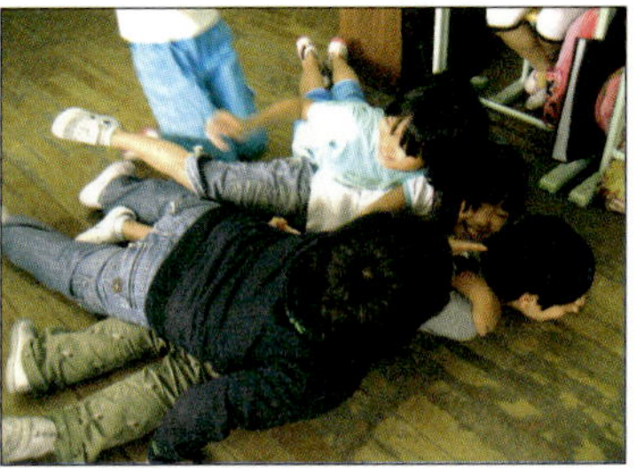

[동기유발 2] 세고 / 멈추는 팬터마임

활동 목적

빠른 움직임 팬터마임과 마찬가지로 대사 없이 표현하는 마임 중 하나이다. 빠른 움직임 팬터마임과 다른 것은 숫자를 세는 동안 동작을 자연스럽게 수정할 수 있다는 것이다. 또한 교사가 "얼음"을 했을 때에는 '얼음 조각(동상) 만들기'와 같은 효과를 낼 수도 있다.

준비물 _ 빠른 빠르기의 음악

① 1에서 10을 셀 동안 학생들은 지게가 되어 호랑이를 짊어지고 가는 모습을
  표현한다.

② 교사가 "얼음" 하면 하던 동작을 멈추고 정지한다.

③ 다른 친구들은 그 모습을 보고 누가 어떤 동작을 하는지 알아맞힌다.

④ 교사가 지시한 동작 외에도 학생 스스로가 동작과 장면을 선택하여 위와 같이
  해 본다.

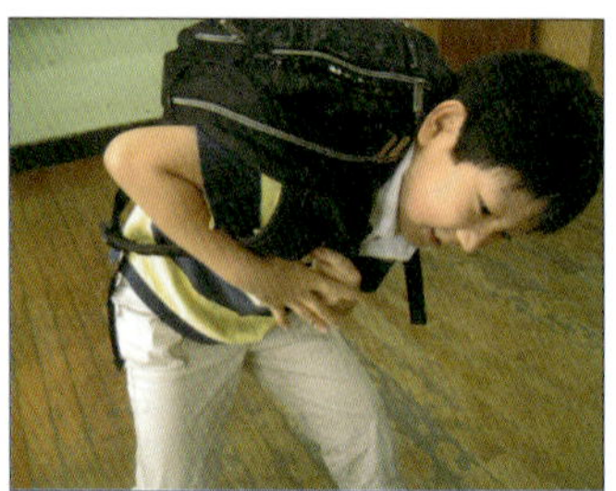

[동기유발 3] 느린 동작 팬터마임

'빠른 움직임 팬터마임'은 긴박한 상황을 표현해내기에 좋은 반면 '느린 동작 팬터마임'은 동작을 느리게 표현함으로써 등장인물이 그 상황에서 어떤 표정을 지었을지, 어떤 행동을 취했을지 더 깊이 있게 생각하고 표현할 수 있는 기법이다.

교사가 제시하는 상황을 느린 동작으로 표현한다.

> 호랑이는 아궁이에 갔다가 알밤에게 눈을 맞아 괴로워합니다. 여러분이 호랑이가 되어서 괴로움을 천천히 표현해보세요.

[활동 1] 내용 파악하기 – 골든벨 퀴즈

활동 목적

준비물 _ 내용확인 PPT

인형극을 하기 전에 이야기의 내용을 제대로 알고 있는지 간단하게 확인하는 활동이다. 본 차시의 주된 활동이 아니므로 골든벨판에 쓰지 않고 손을 들고 발표하는 형식을 취해도 된다.

활동 방법

제시할 이야기의 내용을 PPT자료로 준비한다. 학생들은 내용을 빨리 살펴보고 정답을 알면 재빨리 손을 든다.

① 할머니가 팥죽을 끓이면서 울었던 까닭은 무엇인가요?

② 누가 할머니를 도와주었나요?

③ 알밤은 어떻게 할머니를 도와주었나요?

④ 송곳은 어떻게 할머니를 도와주었나요?

⑤ 멍석과 지게는 어떻게 할머니를 도와주었나요?

〈문제 1〉

할머니가 팥죽을 끓이면서 울었던 까닭은 무엇인가요?

〈문제 2〉

누가 할머니를 도와주었나요?

[활동 2] 거울놀이하기

활동 목적

이야기를 읽으며 독자는 의식적, 무의식적으로 일련의 장면을 영상화하는 상상력을 발휘하게 된다. 교과서의 활동은 『팥죽 할머니와 호랑이』에 등장하는 인물의 행동을 '거울놀이'를 하며 몸짓으로 표현하는 것이다. 등장 인물의 행동을 신체를 이용하여 시각적으로 표현하는 활동은 학생들의 상상력을 보다 정교화하고 표현의 욕구를 충족시키는 데 도움이 된다.

① 두 명씩 짝을 짓는다. (한 사람은 등장인물, 한 사람은 거울이 된다.)

② 한 사람이 시작하면 마주 보고 있는 사람은 거울 속의 사람이 되어 따라 한다.

③ 서로 역할을 바꾸어 거울놀이를 한다.

거울놀이로 표현할 수 있는 장면

① 할머니를 잡아먹으러 호랑이가 나타난 장면

② 한겨울에 할머니께서 팥죽을 끓이면서 울고 있는 장면

③ 알밤이 할머니를 만나는 장면

④ 송곳이 할머니를 만나는 장면

⑤ 멍석이 할머니를 만나는 장면

⑥ 지게가 할머니를 만나는 장면

할머니를 잡아 먹으려는 호랑이

할머니를 만난 송곳

[활동 3] 몸짓으로 실감 나게 표현하고 싶은 부분 찾고, 장면 하나 골라 몸짓으로 실감 나게 표현하기

활동 목적

모둠 친구들이 재미있었던 부분을 자유롭게 이야기해보고 몸짓으로 표현하고 싶은 장면을 고를 수 있도록 한다. 또한 장면에 나오는 등장인물의 말과 행동에 대한 이야기를 나눌 수 있도록 지도한다.

활동 방법

① 모둠원이 돌아가면서 이야기 내용 중에서 재미있는 장면을 말한다.

② 모둠원이 말한 장면 중에서 하나를 선택하여 몸짓으로 실감 나게 표현하고 싶은 부분을 찾아 말한다.

③ 몸짓으로 실감 나게 표현한다.

호랑이가 할머니를 잡아먹으려는 장면

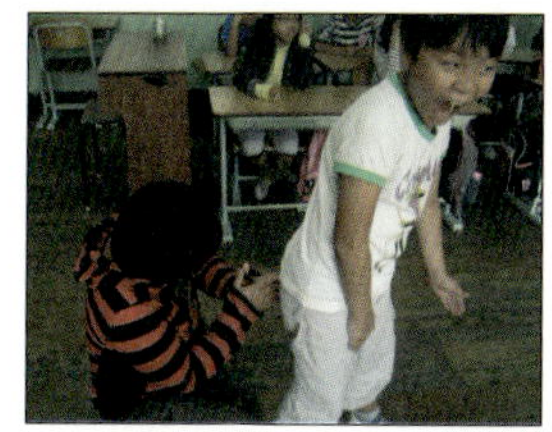

송곳이 호랑이를 찌르는 장면

[정리] 으뜸이 시상하기

활동 목적

반 친구들의 몸짓을 감상하면서 어떤 부분이 잘 되었는지 살피고 감상하는 것에서 더 나아가 몸짓 표현에서 가장 실감 나게 잘 표현한 학생을 뽑아 시상함으로써 학습 동기를 부여하고 본보기로 삼는다.

활동 방법

인물의 행동을 실감 나게 표현한 친구를 찾아 칭찬하고, 칭찬을 가장 많이 받은 친구를 '으뜸이' 로 선정한다.

 이런 활동도 있어요

[심화활동 1] 얼음조각(동상) 만들기

활동 목적

교육연극 기법 중 하나인 '얼음조각(동상) 만들기' 는 이야기 속에서 인상 깊은 장면을 찾아내고 자신의 느낌을 표현하기에 가장 좋은 방법이다. 각자 이야기를 들으며 느꼈던 감정이나 떠올렸던 심상을 생각하며 그것을 시각화하는 체험을 통하여 자신이 이야기 속에 참여하는 적극적인 감상 태도를 취할 수 있다.

활동 방법

① 교사가 제시하는 상황을 얼음조각으로 만든다.

여러분 각자는 알밤, 송곳, 멍석, 지게예요. 호랑이가 아궁이로 불을 가지러 오고 있어요. 여러분은 호랑이의 움직임을 숨어서 각자 살피고 있어요. 소리를 내면 안 되겠죠. 움직여서도 안 되고요. 각자가 어떠한 모습으로 있는지 사물의 특징을 생각하며 표현해 보세요.

② 모둠원들이 표현하고 있는 것이 어떤 사물인지 알아맞힌다.

③ 교사가 제시한 상황 말고 다른 장면을 얼음 조각으로 만들어 알아맞히는 활동을
  해도 좋다.

  (제시할 수 있는 상황의 예)

  – 송곳이 호랑이를 찌르는 모습

  – 알밤이 호랑이 눈을 때리는 모습

  – 지게가 호랑이를 지고 가는 모습 등

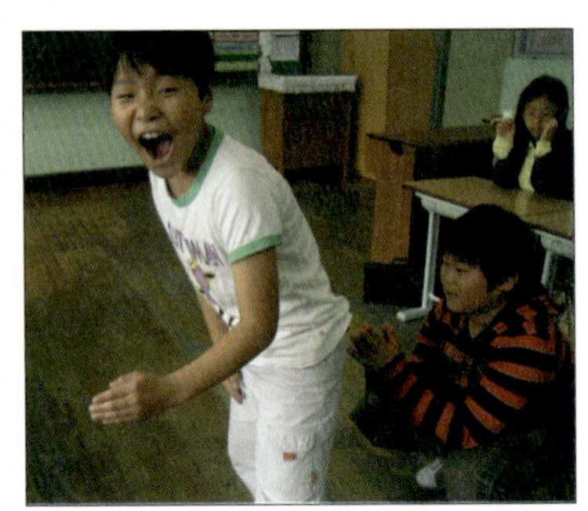
송곳이 호랑이를 찌르는 모습

알밤이 호랑이 눈을 때리는 모습

[심화활동 2] 우유곽 인형 만들기

활동 목적

  교과서 115쪽의 붙임 자료로 제시된 막대 인형은 손쉽기는 하지만 크기가 작고,
인형극을 할 때 움직임이 제한되어 있어 학생들이 큰 흥미를 느끼지 못한다. 이에
주위에서 쉽게 구할 수 있는 재료인 우유곽으로 인형을 만들어 손에 끼고 실제로 말
하는 것처럼 움직이면서 인형극을 하면 훨씬 더 흥미로운 인형극으로 진행할 수 있다.

우유곽 인형 만드는 방법

준비물 : 200ml 우유곽 2개, 색지와 색종이, 풀, 가위, 인형 눈 모형, 털실 등의
         재료

① 200ml 우유곽 2개를 깨끗이 씻어 말린 후 윗부분을 잘라 준비한다.

② 색지로 우유곽을 깨끗하게 포장한다.

③ 입 안쪽이 될 부분에는 다른 색 색종이로 포장하고, 머리카락, 눈 등을 꾸민다.

④ 우유곽 2개를 유리 테이프로 연결한다.

우유곽 인형 예시 작품

우유곽 인형극 참고 사진

느낌을 나누어요

1차시	시를 읽고, 재미있는 말 찾기
2~3차시	느낌을 살려 시를 소리 내어 읽기
4차시	이야기에 나타난 인물의 마음이나 기분 알기
5~6차시	인물의 마음이나 기분 생각하며 이야기 읽기

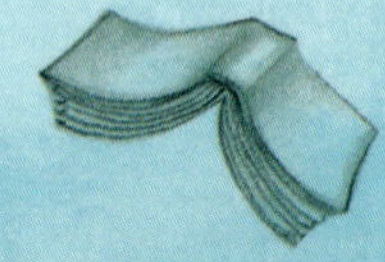

재미있는 말, 인물의 마음이나 기분을 생각하며 글을 읽으면 느낌이 잘 살아납니다. 느낌을 살려 시나 이야기를 읽어 봅시다.

이 단원은 재미있는 말의 느낌을 살려 시를 읽는 학습과 인물의 마음이나 기분을 생각하며 이야기를 읽는 학습의 두 부분으로 이루어져 있다. 시에는 흉내 내는 말이나 반복되는 말이 자주 사용되고 여기에서 재미를 느낄 수 있으므로 학생들이 이러한 표현에 관심을 도구 시를 감상하도록 한다. 놀이 활동이나 신체표현 활동을 통해 재미있는 말이 주는 느낌을 좀더 생생하게 갖도록 하였고 교과서에 수록된 시와 함께 읽으면 좋은 시를 수업에 활용하였다. 이야기속 인물의 마음이나 생각은 인물의 말과 행동을 통해 간접적으로 표현되기 마련이다. 인물의 말과 행동을 찾고 분석하는 활동을 통해 인물의 감정을 파악하며 읽는 능력을 길러줄 수 있다.

🏰 제재 분석

「은방울꽃」은 은방울처럼 생긴 꽃이 흔들리는 모양과 소리를 형상화한 시이다. 꽃을 관찰하고 그 특징을 섬세하게 잡아내어 재미있게 표현한 이 시를 통해 재미있는 말을 찾고 느낌을 나누는 활동을 하게 된다. 여기서 더 나아가 주변에서 쉽게 관찰할 수 있는 꽃을 소재로 시를 써보는 기회를 제공하는 것도 유익할 것이다.

「들강달강」은 전래동요이다. 부모님이 아이를 어르고 달랠 때 부르던 노래이다. 교과서에 실린 노랫말 말고도 여러 지방에서 조금씩 다른 다양한 '들강달강'이 있다. 노랫말에서 약간의 차이는 있으나 전반적인 줄거리가 같고 부모님이 아이를 어르고 달랠 때 부르던 노래라는 점은 공통된다. 그리고 둘이서 서로 마주보고 앉아 손을 주고받으며 놀이형태로 불리기도 한 전래동요이다. 반복되는 말이 주는 느낌과 재미를 충분히 익힐 수 있도록 하는 것이 필요하다.

「야들야들 다 익었을까」는 욕심 많은 양반이 사냥을 하여 잡은 꿩고기를 혼자 먹으려고 욕심내다가 오히려 하인 돌쇠에게 창피를 당한다는 우스운 이야기이다. 짧은 글이지만 꿩고기를 혼자 차지하려는 양반의 모습과 상황을 재치 있게 극복하는 돌쇠의 모습이 잘 드러나있다. 신분을 내세우고 베풀 줄 모르는 양반의 허세와 욕심을 통쾌하게 풍자한 이야기이다.

「퐁퐁이와 툴툴이」는 조성자 글, 서석원 그림의 우리나라 창작 그림 동화이다. 숲속의 동물들에게 자신의 샘물을 넉넉하게 내어준 퐁퐁이 옹달샘과 자신의 샘물을 내어주지 않는 툴툴이 옹달샘의 대조적인 모습을 통해 어린 독자들은 자신이 어떤 모습에 더 가까운지 생각해 보게 된다. 자기 것을 나누는 것이 손해인 것 같지만 더불어 살아가는 세상 속에서 베푸는 일이 얼마나 가치있고 행복한 일인지를 깨닫게 해 주는 동화이다.

📕 교과서 단원 구성

차시	교과서 쪽수	차시 문제	교과서 학습활동
1	읽기 5~7	시를 읽고, 재미있는 말을 찾아봅시다.	1. 꽃의 모습을 떠올리며 「은방울꽃」을 읽어 봅시다. 2. 시에 흉내 내는 말을 넣었을 때와 넣지 않았을 때의 느낌을 비교하여 봅시다. 3. 「은방울꽃」을 읽고, 재미있는 말을 찾아봅시다.
2~3	읽기 8~11	재미있는 말의 느낌을 살려 시를 읽어 봅시다.	1. 다음 낱말을 소리 내어 읽고, 어떤 느낌이 드는지 이야기하여 봅시다. 2. 「들강달강」은 옛날부터 부르던 노래입니다. 말을 느낌을 살려 「들강달강」을 소리 내어 읽어 봅시다. 3. 「들강달강」을 읽고, 물음에 답하여 봅시다. 4. 재미있는 말의 느낌을 살려 「들강달강」을 다시 읽어 봅시다. 5. 여러 가지 몸짓을 하며 「들강달강」을 불러 봅시다.
4	읽기 12~15	이야기에 나타난 인물의 마음이나 기분을 알아봅시다.	1. 인물의 마음이나 기분을 생각하며 「야들야들 다 익었을까?」를 읽어 봅시다. 2. 「야들야들 다 익었을까?」를 읽고, 인물의 마음이나 기분을 알아봅시다. 3. 인물의 마음이나 기분을 생각하며 「야들야들 다 익었을까?」를 읽어 봅시다.
5~6	읽기 16~21	인물의 마음이나 기분을 생각하며 이야기를 읽어 봅시다.	1. 인물의 마음이나 기분을 생각하며 「퐁퐁이와 툴툴이」를 읽어 봅시다. 2. 「퐁퐁이와 툴툴이」를 읽고, 물음에 답하여 봅시다. 3. 인물의 마음이나 기분을 알아봅시다. 느낌을 살려 「퐁퐁이와 툴툴이」를 다시 읽어 봅시다. 4. 내가 툴툴이라면 어떻게 해야 할지 친구들과 이야기하여 봅시다.

은방울꽃

학습개요

1	시를 읽고, 재미있는 말을 찾아봅시다.
2~3	재미있는 말의 느낌을 살려 시를 읽어 봅시다.
4	이야기에 나타난 인물의 마음이나 기분을 알아봅시다.
5~6	인물의 마음이나 기분을 생각하며 이야기를 읽어 봅시다.

동기유발	★ 재미있는 말이 있는 동요 부르기 ★ 「은방울꽃」 전설 듣기

↓

학습문제 제시	시를 읽고, 재미있는 말을 찾아봅시다.

↓

활동	★ 재미있는 말 전달하기 ★ 재미있는 말의 느낌을 살려 표현하기 ★ 다른 시에서 재미있는 말 찾기

↓

정리	★ 「은방울꽃」 소리 내어 읽기

♥ 교과서 관련 활동 / ★ 추가 제시 활동

[동기유발 1] 재미있는 말이 있는 동요 부르기

활동 목적

흉내 내는 말과 재미있는 표현으로 이루어진 노래를 불러봄으로써 말의 재미와 리듬감을 느껴본다.

① 「시계」, 「리자로 끝나는 말」의 노랫말을 함께 읽어본다.
② 노랫말을 읽으며 느낀 운율을 살려 노래로 불러본다.

시계 (미상 / 나운영 / 풀잎 동요마을)

리자로 끝나는 말은
(외국곡 / 풀잎 동요마을)

[동기유발 2] 「은방울꽃」 전설 듣기

활동 목적

시의 핵심소재인 은방울꽃에 대한 이해가 있어야 시의 느낌을 더 잘 파악할 수 있을 것이다. 이에 지도서에 나온 대로 은방울꽃 사진을 보며 평소에 보지 못하던 소재에 대하여 친숙함을 느끼게 하는 것은 물론 이 꽃과 관련된 전설을 들으며 소재에 대한 친밀감을 느끼도록 한다.

활동 방법

교사가 읽어주어도 좋고 관련된 그림 자료를 이용하여 PPT자료를 제시하며 읽어 주어도 좋겠다.

소곤소곤 꽃이 들려주는 동화
(최은규 / 문공사)

> **참고 – '은방울꽃'의 전설**
>
> 옛날에 은방울이라는 여자아이가 살았습니다. 그런데 그 어머니는 은방울을 낳자마자 돌아가시며 아버지에게 은방울이 12살이 되면 장롱 속의 은방울을 주라고 하셨습니다. 세월이 흘러 은방울은 12살이 되었습니다. 아버지는 잠시 일이 있어 나가셨습니다. 은방울이 집을 보고 있는데 호랑이가 왔습니다. 은방울은 방울을 목에 걸고 도망갔습니다. 호랑이는 쫓아갔습니다. 도망가고 있는데 방울이 자신을 던지라고 했습니다. 은방울은 어머니의 유품을 버릴 수는 없다며 뛰었습니다. 호랑이는 결국 은방울을 따라잡아 죽였습니다. 갑자기 방울이 딸랑 딸랑 울리기 시작했습니다. 저 산 위에서 바위가 떨어져 호랑이의 머리를 맞춰 호랑이는 죽었습니다. 은방울이 죽은 자리에서는 꽃이 피어 났습니다. 그 모습이 방울 같고 흔들면 딸랑 딸랑 거려서 사람들은 그 꽃을 은방울꽃이라고 부르게 되었습니다.

[학습문제 제시]

시를 읽고, 재미있는 말을 찾아봅시다.

[활동 1] 재미있는 말 전달하기

준비물 _ 단어카드

활동 목적

시에 나오는 '조로롱, 달랑달랑, 간당간당'의 느낌을 알고 왜 재미있는 말인지 이해하는 것이 필요하다.

활동 방법

시를 파악하는 데 필요하다고 생각되는 단어나 재미있는 말을 비롯하여 시에는 나오지 않으나 느낌이나 분위기를 잘 나타낼 수 있는 단어들을 카드로 제시하여 놀이 형식으로 진행한다. 교사의 '시작' 소리에 맞추어 뒷사람에게 교사가 보여준 단어를 전달한다. 제일 뒷 줄에 앉은 학생이 칠판에 나와서 정확하게 적는 팀이 승리한다.

각 시어들의 느낌을 정확하게 알기 위하여 몸짓으로 표현하여 스피드퀴즈 형식으로 게임을 진행하는 방법도 있다. 단, 어려워할 수 있으므로 교사의 시범이 필요할 수도 있다.

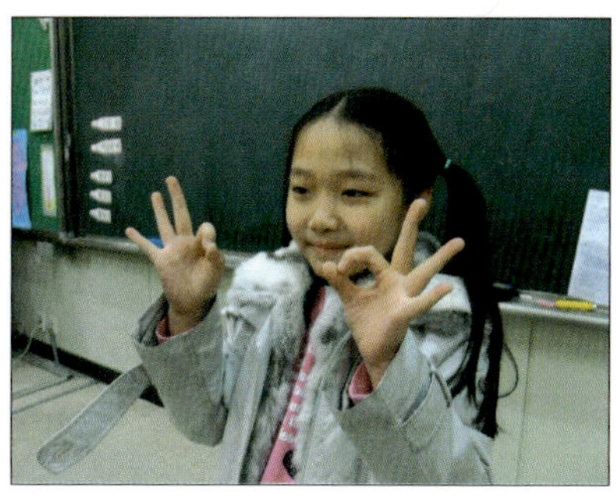

[활동 2] 재미있는 말의 느낌을 살려 표현하기

교사용 지도서에는 흉내 내는 말(조로롱, 달랑달랑, 간당간당)이 재미있는 말로 설명되어 있다. 하지만 학생들마다 재미있다고 느끼는 부분은 차이가 있을 수 있다. 자신이 재미있다고 느낀 부분을 강조하여 시화로 표현하는 활동을 통해 학습목표에 다가갈 수 있을 것이다.

자신이 재미있다고 느낀 부분은 글씨를 크게 쓰거나 색연필로 색칠하고, 배경 그림도 그려 시화를 완성한다.

준비물 _ 색연필, 싸인펜

부록 _ 40쪽

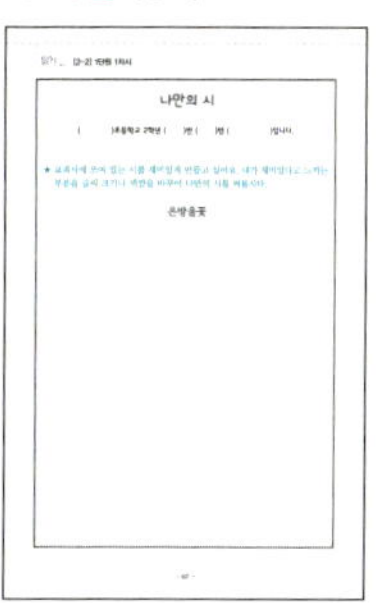

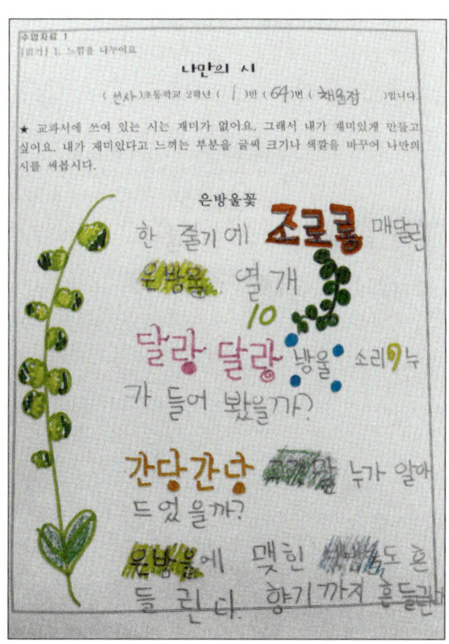

[활동 3] 다른 시에서 재미있는 말 찾기

활동 목적

「은방울꽃」처럼 의성어와 의태어가 많이 들어간 「구슬비」에서 재미있는 말을 찾아본다.

활동 방법

먼저 「구슬비」의 가사만 제시해주고 읽어 보게 한다. 동요를 아는 학생은 자연스럽게 가락을 붙여 읽게 된다. 그 후 「구슬비」 동요를 들려주고 함께 불러본다.

구슬비 (권오순 / 안병원 / 풀잎 동요마을)

[정리] 「은방울꽃」 소리 내어 읽기

활동 방법

재미있는 말의 느낌을 살려 다 함께 낭송 해본다.

참고자료

[운율(리듬)에 대하여]

　어린이들은 본성적으로 리드미컬한 특성이 있다. 어린이들이 친구들과 노는 모습을 유심히 관찰하면 어린이들은 스스로 의식하지 못하면서 리듬 놀이의 재미로 익혀버리고 있는 광경을 볼 수 있다. 예컨대, 같이 놀 친구를 부를 때도 아이들은 말로 부르지 않고 노래로 부른다. 어떤 아이가 영이라는 동무를 부른다고 가정해보면 그 아이는 말하듯이 "영이야, 놀자."하고 하지는 않는다. 그는 이 말에도 곡조와 리듬을 실어서 노래하듯이 "영이야, 노올자."라고 외치는데 이 말소리의 박자를 분석해 보면, "영이야-- 노올자--(♪♪♩ ■ ∣ ♪♪♩ ■)"가 된다. 아이들의 이러한 특성은 놀이를 하면서 부르는 전래동요에 특히 잘 드러난다. '두껍아, 두껍아 / 헌 집 줄게 / 새 집 다오.// 와 같은 동요를 보더라도 아이들이 본성적으로 얼마나 노래를 좋아하며, 리듬을 몸으로 체득하는지를 잘 이해할 수 있다.

　시가 산문과 다른 중요한 요소가 바로 운율인데, 동시에서 운율을 효과적으로 구사하면 어린이들의 감흥을 이끌어 내기 쉽다. 운율을 만들어 내는 방법으로 쉽게 떠오르는 것이 정형율(외형율)인데 이는 각 행의 글자 수를 일정하게 하는 음수율로 3·4조, 4·4조, 7·5조가 있다. 그런데 이런 음수율은 조선시대의 시조 가사에서 유래한 것으로 애국계몽기의 창가, 일제강점기의 동요 일부에서 나타났는데, 운율을 형성하는 주류적인 방법은 아니다.

　1930년대 이후 동시의 자유시 운동으로 정형율에 의거하여 시를 짓는 사례가 거의 사라졌으며 근대에는 거의가 내재율에 의해 리듬을 형성하는 경우가 많다.

　내재율이란 자연스럽게 소리를 내어 읽어보면 저절로 느껴지는 규칙적인 호흡을 말하는 것이다. 리듬을 형성하는 방법은 다양하다. 가장 보편적인 방법은 음보율의 이용이다.

　말의 규칙적인 반복이나 소리의 반복도 운율을 형성하는 방법의 하나이다. 어린이들은 이렇게 같은 소리의 반복으로 시를 읽는 즐거움을 느끼게 되는데 이와 같은 기법은 말놀이의 일종이라고 할 수 있다. 이런 기법은 전래동요에서 자주 볼 수 있는 방법으로, 이 동시는 전래동요의 말놀이 전통을 잇고 있다.

　한편, 동시에는 의성어나 의태어의 반복적 사용으로 운율을 형성하는 사례가 많다.

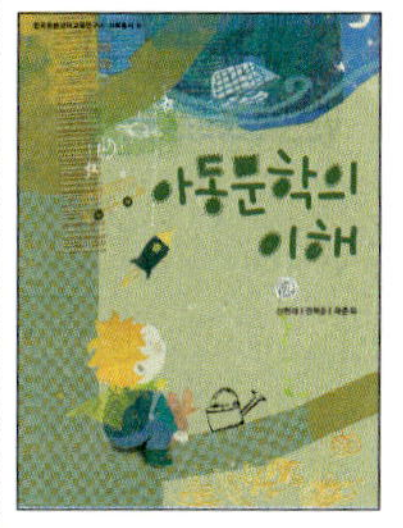

아동문학의 이해
(신헌재 · 권혁준 · 곽춘옥 / 박이정)

들강달강

 학습개요

1	시를 읽고, 재미있는 말을 찾아봅시다.
2~3	재미있는 말의 느낌을 살려 시를 읽어 봅시다.
4	이야기에 나타난 인물의 마음이나 기분을 알아봅시다.
5~6	인물의 마음이나 기분을 생각하며 이야기를 읽어 봅시다.

| 동기유발 | ★ 「들강달강」 노래 듣기 / ★ '우리 집에 왜 왔니' 놀이하기 |

⬇

| 학습문제 제시 | 재미있는 말의 느낌을 살려 시를 읽어 봅시다. |

⬇

활동	★ 단어 듣고 그림 그리기 (말이 주는 느낌 알기) / ★ 내 마음대로 바꾸어 쓰기
	★ 재미있는 말 찾기 / ★ 인물 행동 따라하기 (거울놀이)
	♥ 몸동작 하며 「들강달강」 부르기 / ★ 배경 효과음 만들기

⬇

| 정리 | ★ 낭송 후 상호평가하기 |

[심화활동 1] 대체 제재로 시 읽기
[심화활동 2] 시 낭송회와 시화전 열기

♥ 교과서 관련 활동 / ★ 추가 제시 활동

수업활동

[동기유발 1] 「들강달강」 노래 듣기

활동 목적

「들강달강」 전래동요를 미리 들어봄으로써 제재에 대한 흥미를 높이도록 한다.

활동 방법

전래동요를 간단한 율동과 함께 같이 들어보도록 한다. 그리고 전래동요에 대한 느낌 등을 간단히 물어본다.

[동기유발 2] '우리 집에 왜 왔니' 놀이하기

활동 목적

'들강달강' 이라는 단어는 들어왔다가 나갔다 하는 동작을 표현한 단어이다. 재미있는 단어지만 어떤 뜻인지 학생들이 어려워할 수도 있다. '우리 집에 왜 왔니' 놀이를 하며 '들강달강' 이라는 단어의 어감과 의미를 이해해 본다.

[학습문제 제시]

재미있는 말의 느낌을 살려 시를 읽어 봅시다.

[활동 1] 단어 듣고 그림 그리기 (말이 주는 느낌 알기)

활동 목적

시를 깊이 있게 이해하기 위하여 자신의 느낌을 표현하는 활동을 먼저 할 필요성이 있다.

활동 방법

시에 나오는 특정한 단어를 들려준 후 (예 : 쩝쩝, 알공달공) 느낌을 간략하게 적고,

부록 _ 41쪽

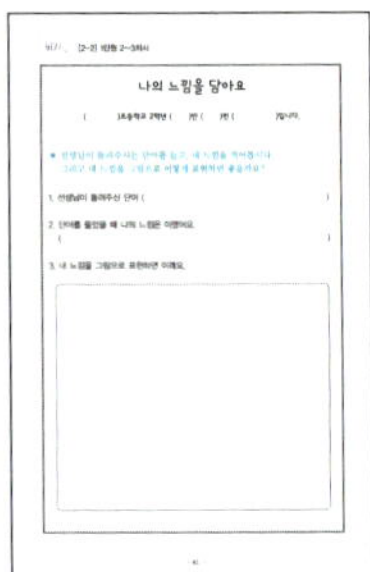

이를 그림으로 표현하도록 한다.

여기서 잠깐

미술 시간이 아니기 때문에 예쁘고 잘 그리는 것 보다는 가능하면 짧은 시간 내에 이미지만 살릴 수 있도록 한다.

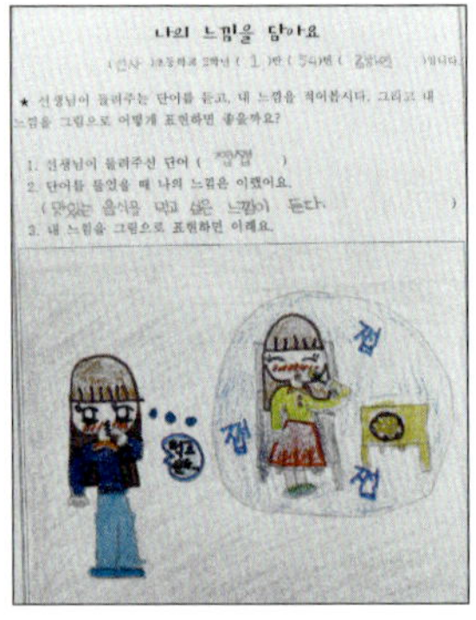

[활동 2] 내 마음대로 바꾸어 쓰기

부록 _ 42쪽

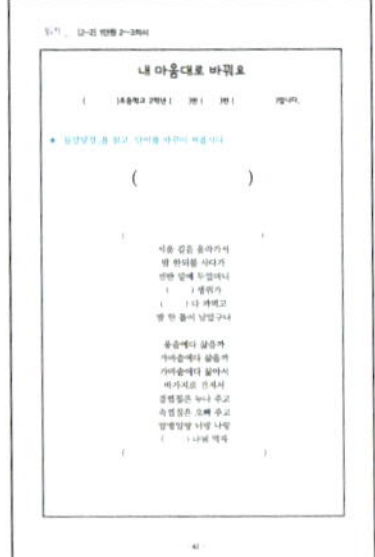

활동 목적

이 시에 나오는 여러 가지 표현들이 요즘은 잘 쓰이지 않는 표현이므로 학생들이 시의 느낌을 정확하게 이해하는 데 어려워 할 수 있다. 학생들이 시 전체의 맥락을 살려 어려운 표현을 자신이 알고 있는 표현으로 바꾸어 써 봄으로써 시를 좀더 쉽게 이해할 수 있다.

활동 방법

'들강달강', '알공달공', '들락날락', '올랑졸랑' 이 빈칸으로 되어 있는 학습 활동지를 나누어 준 후 쉽고 재미있는 표현으로 바꾸어쓰는 간단한 활동이다.

[활동 3] 재미있는 말 찾기

준비물 _ 글자 카드

활동 목적

흉내 내는 말, 재미있는 말과 관련된 어휘를 확장하고 친숙하게 느끼도록 하기 위한 놀이 활동이다. 풍부한 어휘력은 시를 이해하고 감상하는데 도움이 된다.

활동 방법

카드 한 장에 한 글자만 쓰여 있는 것을 모둠별로 나누어 준다. 낱글자를 조합하여 시에 나오는 흉내 내는 말을 가장 빨리 찾는 모둠이 이기는 놀이를 한다.

여기서 잠깐

① 모둠별이 아닌 전체 활동으로 게임을 진행할 수도 있다.

② 흉내 내는 말의 뜻이나 느낌을 교사가 이야기해주고 그것에 해당하는 흉내 내
는 말을 찾게 할 수도 있다.

[활동 4] 인물 행동 따라하기 (거울놀이)

활동 목적

시에 나오는 인물의 행동을 직접 해봄으로써 등장인물과 공감대도 형성하고 시의
느낌을 잘 느낄 수 있도록 한다. 또한 동작을 표현하는 의태어를 직접 행동으로 해
봄으로써 단어의 의미를 실감할 수 있도록 한다.

활동 방법

두 학생이 각각 마주 바라본다. 한 학생이 거울을 바라보는 것처럼 행동한다. 마
주보는 학생은 거울이 되어 그 학생이 하는 행동을 따라 한다.

예를 들어 누나나 오빠에게 밤을 줄 때 오른손으로 행동을 하면 바라보는 학생은
왼손으로 따라하면 된다.

여기서 잠깐

거울놀이가 익숙해진 반에서는 마주보는 쪽 2명과 거울 쪽의 2명, 모두 4명이 함
께 활동할 수 있다. 점점 인원을 더 늘려도 좋다.

[활동 5] 몸동작 하며 「들강달강」 부르기

활동 목적

교사용 지도서에 제시되어 있는 대로 내용에 맞춘 몸동작을 하는 것 이외에 다양
한 몸동작을 해 본다. 원래 전래동요임에 착안하여 즐겁게 부르는 데 목적이 있다.

활동 방법

운율에 맞추어 전래동요 형태로 불러 본다. 이 때 교사의 시범독이나 동기유발에
서 들려준 전래동요가 큰 도움이 될 것이다. 단순히 타령느낌에만 (예를 들어 '자장
자장 우리아가~' 의 리듬과 가락으로) 내용을 덧붙여도 된다.

노래에 익숙해진 뒤 처음에는 머리만 까딱까딱하다가 나중에는 머리와 어깨를 함께, 그 다음에는 머리, 어깨, 손을 함께 까딱까딱하여 점차 범위를 확대해가며 몸동작을 하며 함께 부른다.

[활동 6] 배경 효과음 만들기

활동 목적

효과음을 만들어 소리 내어 봄으로써 시를 더 잘 이해할 수 있도록 한다.

활동 방법

교사 혹은 한 학생이 시를 천천히 낭송한다. 이 때 그 문장에 어울릴 것 같은 효과음을 만들어 본다. 보통 드라마나 영화 속에서 듣는 거창한 배경음악이 아니라, 정말 음향 수준으로라도 내도록 한다. 예를 들어 '들락날락 다 까먹고' 부분은 '쩝쩝' 소리를 내는 것이다. 학생들이 어려워할 수도 있으므로 교사가 먼저 시범을 보여줘도 괜찮다.

[정리] 낭송 후 상호평가하기

부록 _ 43쪽

활동 방법

마지막으로 배운 내용을 정리하면서 모둠 친구들과 함께 느낌을 살려 낭송을 해 본다. 잘 낭송한 모둠에게 점수를 준다.

이런 활동도 있어요

[심화활동 1] 대체 제재로 시 읽기

활동 목적

「들강달강」 시 하나로 재미있는 말의 느낌을 살려 시를 읽는 연습을 하였다. 여기서 더 나아가 다양한 전래동요를 읽음으로써 재미있는 말의 느낌을 살려 시를 읽어 보는 적용학습을 하도록 한다.

고추잠자리
(동무 동무 씨동무 / 편해문 / 창비)

> 고추 먹고 맴맴 마늘 먹고 맴맴
> 담배 먹고 맴맴 찔레 먹고 맴맴
> 앞산도 뺑─뺑 뒷산도 뺑─뺑
> 뒷집도 돌고 앞집도 돌고
> 뺑글뺑글 돌고 이리저리 돌고

'코끼리 코' 자세로 제자리에서 자기 나이 수만큼 돌며 부르는 노래이므로 시를 읽으며 몸동작을 곁들여도 좋겠다.

가자 가자 감나무	바람 솔솔 소나무
오자 오자 옻나무	방귀 뀌는 뽕나무
갓난아기 자작나무	십 리 절반 오리나무
거짓말 못해 참나무	아흔 지나 백양나무
꿩의 사촌 닥나무	앵돌아져 앵두나무
낮에 봐도 밤나무	칼로 찔러 피나무
너하고 나하고 살구나무	엎어졌다 엄나무
입맞추자 쪽나무	자빠졌다 잣나무
동지섣달 사시나무	서울 가는 배나무
따끔따끔 가시나무	

나무 노래
(가자 가자 감나무 / 편해문 / 창비)

나무 이름을 재미있게 풀어 낸 전래동요이다. '재미' 있는 말이 우스운 것이나 흉내 내는 말에 한정된 것이 아님을 보여주는 좋은 예이다.

놀귀냐? 들귀냐?
놀귀다
놀귀 놀귀 놀귀 놀귀

놀귀냐? 들귀냐?
들귀다
들귀 들귀 들귀 들귀

놀귀냐? 들귀냐?
(동무 동무 씨동무 / 편해문 / 창비)

메기며 받는 노래이다. 놀귀로 한 명이 대답을 하면 나머지가 놀귀로 따라하며 친구의 귀를 잡아당기며 노는 것이다.

[심화활동 2] 시 낭송회와 시화전 열기

수업 시간에 배운 내용을 바탕으로 시 낭송회를 열어, 시에 대한 흥미를 높이고 나아가 낭송하는 법을 더 잘 익힐 수 있도록 돕는다.

활동 방법

교과서에 있는 시를 읽어도 좋고, 그 외에 재미있는 시를 찾아서 발표하는 것도 좋다. 시 낭송회 분위기를 더욱 내기 위하여 교사가 배경음악을 넣어줘도 좋겠다.

여기서 더 나아가 자신이 낭송할 시를 도화지에 적고, 꾸며서 시화전까지 같이 하여도 좋을 것이다.

머얼뚱	코끼리는……
왜 그러니? 머얼뚱	코끼리는 몸이 엄청 크다 왜!
할말 있어? 머얼뚱	코끼리는 코도 엄청 크다 왜!
나를 보는 누렁소	코끼리는 귀도 엄청 크다 왜!
거단 눈만 머얼뚱	코끼리는 똥도 엄청 크다 왜!

 이런 책도 있어요

동무 동무 씨동무 /
가자 가자 감나무
(편해문 / 창비)

옛날 아이들이 즐겁고 신나게 뛰어놀며 부르던 노래를 모아 놓은 책이다. 재미있는 말을 충분히 느끼며 놀이까지 함께 할 수 있는 해설까지 곁들여 수록한 책이며, 전래동요의 매력에 충분히 빠질 수 있다. 또한 CD가 함께 수록되어 있어 지도하기에도 편하다. (총2권)

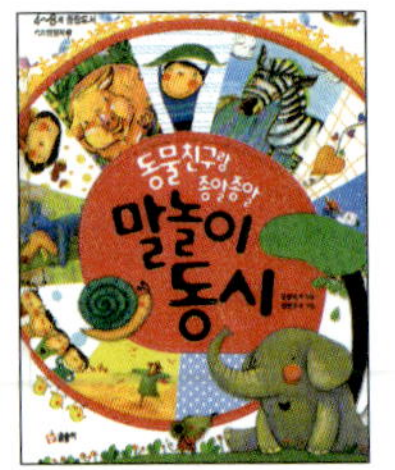
동물 친구랑 종알종알 말놀이 동시
(문삼석 / 글송이)

운율을 느낄 수 있는 여러 가지 동시가 실려 있는 책이다. 자연스레 운율감을 느낄 수 있도록 하는 데 도움을 줄 수 있는 시가 많이 있다.

참고자료

[바람직한 시 쓰기 지도의 방법]

좋은 시를 많이 읽히면, 어린이들은 시의 형식적인 관습은 직관적으로 알게 된다. 또 마음을 깊이 울린세상일이나, 눈을 새롭게 한 자연의 감동적인 아름다움을 보고 토해내듯이 시를 쓰게 되면, 저절로 시의 형식과 관습에 어울리는 말을 하게 되기도 한다. 이것은 그런 시를 쓰기 전에 어린이가 좋은 시를 많이 읽고 외워서 시의 장르적 관습이 어린이의 의식 속에 녹아 있다가 표출되기 때문이다.

반면에 어린이들이 시를 쓰기 직전에 연과 행을 나누는 방법이나 비유하는 방법 따위를 너무 의식하게 되면 형식에 얽매여 자유로운 발상을 제한하게 될 염려가 있다. 물론 시를 쓰기 위해서는 시의 형식과 기교도 익혀야 한다. 비유하는 방법, 되풀이 말하는 방법, 행과 연을 가르는 방법, 간결하게 말하는 방법과 같이 시의 형식을 이루는 요소는 반드시 익혀야 할 내용이다.

문제는 모범이 되는 시 작품을 먼저 제시하고 그것을 흉내 내거나 변형시키는 방법으로 시 쓰기를 지도하면 어린이들은 시 쓰기는 말을 그럴 듯하게 짜 맞추는 것이라고 생각하게 할 염려가 있다는 것이다. 또 형식적 요소들을 먼저 지도하다 보면 어린이들은 시의 형식을 너무 의식하게 되어 어린이다운 자유로운 발상을 못하게 된다.

시는 형식적 요소와 내용이 유기적으로 녹아 있는 구조물이므로 이 두 가지가 잘 조화를 이루어야 한다. 형식을 더 중요하게 여길 것인가, 쓸 내용을 더 강조할 것인가를 이분법적으로 가를 수는 없다. 그러므로 지도의 과정에서 형식에만 관심을 기울이도록 한다든가 내용에만 초점을 맞추어서는 안 된다.

교과서에 제시된 다음과 같은 활동은 시 쓰기 지도에서 어린이들의 체험을 이끌어내는 데 도움이 될 수 있을 것이다.

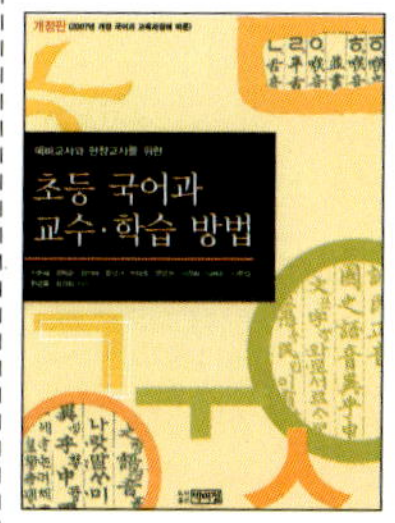

초등 국어과 교수 · 학습 방법
(신헌재 외 / 박이정)

야들야들
다 익었을까?

학습개요

1	시를 읽고, 재미있는 말을 찾아봅시다.
2~3	재미있는 말의 느낌을 살려 시를 읽어 봅시다.
4	**이야기에 나타난 인물의 마음이나 기분을 알아봅시다.**
5~6	인물의 마음이나 기분을 생각하며 이야기를 읽어 봅시다.

| 동기유발 | ★ 『강아지똥』의 마음이나 기분 떠올리기 |

⬇

| 학습문제 제시 | 이야기에 나타난 인물의 마음이나 기분을 알아봅시다. |

⬇

활동	★ 이야기의 내용 파악하기
	★ 인물의 마음이나 기분 알아보기
	★ 인물의 마음이나 기분 생각하며 실감 나게 이야기 읽기

⬇

| 정리 | ★ 인물의 마음이나 기분 생각하기 |

♥ 교과서 관련 활동 / ★ 추가 제시 활동

[동기유발] 『강아지똥』의 마음이나 기분 떠올리기

활동 목적

이 차시의 목표는 이야기에 나타난 인물의 마음이나 기분을 알아보는 것이다. 학생들이 잘 알고 있는 그림 동화 속 주인공의 마음이나 기분을 떠올려 본다.

활동 방법

2학년 1학기 듣말 6단원에서 공부했던 『강아지똥』 이야기를 들려준다.

교사가 그림 동화를 직접 읽어주어도 좋고, CD에 수록된 동영상 자료를 보여 주어도 좋다.

① 닭과 병아리들의 말을 들었을 때 강아지똥의 마음이나 기분 말하여 보기

   (자신이 더럽고 아무짝에도 쓸모없다는 말을 듣고 마음이 몹시 아팠을 것입니다.)

② 민들레의 말을 들었을 때 강아지똥의 마음이나 기분 말하여 보기

   (자신이 거름이 되어주면 예쁜 꽃을 피울 수 있다는 말을 듣고 기뻤을 것입니다.)

[학습문제 제시]

> 이야기에 나타난 인물의 마음이나 기분을 알아봅시다.

[활동 1] 이야기의 내용 파악하기

활동 목적

학생들이 이야기를 읽고 내용을 잘 파악하였는지 알아보는 활동이다. 질문에 대답하면서 스스로 내용을 잘 이해하였는지 점검할 수 있다.

활동 방법

① 이야기에 등장하는 인물은 누구누구입니까?

   (양반과 돌쇠입니다.)

② 양반은 돌쇠를 데리고 산에서 무엇을 하였습니까?

   (꿩 사냥을 하였습니다.)

③ 꿩고기가 혼자 먹고 싶은 양반은 돌쇠에게 무엇을 하자고 하였습니까?

   (시를 먼저 짓는 사람이 고기를 다 먹자고 하였습니다.)

④ 시를 먼저 지은 사람은 누구입니까?

   (돌쇠가 먼저 시를 지었습니다.)

[활동 2] 인물의 마음이나 기분 알아보기

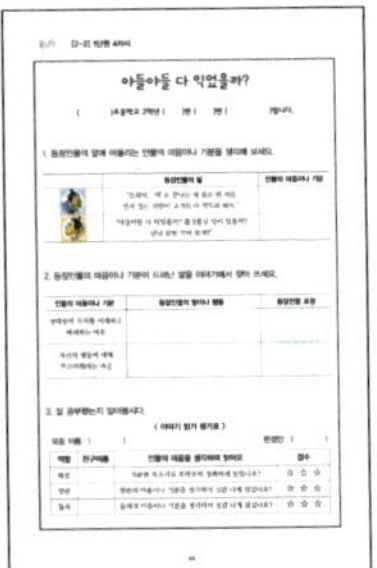

활동 목적

차시 학습 목표 도달을 위한 가장 중심이 되는 활동이다. 등장인물이 왜 그렇게 말하였는지 그 까닭을 생각해 보게 함으로써 등장인물의 말에 숨어있는 마음이나 기분을 찾아내는 활동이다.

활동 방법

교과서 관련 활동을 보조할 수 있는 학습 활동지를 제작하여 활용한다.

1. 등장인물의 말에 어울리는 인물의 마음이나 기분을 생각해 보세요.

	등장인물의 말	인물의 마음이나 기분
	"돌쇠야, '꺄' 로 끝나는 세 줄로 된 시를 먼저 짓는 사람이 고기를 다 먹도록 하자."	혼자 먹고 싶은 마음
	"야들야들 다 익었을까? 쫄깃쫄깃 맛이 있을까? 냠냠 한번 먹어 볼까?"	

2. 등장인물의 마음이나 기분이 드러난 말이나 행동을 찾아보세요.

인물의 마음이나 기분	등장인물의 말이나 행동	등장인물 표정
상대방의 처지를 이해하고 배려하는 마음		
자신의 행동에 대해 부끄러워하는 마음		

→ 이야기를 천천히 다시 읽으며 등장인물의 마음이나 기분이 드러난 말과 행동에 밑줄을 긋는다.

[활동 3] 인물의 마음이나 기분 생각하며 실감 나게 이야기 읽기

활동 목적

인물의 마음이나 기분에 대한 이해를 바탕으로 글을 다시 읽어보는 활동이다. 모둠별로 역할을 정하고 등장인물이 되어 실감 나게 읽어본다.

활동 방법

① 네 명을 한 모둠으로 한다.

② 한명은 해설자가 되어 이야기가 서술된 부분을 읽는다.

③ 두 명은 각각 양반, 돌쇠가 되어 등장인물이 한 말을 실감 나게 읽는다.

④ 나머지 한 명은 판정인이 되어 누가 가장 글을 잘 읽었는지 평가한다.

〈 이야기 읽기 평가표 〉			
(알콩달콩) 모둠		판정인 : (이주희)	
역할	친구 이름	인물의 마음을 생각하며 읽어요	점수
해설	김아름	차분한 목소리로 또박또박 정확하게 읽었나요?	☆ ☆ ☆
양반	윤민영	양반의 마음이나 기분을 생각하며 실감 나게 읽었나요?	☆ ☆ ☆
돌쇠	박혜선	돌쇠의 마음이나 기분을 생각하며 실감 나게 읽었나요?	☆ ☆ ☆

[정리] 인물의 마음이나 기분 생각하기

인물이 왜 그렇게 말하였는지를 생각해 본다.

퐁퐁이와 툴툴이

 학습개요

1	시를 읽고, 재미있는 말을 찾아봅시다.
2~3	재미있는 말의 느낌을 살려 시를 읽어 봅시다.
4	이야기에 나타난 인물의 마음이나 기분을 알아봅시다.
5~6	**인물의 마음이나 기분을 생각하며 이야기를 읽어 봅시다.**

동기유발	★ 친구 생각하며 별명 짓기

↓

학습문제 제시	인물의 마음이나 기분을 생각하며 이야기를 읽어 봅시다.

↓

활동	★ 이야기의 내용 파악하기
	★ 글 속에 나타난 인물의 마음이나 기분 찾기
	★ 내가 등장인물이라면? – 퐁퐁이 연못 툴툴이 연못 만들기

↓

정리	★ 자기 점검 활동 하기

♥ 교과서 관련 활동 / ★ 추가 제시 활동

수업활동

[동기유발] 친구 생각하며 별명 짓기

활동 목적

주인공의 말, 행동이나 표정에 주의를 기울이며 읽어야 인물의 마음이나 기분을 파악할 수 있다. 평소 친구들의 말, 행동이나 표정을 떠올리며 읽을 이야기와 관련하여 별명 짓기 활동을 해 본다.

활동 방법

반 친구들의 다양한 표정이나 행동이 담긴 사진을 준비하여 보여주고 어울리는 별명을 지어본다. 툴툴이, 방긋이, 척척이, 똑똑이 등의 예시를 제시하여 준다. 이때 친구의 마음이나 기분을 상하게 하는 별명은 짓지 않도록 미리 주의를 준다.

[학습문제 제시]

인물의 마음이나 기분을 생각하며 이야기를 읽어 봅시다.

[활동 1] 이야기의 내용 파악하기

활동 목적

인물의 마음이나 기분을 생각하는 본격적인 문학 감상 활동 전에 이야기의 내용을 깊이 있게 이해하기 위한 활동이다.

활동 방법

교과서에 제시된 내용 파악 질문을 좀더 보충하여 학생들에게 제시한다.

① 툴툴이는 목마른 동물들에게 어떻게 하였나요?

   (아무에게도 물을 나누어주지 않았습니다.)

② 퐁퐁이는 목마른 동물들에게 어떻게 하였나요?

   (가슴 속 물을 넉넉히 나누어 주었습니다.)

③ 퐁퐁이가 목마른 동물들에게 샘물을 나누어 준 까닭은 무엇인가요?

   (옹달샘이니까 가슴 가득 고여있는 샘물을 나누어 주어야 한다고 생각했습니다.)

④ 툴툴이 옹달샘은 왜 퐁퐁이 옹달샘이 바짝 말랐을 거라 생각했나요?

   (많은 동물들이 퐁퐁이 옹달샘의 물을 마셨기 때문입니다.)

⑤ 숲 속 동물들이 왜 툴툴이를 까맣게 잊었을까요?

   (바람이 지나갈 때마다 떨어진 나뭇잎이 툴툴이 옹달샘 위에 쌓였기 때문입니다.)

⑥ 퐁퐁이 옹달샘에 떨어진 나뭇잎들은 누가 치워 주었나요?

   (퐁퐁이 옹달샘에 물을 먹으러 온 다람쥐가 나뭇잎을 치워 주었습니다.)

[활동 2] 글 속에 나타난 인물의 마음이나 기분 찾기

　등장인물의 말과 행동 속에는 인물의 마음이나 생각이 직접 드러나 있기도 하고 숨어 있기도 하다. 등장인물의 말과 행동을 주의 깊게 읽으면서 마음과 기분이 어떠하였을지 생각해 본다.

① 모둠은 4명으로 구성하고 한 사람에게 나무 막대 2개씩 나누어 준다.

② 등장인물의 말 또는 행동을 나무 막대에 네임펜으로 쓰되 모둠원끼리 겹치지 않도록 상의한다.

③ 큰따옴표 안의 등장인물의 말을 모두 다 쓰려면 나무 막대의 면이 부족하므로 한 문장만 골라서 적는다.

④ 미리 준비해 놓은 우유팩을 재활용한 상자에 나무 막대를 꽂아 둔다.

⑤ 모둠원은 돌아가면서 나무 막대를 하나씩 뽑고 적혀 있는 내용을 큰 소리로 읽는다.

⑥ 나무 막대에 적혀 있는 말 또는 행동에 드러난 인물의 마음이나 기분에 대하여 모둠 친구들과 함께 이야기를 나눈다.

등장인물의 말과 행동 찾아보기

막대에 등장인물의 말이나 행동 적기

나무 막대에 적힌 내용 다 함께 살펴보기

그때 등장인물의 마음이나 기분이 어떠하였을지 친구들과 함께 말하여 보기

수업 활동이 끝난 후, 나무 막대를 끈으로 엮어 교실에 전시하면 좋아요.

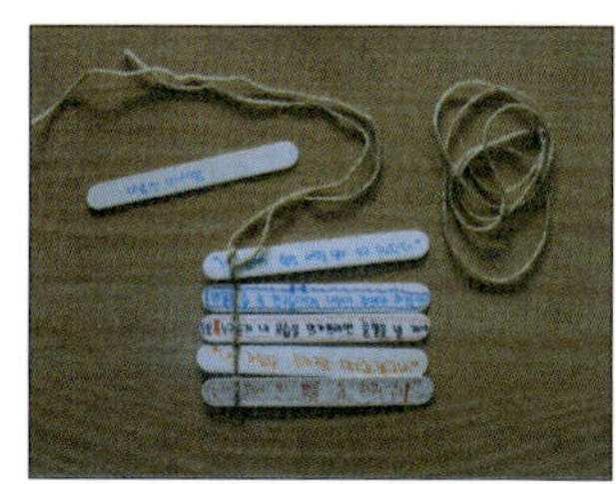

끈으로 연결하기

나무 막대 책 완성

[활동 3] 내가 등장인물이라면? – 퐁퐁이 연못 툴툴이 연못 만들기

활동 목적

학생들이 등장인물이 되어 마음과 기분을 표현해 보는 활동이다.

활동 방법

① 뚜껑이 있는 투명 아이스음료 컵을 나누어 준다.

② 아이스음료 컵 안에 두루마리처럼 둥글게 말려 들어갈 수 있는 크기의 종이에 학습 활동을 제시하여 나누어 준다.

③ 왼쪽 면에는 툴툴이나 퐁퐁이가 되어 얼굴 표정을 그린다.

④ 오른쪽 면에는 목마른 동물들이 물을 달라고 하였을 때 툴툴이나 퐁퐁이가 했던 말을 적고 그때 인물의 기분이나 마음을 적는다.

⑤ 연못 제작이 끝난 후 친구들에게 툴툴이나 퐁퐁이 표정을 보여주고, 자신은 정리한 내용을 보며 등장인물의 마음이나 기분이 어떠하였을지 발표한다.

준비물 _ 뚜껑이 있는 투명 아이스음료 컵, 색연필, 싸인펜, 학습 활동 종이(뒷면 192쪽 양식)

1. 학습활동 제시

☐ 연못	목마른 동물들이 물을 달라고 하였을 때 ☐ 가 한 말
	목마른 동물들이 물을 달라고 하였을 때 ☐ 의 기분

– 등장인물의 마음이나 기분을 그림으로 표현 한다.

– 등장인물이 한 말과 그때의 기분을 글로 적는다.

2. 학습 활동 결과 예시

3. 전시하기

〈 이야기 읽기 자기평가표 〉	
이름 : ( )	
인물의 마음이나 기분을 생각하며 읽어요	점수
인물의 말과 행동을 주의 깊게 살피며 읽었나요?	☆ ☆ ☆
인물이 왜 그런 말과 행동을 했는지 생각하며 읽었나요?	☆ ☆ ☆
인물의 마음과 기분을 조리있게 말해 보았나요?	☆ ☆ ☆

재미가 솔솔

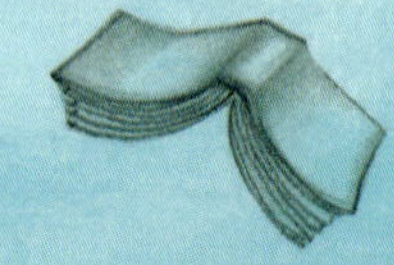

이야기나 만화영화에 나오는 인물의 말을 실감 나게 표현하여 보면 내용을 잘 이해할 수 있고 재미도 있습니다. 이야기나 만화영화에 나오는 인물의 말을 실감 나게 표현하여 봅시다.

🏰 단원 소개

  본 단원은 만화영화라는 매체 언어를 활용하여 작품에 나오는 인물의 말을 실감 나게 표현하는 것을 목표로 한다. 작품 속 인물의 말을 실감 나게 표현하기 위해서는 인물의 성격이나 상황을 이해하는 능력이 필요한데 이는 곧 문학 감상 능력과 연결된다. 이 단원에서 만화영화를 도입한 것은 학생들이 흥미를 유발하고, 현재 학생들의 매체 활용 상황을 적극 반영한 것이다. 그러므로 만화영화라는 매체를 볼 때 등장인물의 말을 실감 나게 표현해보는 활동을 통하여 만화영화의 이해와 감상능력을 신장시키도록 한다.

🏰 제재 분석

  「**뽀로로**」는 귀엽고 깜찍한 캐릭터가 사랑스러운 작품으로 저학년 어린이들을 겨냥한 교육용 애니메이션으로 제작되었지만, 탄탄한 스토리 구성과 특유의 코믹함으로 남녀노소 가리지 않고 넓은 팬층을 확보한 인기 국산 애니메이션이다. 세상이 온통 눈과 얼음으로 뒤덮여있는 얼음 나라의 작은 숲속 마을에 꼬마 동물들이 모여 살고 있었다. 호기심 많은 꼬마 펭귄 뽀로로, 외모만큼이나 너그럽고 순박한 성격을 가진 백곰 포비, 항상 잘난 척하고 남의 일에도 사사건건 참견하기 좋아하는 여우 에디, 마음이 여리고 부끄러움도 많은 소심한 비버 루피가 바로 그 주인공. 외모만큼이나 성격이나 관심도 제각각이어서 이 작은 숲속 마을에는 하루도 바람 잘 날이 없이 매일매일 크고 작은 소동이 벌어진다.

  「**어린 양과 늑대**」는 어린이들이 작품 속 등장인물의 말과 행동을 쉽게 파악하여 표현할 수 있도록 등장인물의 상황을 간단하고 분명하게 제시하고 있다. 화창한 가을 날 각기 성격이 다른 어린 양들이 한가로이 모여 풀을 뜯으며 나누는 담소와 늑대가 나타남으로 인하여 반전되는 상황에 처한 어린양들의 행동과 대화가 주요 포인트이다.

  「**아기공룡 둘리**」는 1983년에 탄생하여 그 당시 최고의 월간지 〈보물섬〉에 연재되어 선풍적인 인기를 끈 후, 1986~1987년도에 텔레비전용 애니메이션 만화로 만들어져 인기를 모았다. 둘리는 빙하기 때 얼음 속에서 갇혀 있다가 어느 날 갑자기 서울로 오게 된 초록빛 아기공룡이다. 언제나 혀를 반쯤 빼물고 있어 바보처럼 보이지만 엄마를 항상 그리워하며 아이들을 지키기 위해 초능력을 발휘하는 사랑스러운 개구쟁이이다.

깐따비아 별에서 우연히 지구에 불시착한 도우너, 얌체 타조 또치, 언제나 둘리 일행을 집에서 쫓아낼 궁리를 하지만 번번히 당하고 마는 길동이 아저씨, 슈퍼아기 희동이와 함께 살아가는 매일매일은 언제나 시끄럽고 사고투성이이지만, 둘리의 초능력과 서로를 위한 우정 덕분에 즐겁기만하다.

교과서 단원 구성

차시	교과서 쪽수	차시 문제	교과서 학습활동
1	듣말 85~87	만화영화를 보고, 실감 나게 표현하고 싶은 말을 찾아봅시다.	1. 인물이 하는 말에 주의하며 「뽀로로가 아파요?」를 봅시다. 2. 「뽀로로가 아파요?」를 다시 보고, 물음에 답하여 봅시다. 3. 「뽀로로가 아파요?」에서 실감 나게 표현하고 싶은 인물의 말을 떠올려 보기처럼 말하여 봅시다.
2	듣말 88~89	인물의 말을 실감 나게 표현하는 방법을 알아봅시다.	1. 양들이 어떻게 말하였는지에 주의하며 「어린양과 늑대」를 들어 봅시다. 2. 「어린양과 늑대」를 다시 듣고, 물음에 답하여 봅시다. 3. 「어린양과 늑대」에 나오는 인물의 말 중에서 실감 나게 표현된 부분을 찾아봅시다. 4. 이야기에 나오는 인물의 말을 실감 나게 표현하는 방법을 알아봅시다. 5. 어린양들이 한 말을 실감 나게 표현하여 봅시다.
3~4	듣말 90~95	만화영화를 보고, 인물의 말을 실감 나게 표현하여 봅시다.	1. 인물이 하는 말에 주의하며 「아기공룡 둘리」를 봅시다. 2. 인물이 하는 말에 주의하며 「아기공룡 둘리」의 한 부분을 봅시다. 3. 「아기공룡 둘리」의 한 부분을 다시 보고, 물음에 답하여 봅시다. 4. 「아기공룡 둘리」의 한 부분을 역할놀이로 꾸미려고 합니다. 모둠별로 역할을 정하여 봅시다. 5. 내가 맡은 역할을 생각하며 실감 나게 표현하는 연습을 해 봅시다.

뽀로로

학습개요

1	만화영화를 보고, 실감 나게 표현하고 싶은 말을 찾아봅시다.
2	인물의 말을 실감 나게 표현하는 방법을 알아봅시다.
3 ～ 4	만화영화를 보고, 인물의 말을 실감 나게 표현하여 봅시다.

동기유발	★ 「뽀롱뽀롱 뽀로로」 노래 듣기
	♥ 「뽀로로」에 나오는 인물 그림 보며 이름 알아맞히기

⬇

학습문제 제시	만화영화를 보고, 실감 나게 표현하고 싶은 말을 찾아봅시다.

⬇

활동	♥ 내용 파악하기 – 퀴즈 학습 활동지
	★ 등장인물의 성격 알아보기 – 인물사전 만들기
	★ 등장인물의 감정 알아보기 – 인물감정곡선
	♥ 실감 나게 표현하고 싶은 인물의 말 흉내 내기

⬇

정리	실감 나게 표현하고 싶은 말 찾기

♥ 교과서 관련 활동 / ★ 추가 제시 활동

수업활동

[동기유발 1] 「뽀롱뽀롱 뽀로로」 노래 듣기

활동 목적

이 차시의 제재는 2학년 학생들이 취학 전부터 접하여 익숙한 상태이다. 학생들이 좋아하는 뽀롱뽀롱 뽀로로 주제가를 신나게 부르면서 제재를 떠올려 보도록 한다.

활동 방법

http://music.naver.com/album.nhn?tubeid=177505에 접속하여
「뽀롱뽀롱 뽀로로」 노래 부르기

[동기유발 2] 「뽀로로」에 나오는 인물 그림 보며 이름 알아맞히기

활동 목적

이 차시의 학습 목표는 만화영화를 보고 실감 나게 표현하고 싶은 부분 찾기인 만큼 등장인물에 대한 파악이 선행되어야 할 것이다.

활동 방법

① 뽀로로에 나오는 인물그림을 준비한다. (뽀로로, 크롱, 포비)

② 학생들에게 그림을 하나씩 보여주고 인물의 이름을 알아맞히도록 한다.

③ 개별 활동으로 할 수도 있고, 모둠 협동학습으로 할 수도 있다.

[학습문제 제시]

만화영화를 보고, 실감 나게 표현하고 싶은 말을 찾아봅시다.

[활동 1] 내용 파악하기 – 퀴즈 학습 활동지

활동 목적

교과서의 내용 파악 질문 두 가지로, 어떤 일이 있었는지 알아보는 것에 초점을 두고 있다. 여기서는 교과서의 질문 외에 이야기의 내용을 자세하게 이해할 수 있도록

돕는 다양한 질문을 마련하여 퀴즈 학습 활동지로 제작한 후 학생들이 활용하면서 이야기의 전체적인 내용파악을 할 수 있게 하였다.

활동 방법

교사는 미리 내용 파악을 위한 퀴즈 학습 활동지를 준비한다. 학생들은 질문에 대한 답을 작성한다. (개인별로 할 수도 있고, 모둠원이 협력하여 답을 작성할 수도 있다.) 제한된 시간 동안 답을 작성하고 스스로 채점하면서 오답을 수정한다.

질문에 답하면서 자연스럽게 이야기의 구성 요소를 알 수 있도록 하면 좋다.

① 어디에서 일어난 일인가요? 뽀로로의 집 (공간적 배경 알기)

② 등장인물은 누구누구인가요? 뽀로로, 크롱, 포비 (등장인물 알기)

③ 크롱은 어떤 장난을 하였나요?

　마룻바닥에 낙서하기, 장난감으로 방 어지르기 (사건 알기)

④ 뽀로로는 정말로 아팠을까요? 아프지 않았다. (사건 알기)

[활동 2] 등장인물의 성격 알아보기 – 인물사전 만들기

활동 목적

등장인물의 말을 실감 나게 표현하기 위해서는 등장인물의 성격을 파악하는 것이 선행되어야 할 것이다.

준비물 _ A4용지 (절반 사이즈), 싸인펜

활동 방법

① A4용지를 가로로 이등분하여 학생 수 만큼 준비한다.

② 종이를 4등분으로 나누어 각 부분의 상단에 뽀로로에 나오는 등장인물의 이름을 적고 하단에는 등장인물의 성격을 적는다.

③ 다 적었으면 모둠원끼리 돌아가며 자신이 적은 인물사전을 발표한다.

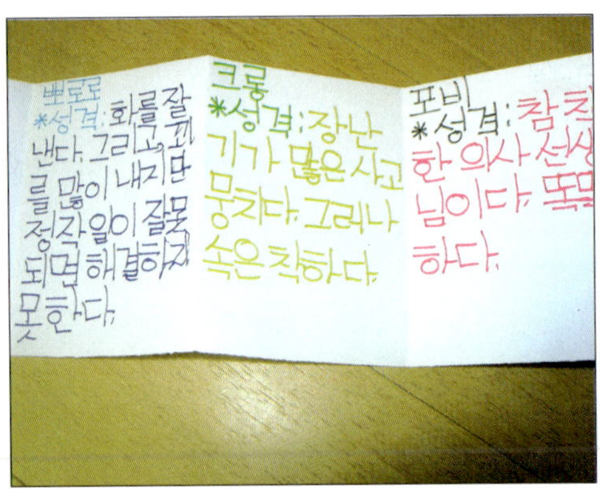

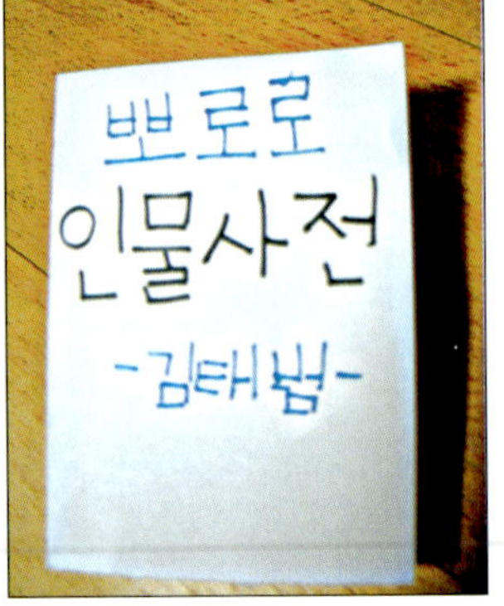

[활동 3] 등장인물의 감정 알아보기 – 인물감정곡선

활동 목적

　인물의 기분을 파악하여 기분이 좋은 장면과 기분이 좋지 않은 장면을 구분하여 감정곡선으로 표현한다. 등장인물의 감정을 이해함으로써 실감 나게 표현하는 이에 도움이 될 것이다.

활동 방법

① A4용지를 두 부분으로 나누어 '+'와 '–'영역으로 나눈다.

② 사건의 순서에 따라 인물의 기분이 좋았다면 '+'영역에 상황을 표시하고 인물의 기분이 나빴다면 '–'영역에 상황을 표시한다.

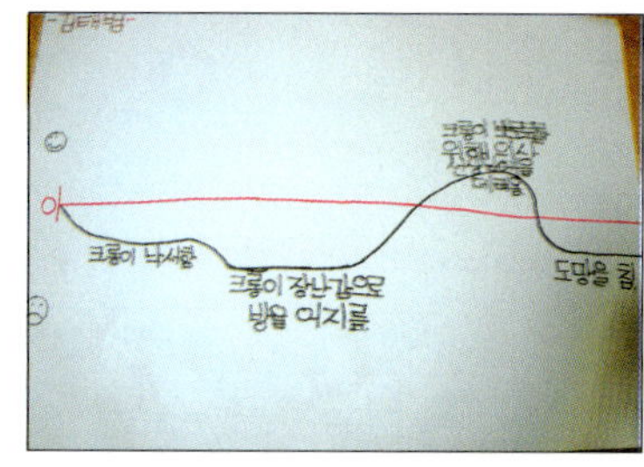

③ 자신이 그린 인물감정곡선을 발표하고 친구들의 발표를 듣는 시간을 가지면서 인물의 감정을 정확하게 표현한다.

[활동 4] 실감 나게 표현하고 싶은 인물의 말 흉내 내기

활동 목적

　교과서 5쪽에 자신이 실감 나게 표현하고 싶은 인물의 말을 찾아서 쓰고난 다음 어떤 표정을 지으며 말해야할지 생각하고 간단하게 그림으로 그린 후 발표해보는 활동이다.

활동 방법

① 폭 5cm정도의 머리에 쓸 수 있는 부직포 머리띠를 준비한다. (모둠별 1개)

② 머리띠 양 끝에 벨크로 테이프를 붙여서 길이 조절이 가능하도록 한다.

③ 지름 15cm정도의 원모양 종이를 나누어 준 후 자신이 실감 나게 표현하고 싶은 인물의 말에 어울리는 표정을 간단히 그린다.

④ 부직포 머리띠에 표정 그림을 붙이고 실감 나게 표현하고 싶은 인물의 말을 흉내 낸다. (모둠별 활동 가능)

⑤ 가장 잘 발표한 친구를 칭찬한다.

[정리] 실감 나게 표현하고 싶은 말 찾기

① 인물이 처한 상황이 어떠한지 알아본다.

② 인물의 표정이나 몸짓이 어떠한지 알아본다.

③ 인물의 목소리가 어떠한지 알아본다.

어린양과 늑대

 학습개요

1	만화영화를 보고, 실감 나게 표현하고 싶은 말을 찾아봅시다.
2	인물의 말을 실감 나게 표현하는 방법을 알아봅시다.
3 ~ 4	만화영화를 보고, 인물의 말을 실감 나게 표현하여 봅시다.

| 동기유발 | ★ 다양한 목소리 놀이하기 |

↓

| 학습문제 제시 | 인물의 말을 실감 나게 표현하는 방법을 알아봅시다. |

↓

| 활동 | ♥ 내용 파악하기
★ 등장인물의 행동 실감 나게 표현하기 – 몸으로 표현하는 이야기
♥ 등장인물의 말 실감 나게 표현하기 – 빨대 인형극 |

↓

| 정리 | ★ 인물의 말을 실감 나게 표현할 때 알아야 할 것 정리하기
 – 이야기 조각 맞추기 |

♥ 교과서 관련 활동 / ★ 추가 제시 활동

수업활동

[동기유발] 다양한 목소리 놀이하기

활동 목적

말을 실감 나게 표현하는 활동을 하기 전에 다양한 높낮이, 억양의 목소리를 내어 보는 놀이를 하면서 본시 활동에 대한 흥미를 갖게 한다.

활동 방법

① 교사는 PPT나 판서 등을 통하여 문장을 제시한다.

② 주어진 조건에 맞춰 다양한 높낮이와 억양으로 문장을 읽어 본다.

(제시할 문장의 예)

– 높은 목소리 : 도둑이야! 도둑이야! 저 사람 좀 잡아주세요!

– 낮은 목소리 : 쉿! 이건 비밀이야. 아무한테도 말하면 안 돼!

– 빠른 목소리 : 앗, 버스가 출발하려고 해! 얼른 타자!

– 느린 목소리 : 눈이 소복이 오는 날, 방에서는 엄마가 아기를 토닥거리며 자장가를 불러 줍니다.

– 힘있는 목소리 : 걱정 마! 나만 믿어!

– 힘없는 목소리 : 아니야, 아무일도 아니야.

[학습문제 제시]

인물의 말을 실감 나게 표현하는 방법을 알아봅시다.

[활동 1] 내용 파악하기

활동 목적

내용 파악 및 인물의 상황을 알아봄으로써 인물이 한 말을 실감 나게 표현하기 위해 말의 높낮이, 빠르기, 목소리의 크기 등의 언어적 요소와 표정이나 몸짓, 손짓 등의 비언어적 요소로 표현할 수 있음을 깨달을 수 있다.

활동 방법

① 그림 **1**에서 어린양들은 무엇을 하고 있나요?

(어린양들이 언덕 위에서 편안하게 풀을 뜯어 먹고 있습니다.)

② 그림 **1**에서 어린양들이 한 말은 무엇인가요?

(어유, 배불러. 너무 많이 먹었나? / 밥을 많이 먹었더니 졸려.)

③ 어린양들의 말과 어울리는 표정을 지어봅시다.

준비물 _ 8절 도화지(또는 A4용지), 테이프, 풀, 가위, 화보가 많이 실린 잡지

(편안한 표정, 따분한 표정)

④ 그림 **2**에서 어린양들은 무엇을 하고 있나요?

  (늑대를 피해서 도망가고 있습니다.)

⑤ 그림 **2**에서 어린양들이 한 말은 무엇인가요?

  (뭐, 늑대라고? / 어서 도망가자.)

⑥ 어린양들의 말과 어울리는 표정을 지어봅시다.

  (놀란 표정, 매우 급한 표정)

[활동 2] 등장인물의 행동 실감 나게 표현하기 – 몸으로 표현하는 이야기

활동 목적

실감나게 표현한다는 것은 넓은 의미로 인물의 말뿐만 아니라 행동까지 생생하게 표현하는 것이다. 말과함께 몸짓이나 표정도 인물이 마음을 반영하는 요소이므로 정지영상을 통해 실감 나게 표현해 본다.

활동 방법

① 놀이 규칙을 안내한다.

  〈 규칙 〉 ▶ 큰 소리를 내지 않는다.

         ▶ 남을 따라 하지 않는다.

         ▶ 선생님이 '얼음' 하고 말하면 어떤 상황이든 그대로 멈춘다.

         ▶ 땀 흘리며 열심히 한다.

② 시작하기 전에 상황에 빠져들도록 충분히 분위기를 잡는다.

③ 이야기를 천천히 들려주면 아이들이 이야기에 맞는 자기만의 표현을 한다.

④ 이야기 중간중간에 '얼음' 을 외쳐 주위를 집중시킨 다음, 잘 표현한 아이를 격려해주거나 아이들에게 간단한 질문을 할 수 있다.

⑤ 이야기의 흐름에 따라 아이들은 등장인물을 원하는 대로 바꿀 수 있다.

[활동 3] 등장인물의 말 실감 나게 표현하기 – 빨대 인형극

준비물 _ 구부러지는 빨대, 손가락 크기의 인물그림, 셀로판테이프

활동 목적

빨대 인형극을 하며 등장인물의 말을 실감 나게 표현해본다. 말의 높낮이, 빠르기, 크기, 세기, 음색 등을 생각하면서 표현해야 실감이 난다는 것을 알게 한다.

활동 방법

① 구부러지는 빨대, 손가락 크기의 인물그림, 셀로판테이프를 준비한다.

  (간단한 배경을 그려 넣어도 좋음)

② 인물 그림을 빨대 끝에 붙이고 모둠별로 인형극을 해본다.

③ 활동이 끝난 후 상호평가표에 기록한다.

〈 상호평가표 예시 〉

평가내용	친구이름
말의 높낮이가 적당했나요?	
말의 빠르기가 적당했나요?	
목소리의 크기가 적당했나요?	

[정리] 인물의 말을 실감 나게 표현할 때 알아야 할 것 정리하기
– 이야기 조각 맞추기

활동 목적

차시 학습 목표와 관련하여 인물의 말을 실감 나게 표현하는 방법을 확인한다.

활동 방법

① 실감 나는 표현과 관련된 단어들이 적힌 카드를 학생들에게 나눠준다.

② 학생들은 카드 중에서 인물의 말을 실감 나게 표현할 때 생각해야 한 것만 골라서 문장을 완성하여 말하여 본다.

〈학생들에게 줄 카드〉

말의 높낮이	말의 빠르기	말소리의 크기
말소리의 세기	표정	몸짓
손짓	옷차림	글을 읽듯이

준비물 _ 조각카드

아기공룡 둘리

학습개요

1	만화영화를 보고, 실감 나게 표현하고 싶은 말을 찾아봅시다.
2	인물의 말을 실감 나게 표현하는 방법을 알아봅시다.
3~4	**만화영화를 보고, 인물의 말을 실감 나게 표현하여 봅시다.**

| **동기유발** | ★ 「아기공룡 둘리」 주제가 부르기 |
| | ♥ 「아기공룡 둘리」를 본 경험 이야기하기 |

↓

| **학습문제 제시** | 만화영화를 보고, 인물의 말을 실감 나게 표현하여 봅시다. |

↓

활동	♥ 내용 파악하기 – 두루마리 퀴즈
	★ 인물 분석하기 – 이야기 상자 놀이
	♥ 실연하기 – 역할극 하기

↓

| **정리** | ★ 주인공에게 편지쓰기 |

[보충활동] 그림 동화에 나오는 인물의 말 실감 나게 표현하기
[심화활동] 동영상 속 인물의 말을 실감 나게 표현하기

♥ 교과서 관련 활동 / ★ 추가 제시 활동

[동기유발 1] 「아기공룡 둘리」 주제가 부르기

활동 목적

학생들에게 친근한 만화 주제가를 부르면서 「아기공룡 둘리」를 보았던 경험을 떠올린다.

활동 방법

「아기공룡 둘리」 주제가를 율동을 곁들여 즐겁게 불러본다.

[동기유발 2] 「아기공룡 둘리」를 본 경험 이야기하기

활동 목적

「아기공룡 둘리」를 보았던 경험과 등장인물에 대한 이야기를 나눔으로써 배경지식을 활성화한다.

활동 방법

① 「아기공룡 둘리」에 대하여 보거나 들어본 적이 있나요?

② 「아기공룡 둘리」에 나오는 등장인물은 누구누구인가요?

③ 「아기공룡 둘리」에 나오는 등장인물 중 마음에 드는 인물은 누구이고 그 까닭은 무엇인가요? (모둠별로 나누어준 「아기공룡 둘리」 인물카드를 살펴보고 골라 든 후 이야기를 나누어본다.)

준비물 _ 「아기공룡 둘리」 음원

준비물 _ 「아기공룡 둘리」 인물카드

부록 _ 45쪽

둘리 : 말썽꾸러기이지만 마음씨 착하다.

도우너 : 둘리와 가장 친한 친구

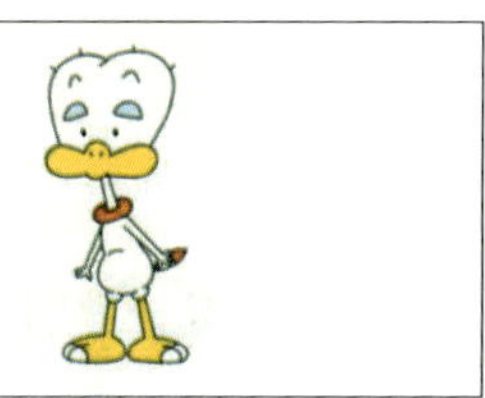

또치 : 이기적이고 친구를 생각하지 않는다.

희동이 : 정도 많고 마음 약하지만 자기만 생각한다.

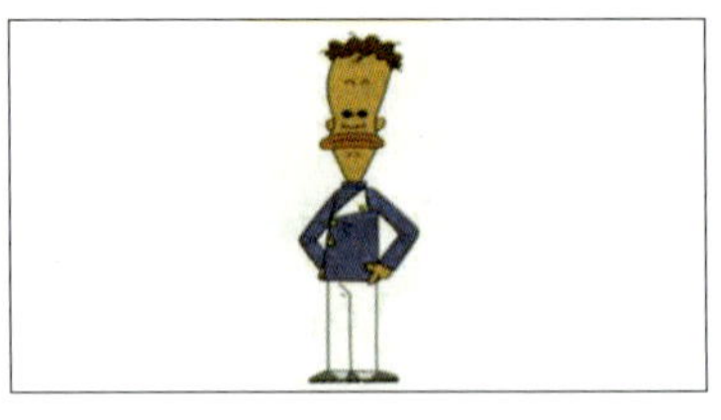

마이콜 : 가수가 꿈이고 자기의 이익을 챙긴다.

고길동 : 둘리가 살고 있는 집주인 아저씨. 둘리와 친구들을 먹여 살린다.

[학습문제 제시]

만화영화를 보고, 인물의 말을 실감 나게 표현하여 봅시다.

[활동 1] 내용 파악하기 - 두루마리 퀴즈

활동 목적

이야기를 읽고 내용을 파악하는 활동을 두루마리 퀴즈 형식으로 진행한다. 부직포를 사용한 두루마리 퀴즈는 학생들의 궁금증을 유발하고 문제를 풀면서 내용 파악을 효과적으로 할 수 있다.

활동 방법

– 작품 속에서 직접 드러나 있는 인물의 대한, 사건에 대한, 배경에 대한 정보를 바탕으로 퀴즈 문제를 만든다. (5개 내외)

① 만든 문제를 부직포에 붙이고 돌돌 말아 두루마리를 만든다.

② 두루마리를 풀어가며 문제를 출제한다.

③ 짝끼리 또는 모둠끼리 퀴즈를 내고 맞히는 활동을 한다.

④ 교사가 문제를 내고 아이들이 공책에 적거나 발표를 통해서 맞출 수도 있다.

– 내용 파악 질문

① 아기공룡 둘리가 여행을 가는 곳은 어디인가?

(우주)

② 둘리와 친구들이 여행을 간 까닭은 무엇인가?

(보물을 찾으려고)

③ 둘리가 탄 기구가 위험에 빠진 까닭은 무엇인가?

(별똥별에 맞을 뻔해서)

④ 둘리와 친구들이 보물을 갖지 못한 까닭은 무엇인가?

(서로 욕심을 부려서)

준비물 _ 가로 30cm, 세로 20cm 정도의 부직포, 포스트잇

⑤ 둘리와 함께 여행을 간 친구들은 누구누구인가?

(마이콜, 또치, 도우너, 희동이)

[활동 2] 인물 분석하기 - 이야기 상자 놀이

활동 목적

「아기공룡 둘리」 동영상을 보고 나서 인물의 말을 실감 나게 표현하기 위해서 인물의 특성와 상황을 파악하는 활동이다.

활동 방법

① 교사가 모둠별로 한 개의 상자를 준비한다.

② 각각의 상자에 인물이 처한 상황을 적은 쪽지를 넣어둔다.

③ 아이들은 한 사람씩 돌아가면서 각각의 상자에서 종이를 한 장씩 꺼내어 그 종이에 적힌 내용에 따라 어떤 표정과 말을 해야 할지 말하거나 실제로 행동해본다.

[활동 3] 실연하기 - 역할극 하기

활동 목적

「아기공룡 둘리」에 나오는 인물들의 말을 실감 나게 표현하기 위하여 여러 가지 역할극 중 하나를 선택하여 실연하도록 한다. 인물의 말과 몸짓 표현에 익숙한 학생들은 가면역할극, 말과 몸짓 표현을 어려워하는 학생들은 가면역할극이나 손가락인형 역할극을 선택하여 모둠을 이루어 연습한 후 실연하도록 한다.

활동 방법

① **막대인형역할극** : 등장인물을 손바닥만하게 그리고 오려서 나무젓가락에 붙여 막대인형을 만든다. 교실 책상으로 작은 무대를 만들고 실연한다.

② **가면역할극** : 「뽀로로」 연극에서 사용했던 부직포 머리띠에 인물 그림을 붙인 후 쓰고 역할극을 실시한다.

③ **손가락인형역할극** : 검지와 중지에 싸인펜으로 등장인물의 특징을 그리거나 종이 접기로 조그만 가면을 만들어 손가락에 끼운다.

④ **손장갑인형역할극** : 목장갑의 손가락 부분에 등장인물을 그린다.

[정리] 주인공에게 편지쓰기

활동 목적

단원의 학습 목표를 달성하고 나서 작품을 내면화하기 위해서 등장인물에게 편지 쓰는 활동을 실시한다.

① 동화 속의 인물을 한 명 정한다.

② 작품을 읽고 느낀 점, 등장인물에게 하고 싶은 말을 생각한 뒤에 편지를 쓴다.

③ 전체 활동으로 친구들에게 소리 내어 읽어 주거나 모둠별로 돌려 읽는다.

 이런 활동도 있어요

[보충활동] 그림 동화에 나오는 인물의 말을 실감 나게 표현하기

활동 목적

동영상 속의 인물의 말이나 행동을 실감 나게 표현하기를 어려워하는 학생들에게 쉽고 친숙한 동화의 한 장면을 제시하고 차시 학습 목표에 도달하도록 돕는다. 지도서에 제시된 『누가 내 머리에 똥 쌌어』나 『강아지똥』, 『돼지책』 등은 교훈적인 내용이면서 재미있는 대화글이 많아 어린이들이 인물의 말을 실감 나게 표현하기에 적절하다.

준비물 _ 그림책의 대화글, 스티커

활동 방법

① 교사가 위에 제시된 책 중 한 권을 골라 실감 나게 표현하기 좋은 대화글이 있는 부분을 선택하여 학생에게 제시한다.

② 어린이들은 각각 다른 스티커를 갖는다.

③ 짝 또는 모둠끼리 대화글을 실감 나게 표현하고 자신이 실감 나게 표현할 부분에는 스티커를 붙여 표시한다.

④ 모든 어린이가 모든 대화글에 스티커를 붙이면 끝낸다.

[심화활동] 동영상 속 인물의 말을 실감 나게 표현하기

활동 목적

교과서에 실린 동영상과 비슷한 동영상을 더 찾아 인물의 말을 실감 나게 표현함으로써 학습 목표에 도달한 어린이들이 자연스럽게 배운 내용을 적용해 볼 수 있다.

준비물 _ 애니메이션 영상 자료

활동 방법

① 교과서에 제시된 KBS, EBS 등의 방송사에서 제공하는 애니메이션 또는 어린이 드라마 중 한 부분을 선택하여 역할극이나 인형극으로 인물의 말을 실감 나게 표현해본다.

② 동영상의 음성을 소거한 후 화면만 보여주고 어린이들이 음성을 더빙하여 인물의 말을 실감 나게 표현해본다.

참고자료

[영상으로 보는 옛이야기]

『그리스 로마신화 : 전설의 수호자들』 (비엠코리아, 2003)

『그리스로마신화 올림포스 가디언』 (이기석, 박병순, SCM, 2005)

『동화나라 ABC』 (동서엔터네인먼트, 2005)

『레오 리오니의 동물우화』 (베네딕도 미디어, 1986)

『미녀와 야수』 (리차드 화이트, 브에나비스타, 2002)

『백설공주와 일곱난쟁이』 (아드리아나 케슬롯티, 브에나비스타, 2001)

『신데렐라』 (월트디즈니, 브에나비스타, 2005)

『애니메이션 세계전래동화 1, 2』 (썬미디어, 2005)

『은비까비의 옛날옛적에』 (DVD엔터, 2006)

『조이북 전래동화 – 조이북 한영동화 시리즈』 (조이북닷컴, 2002)

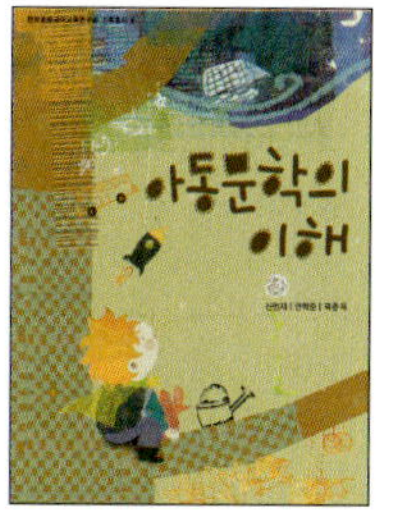

아동문학의 이해
(신헌재 · 권혁준 · 곽춘옥 / 박이정)

재미가 솔솔

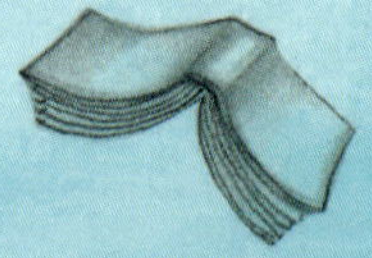

시와 이야기는 내용에 따라 느낌이 다릅니다. 시의 느낌을 살려 소리 내어 읽고,
이야기의 내용에 맞게 뒷이야기를 꾸며 써봅시다.

단원 소개

이 단원의 성취기준은 "느낌을 살려 노래를 부르거나 시를 낭송한다."와 "이어질 내용을 상상하여 이야기를 꾸민다."이다. 정서표현 단원으로, 시의 느낌과 이야기의 내용을 살려 문학적 감수성을 기르는 것이 목표라 할 수 있다.

시의 운율을 살려 낭송하는 활동을 통하여 시에 내포된 의미와 느낌을 잘 이해할 수 있을 것이다. 시의 느낌을 이해하기 위해서 시가 표현하고 있는 내용에 주의를 기울임과 동시에, 시의 운율에 맞춘 표현이 주는 효과를 인지할 수 있도록 동시 카드로 느낌 표현하기, 재미있는 말을 찾아 느낌 살려 읽어 보기, 동요의 가사 바꿔 부르기 등의 활동을 제시하였다.

이야기를 읽은 후에 재미있었던 장면을 말해 보거나, 주인공에게 하고 싶은 말을 하고 뒷이야기를 꾸미는 활동 등을 통해 학생들은 수동적인 위치의 독자에 머무르지 않고 문학 작품에 대한 자신의 생각이나 느낌을 능동적으로 표현해 낼 수 있다. 특히 뒷이야기 꾸미기는 독자가 이야기 구성에 직접 참여한다는 점에서 다른 활동들보다 적극적인 수용 활동이면서 고차원적인 사고가 요구되는 활동이다. 뒷이야기 꾸미기는 학생 개개인의 상상력이 발휘되면서도 앞에서 일어난 일련의 사건에 근거한 개연성 있는 결말이어야 할 것이다. 상상하여 꾸민 이야기가 지나친 비약이나 단절, 허황된 공상이나 재미에 치우치지 않도록 뒷이야기 꾸미는 방법에 대한 학습이 자세히 이루어져야 할 것이다.

제재 분석

「귤 한 개」는 시인 박경용이 쓴 『귤 한 개 : 어린이와 어른을 위한 동시』의 대표 작품이다. 귤의 맛, 색깔, 향기를 소재로 하여 유년 및 저학년 어린이의 수준에 맞게 외형률을 충실히 살려 쓴 정형동시이다.

「산 위에서 보면」은 한국의 원로 아동문학가 김종상의 동시로 동시집 『숲에 가면』에 수록되어 있으며 1960년 서울신문 신춘문예 당선작이다. 사물에 대한 새롭고 참신한 시각과 표현으로 오랫동안 많은 이들에게 사랑받아온 작품이다.

「거꾸로 나라 임금님」은 이준연의 단편 동화집 『거꾸로 나라 임금님』에 실린 작품이다. 주인공 훈이가 산에 놀러 갔다가 길을 잃고 거꾸로 나라에 들어가게 되는데 이곳은 모든 것이 거꾸로 있고 물구나무를 서야만 다닐 수 있는 곳이다. 산토끼와 다람쥐가 훈이에게 거꾸로 나라의 임금님이라며 금빛 왕관을 씌우려 한다. 훈이가 발에 쓰기 싫다며 머리에 쓰려고 안간힘을 쓰는 장면까지 교과서에 수록되어 있다.

『세 발 달린 황소』는 겨레아동문학선집(1~10)의 6권에 실린 단편 동화이다. 1938년부터 1949년까지 한국 아동 문학 초창기에 발표된 짧은 동화들을 10권의 책으로 묶은 겨레 아동 문학 선집은 초창기 한국 아동 문학을 흐름과 문학적 특성을 살펴볼 수 있는 귀중한 자료로, 당시 어린이들의 가치관이나 생활 모습을 발견하는 읽는 재미를 느낄 수 있다. 교과서에 수록된 『세 발 달린 황소』는 정수민이라는 작가의 글인데, 작가와 작가의 다른 작품에 대해서는 알려진 바가 없다.

교과서 단원 구성

차시	교과서 쪽수	차시 문제	교과서 학습활동
1	읽기 105~107	느낌을 살려 시를 읽는 방법을 알아봅시다.	1. 시의 느낌을 생각하며 「귤 한 개」를 읽어 봅시다. 2. 「귤 한 개」를 읽고, 시의 느낌을 알아봅시다. 3. 느낌을 살려 시를 읽는 방법을 알아봅시다.
2~3	읽기 108~111	느낌을 살려 시를 소리 내어 읽어 봅시다.	1. 어떤 느낌이 드는지 생각하며 「산 위에서 보면」을 읽어 봅시다. 2. 「산 위에서 보면」을 읽고, 물음에 답하여 봅시다. 3. 시의 느낌을 살려 「산 위에서 보면」을 다시 읽어 봅시다. 4. 학교에 대한 시를 써 보고, 느낌을 살려 시를 읽어 봅시다.
4	읽기 112~114	이어질 이야기를 꾸미는 방법을 알아봅시다.	1. 어떤 일이 이어질지 상상하며 「거꾸로 나라 임금님」을 읽어 봅시다. 2. 『거꾸로 나라 임금님』을 읽고, 뒷이야기 꾸미는 방법을 알아봅시다. 3. 『거꾸로 나라 임금님』의 뒷이야기 상상하여 꾸며 봅시다.
5~6	읽기 115~121	이야기를 읽고, 뒷이야기를 상상하여 꾸며 봅시다.	1. 이어질 이야기를 상상하며 『세 발 달린 황소』를 읽어 봅시다. 2. 『세 발 달린 황소』를 읽고, 물음에 답하여 봅시다. 3. 『세 발 달린 황소』를 다시 읽고, 이어질 이야기를 상상하여 써봅시다. 4. 『세 발 달린 황소』를 읽고, 인물이 한 일에 대한 나의 느낌을 말하여 봅시다.

귤 한 개

 **학습개요**

1	느낌을 살려 시를 읽는 방법을 알아봅시다.
2~3	느낌을 살려 시를 소리 내어 읽어 봅시다.
4	이어질 이야기를 꾸미는 방법을 알아봅시다.
5~6	이야기를 읽고, 뒷이야기를 상상하여 꾸며 봅시다.

동기유발	★ 여러 가지 느낌으로 율동과 함께 「올챙이와 개구리」 노래하기

학습문제 제시	느낌을 살려 시를 읽는 방법을 알아봅시다.

활동	♥ 「귤 한 개」 읽고 내용 파악하기 ★ 「귤 한 개」 느낌을 살려 읽는 방법 알아보기 ★ 동시 카드로 느낌 표현하기 ★ 동시 읽고 재미있는 말을 찾아 느낌을 살려 읽어보기 ♥ '시의 느낌을 살려 읽는 방법' 알아보기

정리	★ 「귤 한 개」 생각그물 만들기

♥ 교과서 관련 활동 / ★ 추가 제시 활동

수업활동

[동기유발] 여러 가지 느낌으로 율동과 함께 「올챙이와 개구리」 노래하기

활동 목적

학생들에게 친숙한 동요를 율동과 함께 배우고 여러 가지 방법으로 노래해 보면서 '느낌을 살리는 것'이 무엇인지 이해한다.

활동 방법

① 율동과 함께 「개구리와 올챙이」 노래를 부른다.

② 1/2배속으로 천천히, 슬픈 느낌으로 노래를 불러 본다.

③ 빠르고 경쾌하게 노래를 불러 본다.

④ 어떤 느낌이 더 어울리는지 이야기해 보고, 느낌을 살린다는 것이 무엇을 의미하는지 생각한다.

여기서 잠깐

노래나 시를 통하여 느낌을 살릴 때는 흉내 내는 말, 반복되는 말과 같이 운율이 느껴지거나 비유적인 표현, 사물이나 동식물을 사람에 빗대어 나타낸 표현 등에 유의한다. 단어에 대한 잘못된 고정관념을 갖지 않도록 학습자의 여러 가지 의견에 열린 태도를 갖는다.

부록 _ 46쪽

올챙이와 개구리
(윤현진 작사 · 작곡 / 풀잎 동요마을)

[학습문제 제시]

느낌을 살려 시를 읽는 방법을 알아봅시다.

[활동 1] 「귤 한 개」 읽고 내용 파악하기

활동 목적

시를 읽고, 내용을 파악할 수 있다.

① 교과서 106~107쪽의 동시 「귤 한 개」를 읽어본다.

② 발문을 통하여 내용을 파악한다. (교과서 107쪽 [2] 문항)

[활동 2] 「귤 한 개」 느낌을 살려 읽는 방법 알아보기

준비물 _ 자석

부록 _ 47쪽

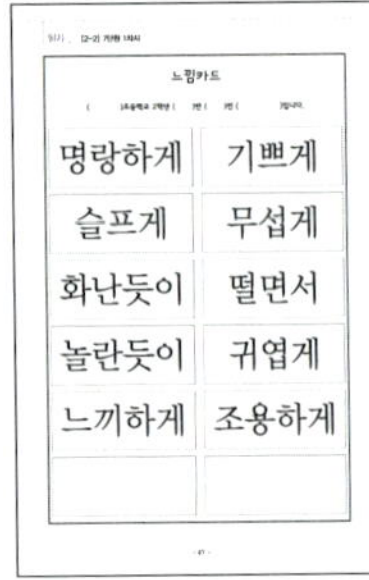

명랑하게	기쁘게
슬프게	무섭게
화난듯이	떨면서
놀란듯이	귀엽게
느끼하게	조용하게

시를 읽고, 어떤 방법으로 읽는 것이 느낌을 살리는 좋은 방법인지 알 수 있다.

① 교과서 106~107쪽의 동시 「귤 한 개」를 소리 내어 읽어본다.

② '느낌카드'를 사용하여 서로 다른 다양한 방법으로 시를 읽는다.

③ 칠판에 자석 또는 스티커로 더 느낌을 잘 살렸다고 생각되는 부분에 투표한다.

④ 그 '느낌카드'에 투표한 이유를 말하여 보고, 느낌을 잘 살려서 읽는 것이 어떤 것인지 함께 이야기해 본다.

[활동 3] 동시 카드로 느낌 표현하기

부록 _ 48쪽

동시를 읽고 그 느낌을 그림과 음성언어로 표현해 봄으로써 작품에 대한 기본적인 느낌을 정리하여 보고, 느낌을 살려 읽는 방법을 알 수 있다.

① 동시 카드를 복사하여 준비한다.

② 시의 느낌에 맞는 그림을 종이의 여백에 간단히 그려 본다.

③ 모둠의 친구들과 함께 혹은 반 전체를 대상으로 자신의 그림을 보여주면서 느낌을 살려 읽는다.

④ 상호평가한다.

부록 _ 49쪽

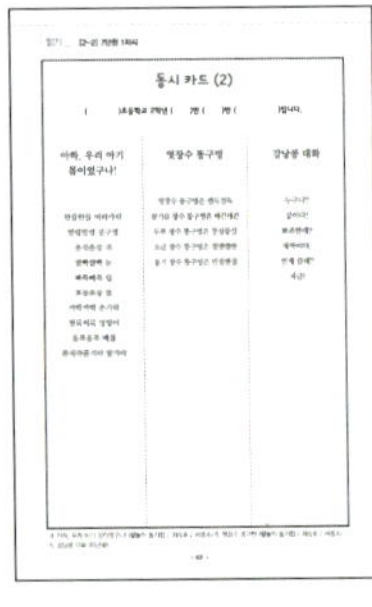

시에 대한 느낌을 그림과 음성 언어의 두 가지 방법으로 표현하는 활동은 문학에 대한 반응을 다양하게 표현함으로써 학습자의 표현의 다양성과 흥미를 존중하는 데에 의의가 있다. 여백에 그린 그림의 색감을 통하여 학습자의 정서를 대략적으로 파악할 수 있으며, 학습자가 이를 음성언어로 표현할 때 조금 더 자신감을 가질 수 있다. 두 가지 활동(그림, 색으로 표현하기 / 느낌을 살려 읽기)은 순서를 바꾸어 진행할 수 있다.

[활동 4] 동시 읽고 재미있는 말을 찾아 느낌을 살려 읽어보기

활동 목적

동시를 읽고 직접 재미있는 말을 찾아봄으로써 시의 운율이 가진 정서적 의미를 찾고, 느낌을 살려 읽는 기회가 되게 한다.

활동 방법

① 주어진 시를 함께 읽어보고, 재미있는 말을 찾는다.

② 찾은 재미있는 말을 순서대로 발표하고, 느낌을 살려 읽는다.

③ 느낌을 살려 읽은 친구들에게 별점을 주고, 가장 점수를 많이 받은 팀(개인)에 보상한다.

[활동 5] '시의 느낌을 살려 읽는 방법' 알아보기

활동 목적

느낌을 살려 읽는 것의 뜻을 알 수 있다.

활동 방법

① '느낌을 살리다'의 뜻을 묻고, 함께 이야기해 본 뒤 각자의 정의를 교과서에 써 본다.

② 느낌을 살려 「귤 한 개」의 첫 연을 읽어 본다.

[정리] 「귤 한 개」 생각그물 만들기

활동 방법

① 「귤 한 개」를 함께 읽어본다.

② 발문 : 「귤 한 개」가 무엇으로 방안을 가득 채우고 있나요?

　(향긋한 냄새, 환한 빛깔, 군침 도는 맛.)

③ 생각을 정리하여 생각그물을 만든다.

여기서 잠깐

① 생각그물은 학생들의 생각 구조를 도식적으로 나타낸 것으로, 그 형식과 내용이 자유로워야 한다. 교재에서는 학생들의 이해를 돕기 위해 형식을 예시 형태로 제시하였으나, 실제 수업에서는 수업 상황을 바탕으로 그물의 형식을 자유롭게 제시하여도 좋다.

② 평가를 위해서는 개인별로, 정리를 위해서는 모둠별로 활용한다.

부록 _ 50쪽

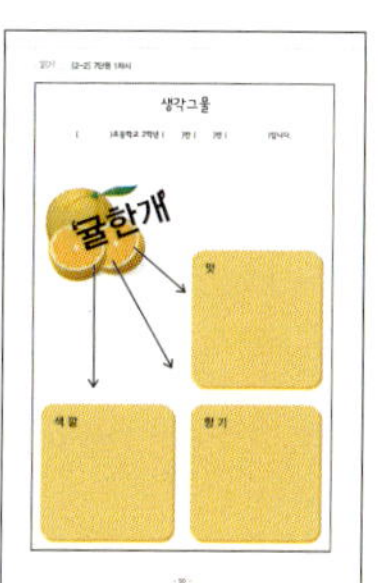

안녕, 외계인 (이근화 시 / 이경석 그림 / 비룡소)	우리나라의 사계절과 명절, 기념일을 소재로 아이들의 일상을 솔직하면서도 재미나게 담아낸 동시가 들어 있다. 일상에 대한 담담한 묘사와 시인의 독특한 시풍이 인상적이다. 또한 삽화 역시 학생의 눈높이에 맞춘 만화여서 친근한 느낌을 준다.
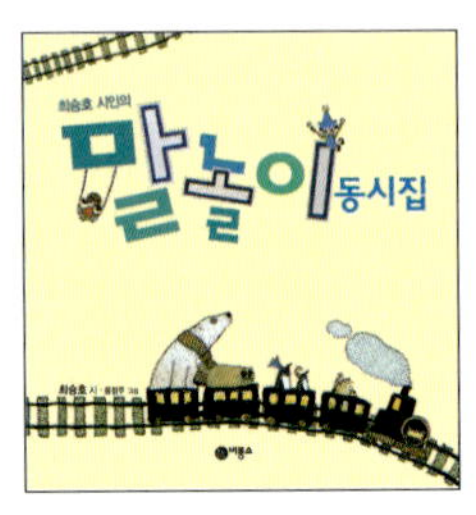최승호 시인의 말놀이 동시집 (최승호 시 / 윤정주 그림 / 비룡소)	오늘의 작가상, 김수영문학상, 이산문학상, 대산문학상, 미당문학상을 수상한 바 있는 최승호 시인의 첫 동시집이다. 아이들이 즐겁고 재미나게 우리말을 익힐 수 있도록 각운을 맞춰 운율을 최대한 살렸다. 여섯 개의 모음이 각 자음을 만났을 때 어떤 낱말이 만들어지고 어떤 느낌을 갖는지 경쾌한 리듬을 타고 반복해 보여 준다.
너 내가 그럴 줄 알았어 (김용택 글 / 이혜란 그림 / 창비)	『너 내가 그럴 줄 알았어』는 꽃, 풀, 새, 그리고 어린이와 함께 평생을 살아온 시인이 고향 마을과 산골 학교에서 보고, 듣고, 느낀 것들을 모은 동시들을 담았다. 산골 학교 아이들과 함께 40여 년을 살아온 김용택 시인이 바라보는 따뜻한 시골의 풍경과 순수한 아이들의 모습을 생생하게 그려 놓았다.

[동시의 요소 – 이미지]

훌륭한 시인은 언어를 마술적으로 구사한다. 시각, 청각, 촉각, 후각, 미각과 같은 감각적 표현은 독자들을 시의 즐거움에 빠지게 하는 중요한 방법이다. 감각적인 언어를 효과적으로 구사하면서 독자는 시인이 말하고자 하는 구체적인 세계를 보고, 듣고, 만지고, 냄새 맡을 수 있게 된다. '강아지 털의 부드러운 감촉, 여름날 모깃불의 매캐한 냄새, 푸른 강물을 날고 있는 하얀 물새, 세찬 바람 소리와 뼛속까지 시린 겨울날의 동치미 국물…….' 좋은 시는 이와 같은 감각을 생생하게 재현시켜 독자의 미적 쾌감을 자극한다.

그러나 시는 실제에서 겪어 볼 수 있는 감각적 경험의 대체물이 될 수는 없다. 어린이는 시를 듣거나 나무의 거친 껍질을 그린 그림을 보는 것으로 그 느낌을 체험할 수 없는 것이다. 어린이들은 먼저 나무껍질을 만져 보아야 하고, 나뭇잎더미에 구르고, 모닥불의 연기에서 가을 냄새를 맡아 보아야 한다. 그런 다음에야 시인의 이러한 경험에 동의할 수 있으며, 경험을 확장하거나 새로운 방식으로 경험하도록 도와줄 수 있을 따름이다.

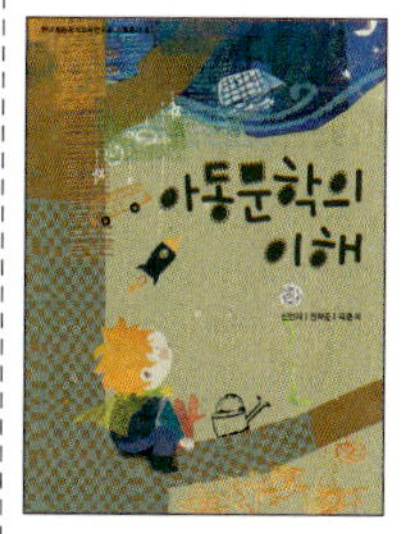

아동문학의 이해
(신헌재 · 권혁준 · 곽춘옥 / 박이정)

- 풀잎 동요마을 _ http://pullip.ktdom.com/

  다양한 동요의 가사, 미디, 악보, 선택듣기 등을 제공

- 동영상 검색 _「올챙이와 개구리」3D 율동

산 위에서 보면

 학습개요

1	느낌을 살려 시를 읽는 방법을 알아봅시다.
2~3	느낌을 살려 시를 소리 내어 읽어 봅시다.
4	이어질 이야기를 꾸미는 방법을 알아봅시다.
5~6	이야기를 읽고, 뒷이야기를 상상하여 꾸며 봅시다.

| 동기유발 | ★ 전래동시 「참나무 뽕나무 대나무」 여러 가지 느낌으로 읽어보기 |

↓

| 학습문제 제시 | 느낌을 살려 시를 소리 내어 읽어 봅시다. |

↓

활동	♥ 「산 위에서 보면」 읽고 반응 형성하기 – 반응일지(Response Journal) 활용
	♥ 「산 위에서 보면」 뒤에 '진짜?', '귀엽다~', '신나지?' 덧붙여 합창독하기
	★ 동요 가사 바꾸어 부르기
	★ 동시 바꾸어 쓰기 – OHP용지 활용

↓

| 정리 | ★♥ 내가 쓴 시를 친구들 앞에서 읽고 생각과 느낌 나누기 |

[심화활동] 함께 만드는 동시책

♥ 교과서 관련 활동 / ★ 추가 제시 활동

 수업활동

[동기유발] 전래동시 「참나무 뽕나무 대나무」 여러 가지 느낌으로 읽어보기

활동 목적

전래동시에는 시의 운율에 나타난 재치와 재미를 잘 보여주는 작품이 많다. 전래동시에 나타난 다양한 '말놀이'를 찾아보는 활동을 통하여 자연스럽게 느낌을 살려 읽는 것에 대해 이해할 수 있도록 한다.

활동 방법

① 멀티비전의 전체화면으로 「참나무 뽕나무 대나무」를 보여주고 여러 가지 느낌 (빠르기 / 감정을 달리하여) 함께 읽어본다.

(느낌카드 사용 - 1차시에서 사용하였던 부록 47쪽 활용)

② 발문 : 어떤 느낌으로 읽는 것이 가장 어울리나요?

[학습문제 제시]

느낌을 살려 시를 소리 내어 읽어 봅시다.

[활동 1] 「산 위에서 보면」 읽고 반응 형성하기
– 반응일지(Response Journal) 활용

활동 목적

작품에 대한 반응 형성을 통하여 작품에 몰입하고, 심미적 자세를 갖도록 한다.

활동 방법

① 동시 「산 위에서 보면」을 함께 읽어본다.

② 반응일지를 작성한다.

③ 함께 이야기를 나누어 본다.

부록 _ 51쪽

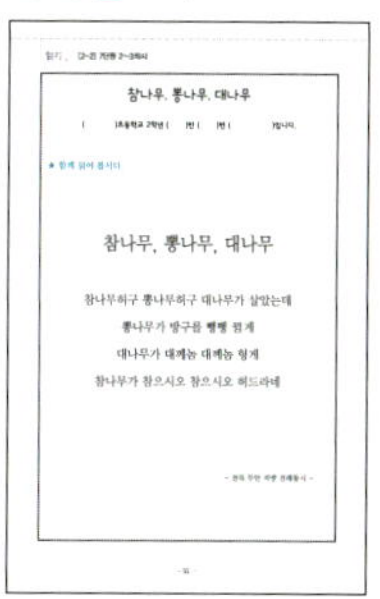

부록 _ 52쪽

부록 _ 53쪽

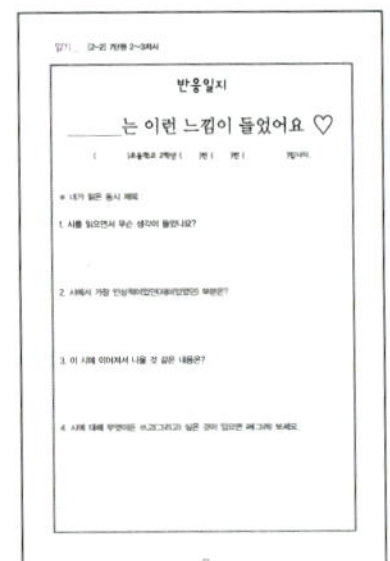

반응일지를 작성하는 것은 문학 작품을 이해하는 데에 있어 학생들이 작품 언어에 선택적 주의, 인물에의 감정 이입, 자신의 세계와의 관련 경험을 생생하게 하도록 돕는 역할을 한다.

[활동 2] 「산 위에서 보면」 뒤에 '진짜?', '귀엽다~', '신나지?' 덧붙여 합창독하기

활동 목적

다양한 붙임말을 사용하여 동시를 실감 나게 읽을 수 있다.

활동 방법

① 「산 위에서 보면」을 다같이 소리 내어 읽어본다.

② 붙임말 '진짜?', '귀엽다~', '신나지?'를 뒤에 붙여 읽어본다.

③ 느낌이 어떻게 다른지 이야기해 본다.

④ 자신의 느낌말을 붙여 「산 위에서 보면」을 읽고, 발표하여 본다.

[활동 3] 동요 가사 바꾸어 부르기

활동 목적

부록 _ 54쪽

여름 냇가
(황금녀 작사 / 박재훈 작곡 / 풀잎 동요마을)

익숙한 동요의 가사를 바꾸어 부르는 활동은 문학의 창작에 있어 '개작'의 단계에 해당한다. 이는 문학 창작의 기초 단계로서 이후 문학 창작의 바탕이 된다. 이 활동을 통해 친근한 동요의 가사를 느낌에 맞는 다른 단어로 바꾸어 부름으로써 동시의 전체적 정서를 파악하도록 하며, 창작에 대한 부담감을 줄일 수 있다.

활동 방법

① 동요를 함께 들어본다.

② 느낌에 맞게 가사를 바꾸어 쓴다. (모둠별로 생각을 모아도 좋다.)

③ 바꾸어 쓴 가사를 다른 모둠 친구들 앞에서 불러본다.

④ 녹음하거나 녹화하여 재미있는 점을 찾아 이야기 해 본다.

여기서 잠깐

학습자가 시의 느낌을 잘 파악하여 단순한 '낱말 교환'과 구분할 수 있도록 지도한다.

[활동 4] 동시 바꾸어 쓰기 – OHP용지 활용

활동 목적

동시를 바꾸어 쓰기, 이어쓰기 활동을 통해 직접 동시를 창작할 수 있는 단계에 한 걸음 더 가까이 가게 한다.

활동 방법

준비물 _ OHP용지

① 빈 칸 동시를 모둠원 수만큼 준비한다.

② 학생 각자 OHP용지를 모둠원 수만큼 준비한다.

③ 돌아가면서 빈 칸에 OHP용지를 겹치고 시의 전체적인 느낌에 맞게 자신의 말을 써 넣는다.

④ 자신이 꾸민 시를 친구들 앞에서 느낌을 살려 소리 내어 읽어보고, 학급 게시판에 전시한다.

여기서 잠깐

부록 _ 55~57쪽
1. 개펄 마당 (안학수)
2. 아기의 대답 (박목월)
3. 개구쟁이 산복이 (이문구)

시의 느낌을 잘 살려 읽었는지에 초점을 둔다. 미리 자신 있는 학습자에게 기회를 주어 전체적인 분위기를 자연스럽게 만들고, 수줍어하는 학습자는 친구와 함께 읽어보도록 해도 좋다.

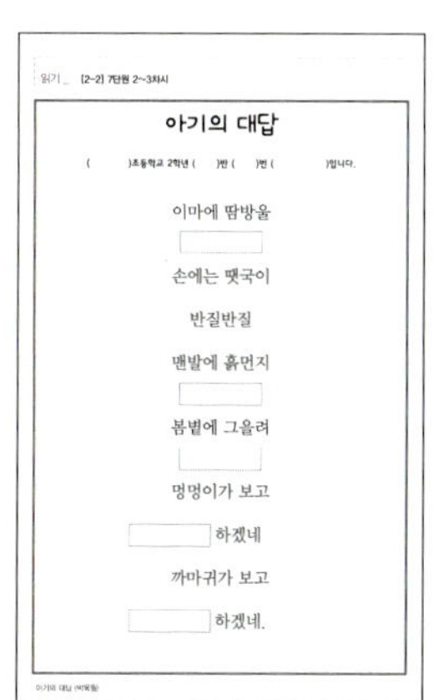

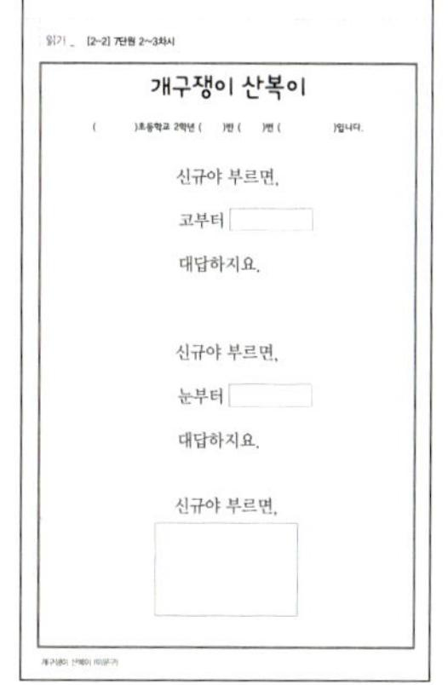

[심화활동] 함께 만드는 동시책

활동 목적

　초등학교 2학년 학생에게 있어 시 한 편을 혼자 쓰기란 쉬운 일이 아니다. 한 편의 시를 함께 써 나가는 활동을 통하여 문학 창작에 대한 자신감을 가질 수 있다.

활동 방법

① 글감을 생각한다. (교사가 직접 주어도 좋으며, 글감은 수업 상황에 맞게 융통성 있게 바꾸어 제시한다.)

② 글감에 대하여 생각한 뒤, 제목과 첫 연을 쓴다.

③ 책에 내용을 옮긴다.

④ 첫 장과 마지막 장을 원하는 대로 꾸민다.

⑤ 모둠별로 돌아가면서 동시의 나머지 연을 작성한다.

⑥ 마지막으로 글을 다듬고, 책을 완성한다.

여기서 잠깐

① 책 만들기 활동은 주요 개념이나 활동에 대한 전체적인 내용을 아우르기 위하여 사용된다.

② 교사의 의도와 수업 상황에 맞는 여러 가지 책 만들기의 방법을 활용한다.

③ 책의 마지막 장에는 읽은 사람의 생각과 느낌을 기록할 수 있는 빈 칸을 두어도 좋다.

[정리] 내가 쓴 시를 친구들 앞에서 읽고 생각과 느낌 나누기

활동 목적

　학생 상호간의 평가를 통하여 자신의 창작물을 타인에게 보이고 평가받는 기회를 가진다. 또한 평가자가 되어 다른 학습자의 작품과 발표를 평가해 봄으로써 객관적 시각을 갖도록 한다.

활동 방법

　다른 학생의 작품을 보면서 상호평가한다.

① 시의 전체적 느낌과 어울리는 말을 사용하였나요?

② 시 전체의 내용과 읽는 방법이 적절한가요?

③ 시 쓰기 / 읽기 활동에 즐겁게 참여하였나요?

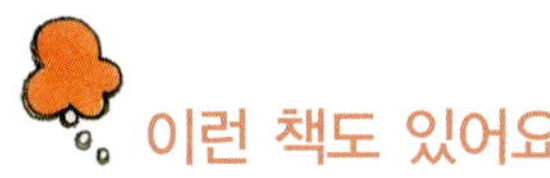
이런 책도 있어요

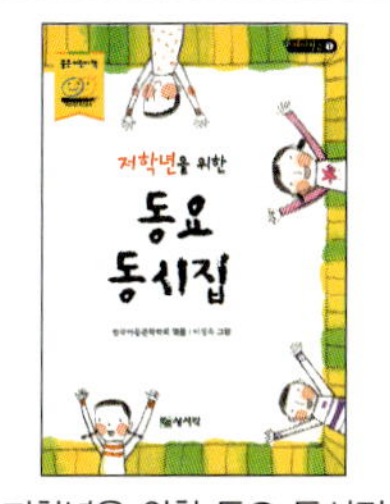 저학년을 위한 동요 동시집 (한국아동문학학회 / 상서각)	우리 아동 문학의 얼굴인 동요·동시계의 대표작이 실린 책이다. 저학년을 위한 반복 어휘와 말놀이가 충분히 들어있어 다양한 활용이 가능하다.
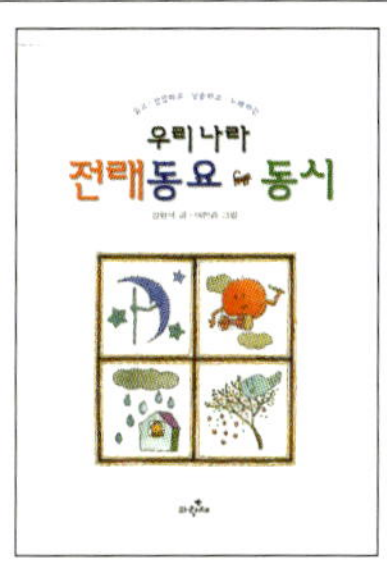 우리나라 전래동요와 동시 (김원석 / 파랑새어린이)	우리 민족은 노래를 좋아하는 민족으로 많은 민요와 동요가 있다. 민요는 어른들이 부른 노래이고, 동요는 어린이들이 불렀던 노래이다. 언제 어디서나 누구나 흥얼거리며 부르는 흥겹고 푸근한 노래이다. 어린이들이 좋아하고 즐겨 부를 수 있는 전래동요와 동시를 한 데 묶어 다양한 작품을 접할 수 있으며, 활용이 편리하다.

참고자료

[문학 반응 표현 및 공유하기]

반응이란 읽는 동안 생각한 것과 읽은 것을 반성적으로 생각해 보는 모든 것을 말한다. 반응을 공유하기 위해서는 읽는(혹은 듣는) 중간에 생각난 것과 다 읽고 난 뒤의 반응을 간단하게 기록하여 문학 토의를 통해 수정, 확장시킨 후 여러 가지 반응 표현 활동을 해야 한다.

반응 일지는 어린이들이 초기 반응을 기록하는 것으로 반응을 정교화하게 도와줄 뿐만 아니라, 반응을 쉽게 기억하도록 도와준다. 문학 토의는 그 자체가 반응을 공유하는 활동이 되면서 또한 다른 반응 표현에 아이디어를 제공해주는 역할을 한다.

반응을 표현하는 데는 항상 말하기가 중심이 되지만, 그 외에 의미를 표현하는 쓰기, 읽기, 미술 및 드라마 등 여러 가지 방법이 있다. 그러나 이 방법들은 분절되어 이루어지지 않고 통합되어 이루어져야 한다.

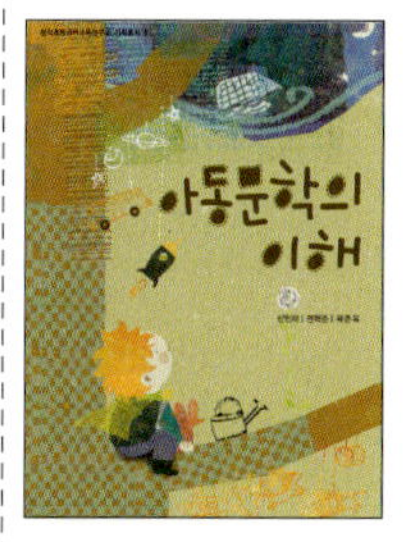
아동문학의 이해
(신헌재·권혁준·곽춘옥 / 박이정)

거꾸로 나라 임금님

학습개요

1	느낌을 살려 시를 읽는 방법을 알아봅시다.
2~3	느낌을 살려 시를 소리 내어 읽어 봅시다.
4	**이어질 이야기를 꾸미는 방법을 알아봅시다.**
5~6	이야기를 읽고, 뒷이야기를 상상하여 꾸며 봅시다.

동기유발	★ 그림책 『네가 만약』을 보고 상상하여 말하기

↓

학습문제 제시	이어질 이야기를 꾸미는 방법을 알아봅시다.

↓

활동	♥ 이야기의 내용 파악하기 ♥ 깃발책으로 일이 일어난 차례 정리하기 ★ 주인공의 문제 해결하기 ★ 뒷이야기 상상하여 꾸미기

↓

정리	♥ 이야기를 꾸밀 때에는 어떻게 해야 하는지 알아보기

[심화활동] 지각대장 존의 뒷이야기 상상하기

♥ 교과서 관련 활동 / ★ 추가 제시 활동

수업활동

[동기유발] 그림책 『네가 만약』을 보고 상상하여 말하기

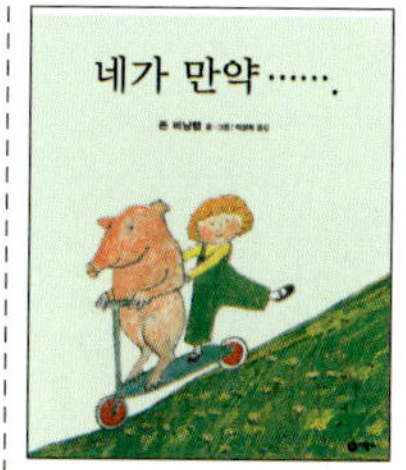

네가 만약 (존 버닝햄 / 비룡소)

활동 목적

학생들이 관심과 흥미를 유도할 수 있는 그림 동화의 몇 장면을 제시하고 내가 그림 동화 속의 주인공이라면 어떻게 할 것인지 자유롭게 상상하여 이야기해 보도록 한다.

활동 방법

① 학생들에게 그림 동화의 몇 장면을 제시한다.

② 그림 동화의 각 장면에 해당하는 질문에 대해 학생들이 자유롭게 상상하여 대답하도록 한다.

하마가 네 침대에서
자고 있다면?

유령의 집에서 하룻밤을
새우게 된다면?

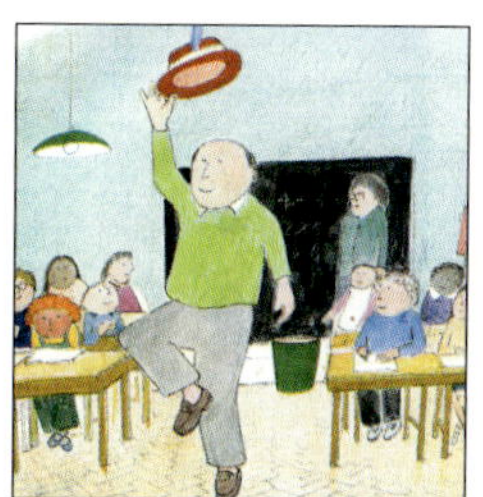

아빠가 학교에 와서
춤을 춘다면?

■ 이번 시간에 함께 읽을 이야기는 '네가 만약'처럼 주인공이 신기한 일을 겪게 되는 이야기입니다. 이야기를 함께 읽고 이어질 이야기를 상상하여 꾸미는 방법을 공부하기로 하겠습니다.

[학습문제 제시]

이어질 이야기를 꾸미는 방법을 알아봅시다.

[활동 1] 이야기의 내용 파악하기

활동 목적

이야기의 시간과 장소, 등장인물, 일어난 일을 파악할 수 있도록 이야기와 관련된 질문을 제시한다.

① 언제, 어디에서 일어난 일입니까?

(어느날, 산 속에서 일어난 일입니다.)

② 등장 인물은 누구누구입니까?

(훈이, 산토끼, 다람쥐입니다.)

③ 훈이는 어떻게 하여 거꾸로 나라에 들어가게 되었습니까?

(산 속에서 길을 읽고 '거꾸로 나라로 가는 길'이라는 푯말을 발견하였습니다.)

④ 거꾸로 나라는 어떤 나라입니까?

(모든 것이 거꾸로 서 있는 나라입니다.)

⑤ 산토끼와 다람쥐가 훈이에게 한 말은 무엇입니까?

(훈이에게 '거꾸로 나라의 임금님이 되신 것을 축하한다.' 고 하였습니다.)

⑥ 훈이는 왕관을 어디에 쓰려고 하였습니까?

(왕관을 머리에 쓰려고 했지만 잘 안되었습니다.)

[활동 2] 깃발책으로 일이 일어난 차례 정리하기

활동 목적

뒷이야기를 상상하여 꾸미기 위해서는 앞에 일어난 일을 차례대로 정리하는 과정이 필요하다. 앞에 일어난 일은 뒤에 이어질 이야기의 원인(까닭)으로 작용하기 때문이다. 앞의 이야기는 바로 뒤의 이야기에 영향을 미칠 수도 있고, 좀더 이후의 일에 작용할 수도 있다. 일이 일어난 차례를 정리하는 것은 이야기 흐름을 파악함과 동시에 뒷이야기를 상상하는 데에 필요한 중요한 사고의 과정이다.

활동 방법

① 두명을 짝으로 하여 8절 머메이드지를 길게 반으로 자른 것 2장, 교과서 삽화 복사한 것 3장을 나누어 준다. (머메이드지 대신 8절 색도화지를 사용해도 된다.)

② 머메이드지 1장을 8칸으로 계단접기하여 아코디언 모양으로 만든다.

③ 삽화 3장을 이야기의 순서에 맞게 배열하고 아코디언 모양의 종이에 깃발처럼 풀칠하여 붙인다.

④ 짝에게 깃발책을 세워 보여주면서 이야기의 내용을 간추려 말한다.

→ 읽기 2학년 1학기 4단원에서 활용한 〈이야기띠〉를 제작하여 수업에 활용할 수도 있다.

준비물 _ 8절 머메이드지, 교과서 삽화, 가위, 풀, 네임펜

8절 머메이드지 길게 반으로 자르기

아코디언 모양으로 8칸 계단 접기 하기

그림을 보며 이야기의 차례 정리하기

이야기의 차례대로 붙이고 내용 간추려 말하기

[활동 3] 주인공의 문제 해결하기

활동 목적

뒷이야기를 꾸밀 때에는 일이 일어난 차례를 생각함과 동시에 주인공이 직면한 문제 또는 해결해야 할 문제도 생각해 보도록 한다. 학생들의 상상력이 엉뚱한 방향으로 흐르는 것을 막고 사건들이 탄탄한 인과관계에 기초하게 할 수 있다.

활동 방법

이야기의 내용을 다시 한번 확인하며 질문에 대한 자신의 생각을 정리하여 말하여 본다. 질문에 대한 답을 바탕으로 뒷이야기를 상상해본다.

여기서 잠깐

① 뒷이야기 꾸미는 방법을 학습하는 것이 목표이므로 일이 일어난 차례와 주인공이 해결해야 할 문제를 생각하며 뒷이야기를 꾸미도록 한다.

② 어린이들의 상상력이 발휘되다 보면 거꾸로 나라에서 다른 일이 더 일어날 수도 있고, 새로운 인물이 등장할 수도 있다. 이야기의 흐름에 크게 벗어나지 않는다면 어린이들의 자유로운 상상 표현을 인정해준다.

부록 _ 58쪽

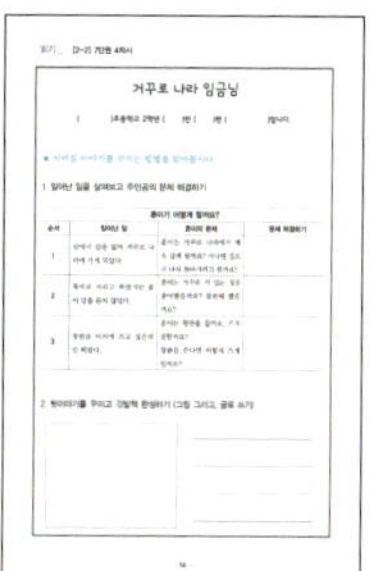

[활동 4] 뒷이야기 상상하여 꾸미기

활동 목적

활동 2에서 일이 일어난 차례를 파악하고, 활동 3에서 주인공이 해결해야할 문제를 생각하는 과정을 통해 학생들은 저마다 뒷이야기의 방향을 정하게 된다. 여기에 자신만의 상상력을 더하여 이야기를 꾸며 말하도록 한다.

활동 방법

① 활동 2와 활동 3을 통해 상상한 뒷이야기의 내용을 학습 활동지에 간단하게 적는다.

② 활동 2에서 만든 아코디언 모양의 깃발책에 계단접기한 종이를 한 장 더 이어 붙인다.

③ 깃발책의 나머지 면에 이어질 내용을 상상하여 쓴 글과 그림을 붙인다.

④ 글과 그림을 붙인 후 깃발책을 세워 모둠의 다른 친구들에게 보여주면서 상상하여 꾸민 이야기를 발표한다.

⑤ 발표가 끝나면 깃발책의 양 끝에 풀칠을 하여 원기둥 모양으로 세워 전시한다.

뒷이야기를 상상하여 글로 쓰고 장면을 그림으로 그리기

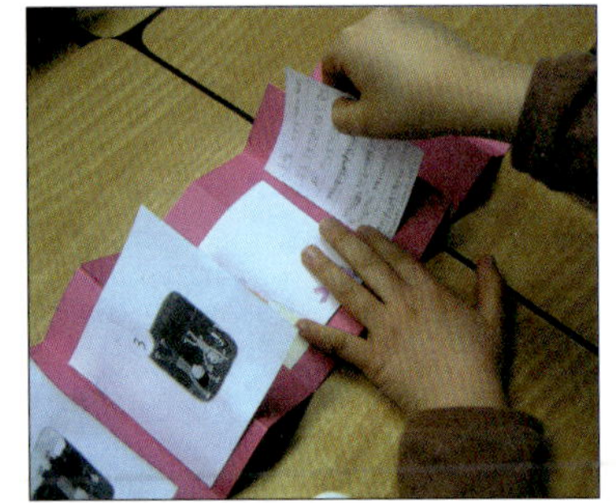

깃발책의 나머지 면에 글과 그림 오려 붙이기

짝과 함께 깃발책을 완성한 모습

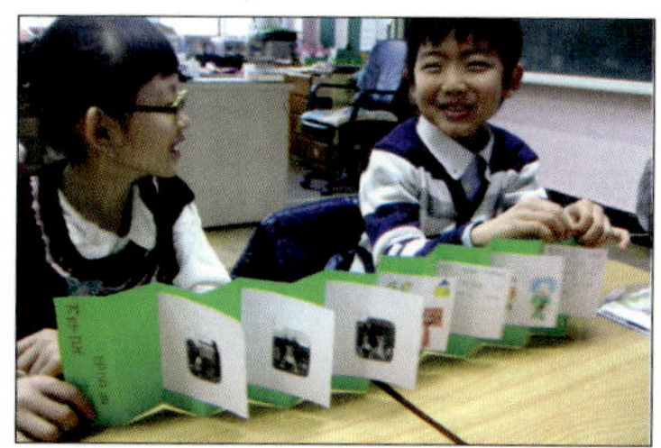

이어질 이야기의 내용을
친구들에게 발표하는 모습

깃발책의 양 끝을 고정하여
원 기둥 형태로 세운 모습

수업이 끝나고 깃발책을 전시한 모습

[정리] 이야기를 꾸밀 때에는 어떻게 해야 하는지 알아보기

① 일이 일어난 차례를 생각한다.

② 주인공이 해결해야 할 문제를 생각한다.

 이런 활동도 있어요

[심화활동] 지각대장 존의 뒷이야기 상상하기

교사는 지각대장 존의 앞부분 – 존이 악어, 사자를 만나 학교에 지각하게 되는 장면까지 읽어 준다. 그리고 다음날 존이 또 지각을 한다면 어떤 일로 지각을 하게 될지 이어질 내용을 꾸며 써 보도록 한다. 활동이 끝나면 원래 이야기를 들려주고, 자신이 상상한 이야기와 비교해 보도록 한다.

부록 _ 59쪽

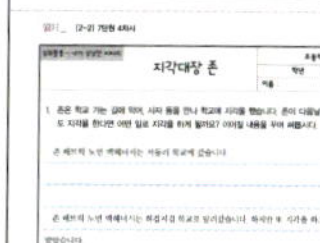

1. 존은 학교 가는 길에 악어, 사자 등을 만나 지각을 했습니다. 존이 다음날에도 지각을 한다면 어떤 일로 지각을 하게 될까요? 이어질 내용을 꾸며 써봅시다.

2. 이야기로 꾸민 내용을 멋지게 그림으로 그려 봅시다.

세 발 달린 황소

 학습개요

1	느낌을 살려 시를 읽는 방법을 알아봅시다.
2~3	느낌을 살려 시를 소리 내어 읽어 봅시다.
4	이어질 이야기를 꾸미는 방법을 알아봅시다.
5~6	이야기를 읽고, 뒷이야기를 상상하여 꾸며 봅시다.

| 동기유발 | ★ 그림 동화 『구름빵』의 앞부분을 함께 읽고, 이어질 내용 상상하여 말하기 |

⬇

| 학습문제 제시 | 이야기를 읽고, 뒷이야기를 상상하여 꾸며 봅시다. |

⬇

활동	★ 일이 일어난 차례 정리하기
	★ 이야기 지도 만들기
	★ 뒷이야기 상상하여 꾸며 쓰기

⬇

| 정리 | ♥ 책 만들어 전시하고 친구 작품 감상하기 |

♥ 교과서 관련 활동 / ★ 추가 제시 활동

수업활동

[동기유발] 그림 동화 『구름빵』의 앞부분을 함께 읽고 이어질 내용 상상하여
말하기

활동 목적

일어난 일을 몇 가지로 간단하게 간추릴 수 있으면서 학생들의 흥미와 상상력을
자극할 수 있는 재미있는 그림 동화로 학습 목표에 접근한다.

활동 방법

구름빵 (박희나 / 한솔수북)

엄마가 구름빵을 만드는 장면

구름빵을 먹고 두둥실 떠오른 장면

출근하는 아빠를 발견한 장면

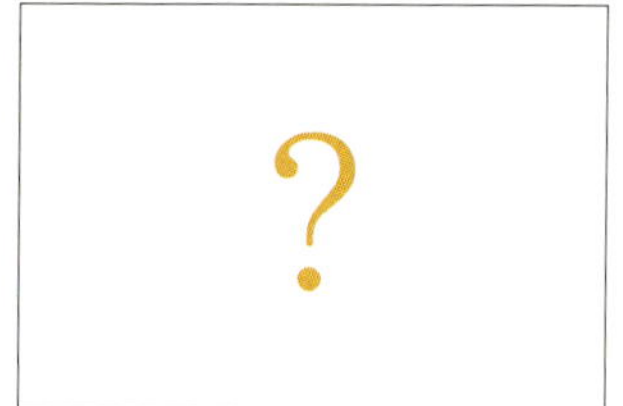

어떤 일이 일어날까요?

① 엄마가 무엇으로 빵을 만들었나요?

  (나와 동생이 가져온 구름을 넣고 빵을 만들었습니다.)

② 구름빵을 먹은 나와 동생이 두둥실 떠오른 이유는 무엇인가요?

  (구름을 넣어 만든 빵을 먹었기 때문입니다.)

③ 구름빵의 냄새와 맛은 어떠할까요?

  (학생들이 자유롭게 상상하여 대답하도록 한다.)

④ 하늘로 올라간 나와 동생은 무엇을 보았나요?

  (자동차로 꽉 찬 찻길에서 버스 안에 타고 있는 아빠를 찾았습니다.)

⑤ 다음에는 어떤 일이 일어날까요?

  (학생들이 자유롭게 상상하여 대답하도록 한다.)

이야기를 읽고, 뒷이야기를 상상하여 꾸며 봅시다.

[활동 1] 일이 일어난 차례 정리하기

준비물 _ 〈단어 카드〉, 〈일어난 일 정리〉 카드

부록 _ 60쪽

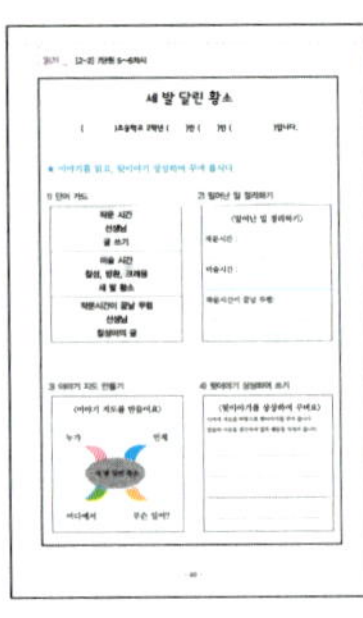

활동 목적

일어난 일의 차례를 순서대로 정리하여 말해봄으로써 앞의 이야기와 뒤에 이어지는 이야기가 어떠한 인과 관계로 맺어지고 있는지 이해할 수 있다.

『세 발 달린 황소』는 앞 차시의 이야기보다 길이가 길고 역행적 구성을 보이고 있기 때문에 이야기 카드를 활용하는 것이 차례 정리하기 활동에 도움이 된다.

활동 방법

① 이야기의 내용을 간추릴 수 있는 단어가 적힌 카드 3장을 나누어 준다.

② 카드에 적힌 단어를 이용하여 이야기의 내용을 한두 문장으로 간추려 말한다.

〈카드 1〉	〈카드 2〉	〈카드 3〉
작문 시간 선생님 글쓰기	미술 시간 칠성, 방환 크레용, 세 발 황소	작문이 끝날 무렵 선생님 칠성이의 글

③ 간추려 말한 내용을 바탕으로 일어난 일을 정리하여 쓴다.

〈일어난 일 정리하기〉
작문시간 :
미술시간 :
작문시간이 끝날 무렵:

〈일어난 일 정리하기〉

〈일어난 일 정리하기〉
작문시간 : 선생님께서 주제를 내주시지 않고 혼자 생각으로 글을 쓰라고 했다
미술시간 : 방환이가 갑자기 크레파스를 못 빌려주겠다고 했다.
작문시간이 끝날 무렵: 선생님께서 칠성이의 글을 교실뒷벽에다가 붙여 놓으셨다

학습활동 결과물

[활동 2] 이야기 지도 만들기

이야기 지도는 이야기를 읽고 마인드맵의 형식으로 이야기를 정리해 보는 활동이다. 이야기를 이루는 기본적인 구성 요소를 인식하고 일어난 일을 표나 그래프처럼 한눈에 파악할 수 있다.

① 가운데에 이야기의 제목을 적는다. 주가지에 이야기의 구성요소(언제, 어디에서, 누가, 어떤일을)를 나타낸다.

② 학생들은 주 가지의 내용에 대한 세부 가지를 완성한다,

〈이야기 지도 만들기〉

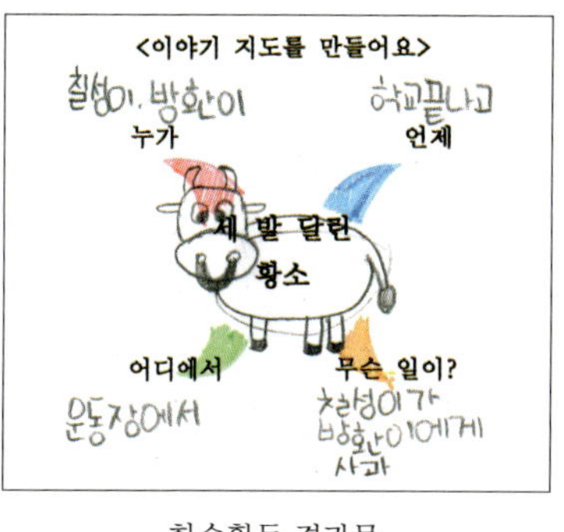

학습활동 결과물

[활동 3] 뒷이야기 상상하여 꾸며 쓰기

활동 1 〈일이 일어난 차례 정리하기〉와 활동 2 〈이야기 지도 만들기〉를 바탕으로 학생들이 뒤에 이어질 이야기를 상상하여 써 보는 활동이다.

① 나누어준 종이에 『세 발 달린 황소』의 뒷이야기를 꾸며 쓴다.

② 앞에서 일어난 일을 생각하며 상상하여 쓴다.

　(활동 1과 활동 2의 카드에 적은 내용을 보며 이어질 내용을 쓴다.)

③ 등장인물이 자신이 처한 상황이나 문제를 어떻게 해결할지 생각하며 쓴다.

④ 등장인물의 마음을 생각하며 어떤 말과 행동을 했을지 쓴다.

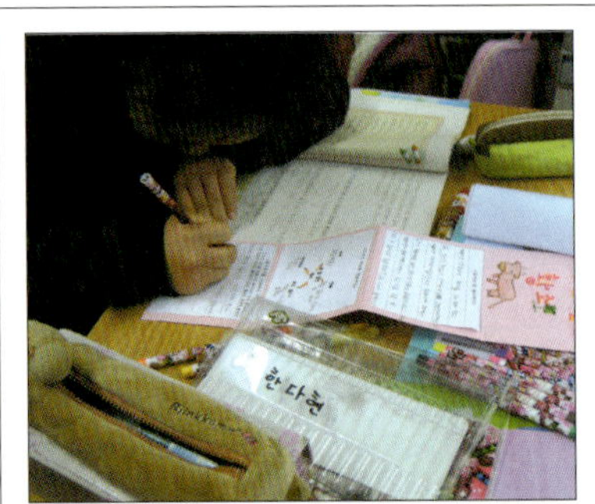

〈이어질 이야기 상상하여 쓰기〉	학습활동 결과물

[정리] 책 만들어 전시하고 친구 작품 감상하기

활동 목적

학생들이 상상한 이야기를 표현할 수 있는 기회를 주고 서로 잘된 점과 부족한 점을 평가할 수 있다.

준비물 _ 8절 도화지

→ 활동 1, 2, 3을 하면서 동시에 책 만들기를 할 수도 있고 활동을 모두 끝낸 후 책 만들기를 하며 공부한 내용을 정리할 수도 있다.

활동 방법

① 8절 도화지를 긴 쪽으로 길게 자르고 4등분하여 접는다.

② 표지를 꾸미고 활동 1, 2, 3에서 활동한 내용을 순서대로 붙인다.

③ 세로로 길게 펼쳐서 게시판에 전시하면 이야기를 꾸며 쓴 과정을 살펴 볼 수 있다.

④ 삼각 기둥모양으로 세워 전시하면 친구들이 쓴 이야기와 비교하여 살펴볼 수 있다.

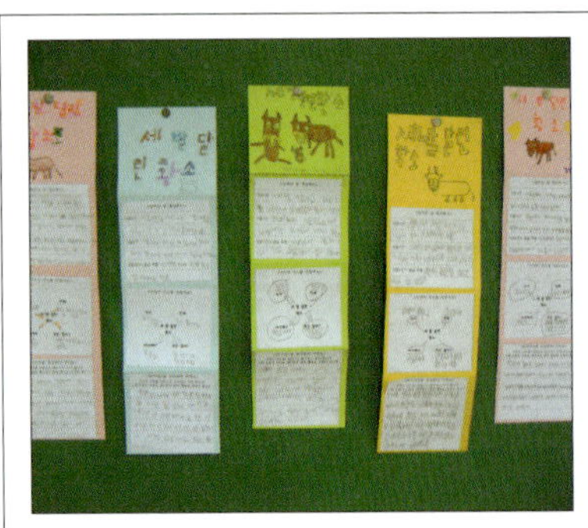

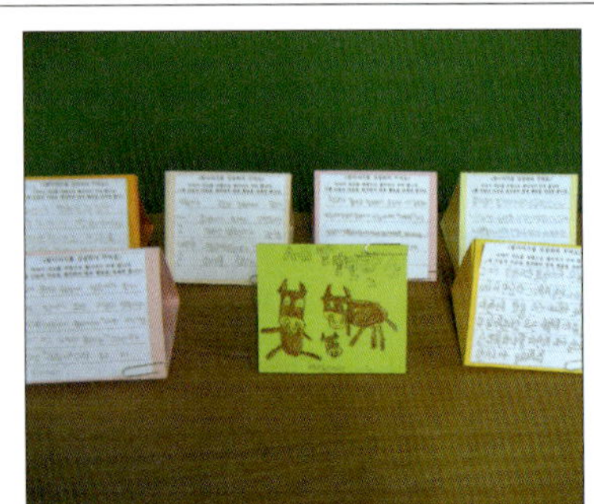

게시판에 전시하기	삼각기둥 모양으로 전시하기

 참고자료

1. 함께 읽을 이야기 『솥 안에 든 거인』

 옛날, 어느 산골에 용감한 소년이 살고 있었습니다. 어느 날, 아버지가 산으로 나무를 하러 갔다가 밤이 늦도록 돌아오지 않았습니다. 걱정이 된 소년은 날이 밝기를 기다렸다가 아버지를 찾아 나섰습니다. 하루 종일 숲 속을 헤맨 소년은 몹시 지쳐서 큰 나무 아래에서 잠이 들었습니다. 그런데 꿈 속에서 산신령이 나타나 아버지가 거인에게 잡혀 갔다고 말하는 것이 아니겠습니까? 그리고는 아버지를 구해 내려면 벼룩 한 말, 빈대 한 말, 바늘 한 말을 가지고 다니라고 했습니다. 꿈에서 깨어난 소년은 산신령이 시키는 대로 했습니다.

 그러던 어느 날 밤, 소년은 산 속에서 주인 없는 외딴 집을 발견하였습니다. 막 잠이 들려고 할 때 어디선가 '쿵' 하는 소리가 들렸습니다. 문틈으로 내다보니 엄청나게 큰 거인 하나가 광 앞에 서 있었습니다. 거인은 사람들의 이름을 부르기 시작했습니다. 아버지의 이름도 불렀습니다. 이름을 다 부른 거인은 자기 방으로 들어갔습니다. 소년은 살금살금 다가갔습니다. 그리고는 벼룩을 문틈으로 넣었습니다.

 "아이, 가려워. 웬 벼룩이 이렇게 많지? 잠을 잘 수가 없네."

 거인은 툴툴거리더니 마루로 나왔습니다. 소년은 이번에는 빈대를 마루에 풀어 놓았습니다.

 "어이, 지독해. 이놈의 빈대 때문에 잠을 잘 수가 없군."

 거인은 숲 속으로 들어가 큰 나무 아래에서 잠을 청하였습니다. 소년은 나무 위로 올라갔습니다. 그리고 바늘을 쏟아 부었습니다.

 "앗, 따가워! 이건 바늘 아니야? 에라, 집으로 다시 돌아가야겠다."

 집으로 돌아온 거인은 부엌으로 들어갔습니다. 한참을 두리번거리던 거인은 솥 앞에서 말하였습니다.

 "옳지, 여기가 좋겠군!"

 그리고는 중얼중얼 주문을 외더니 그 솥 안으로 들어갔습니다. 그렇게도 큰 거인인 작은 솥 안으로 들어가는 것이 아니겠습니까? (여기까지가 들려줄 이야기임.)

 ※ 원래 이야기의 뒷부분

 소년은 재빨리 큰 바윗돌을 주워다가 솥뚜껑을 눌러 버렸습니다. 그리고 아궁이에다 불을 지폈습니다. 거인이 죽은 것을 확인한 소년은 광으로 달려가서 문을 열었습니다. 잡혀 있던 많은 사람들이 밖으로 나왔습니다. 날이 밝자, 소년과 아버지는 사람들과 함께 거인의 보물을 나누어 가지고 집으로 돌아갔습니다.

2. 뒷이야기 상상하여 쓰기

 1) 『솥 안에 든 거인』 이야기 지도 만들기　　2) 『솥 안에 든 거인』 뒷이야기 상상하기

→ 5, 6차시 제재글을 『솥 안에 든 거인』로 바꾸고 뒷이야기를 꾸며 보도록 한 것으로 쓰기 수업과 연계하여 지도할 수 있고, 심화 학습 자료나 평가 자료로 활용할 수 있습니다.

부록 _ 61쪽

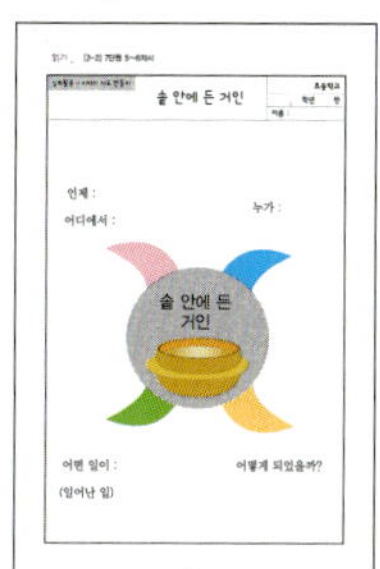

부록 _ 62쪽

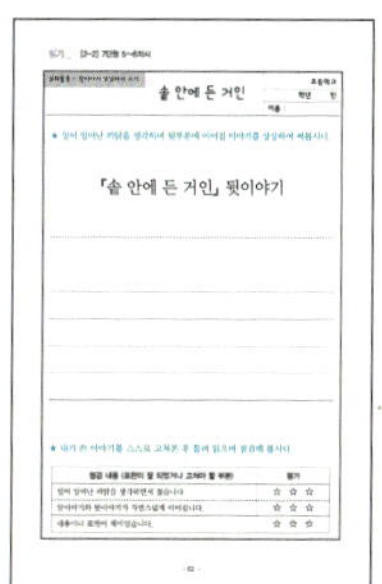

2학년 | 부록
학습 활동지

호랑이가 되어

(   )초등학교 2학년 (   )반 (   )모둠 (   )입니다.

★ 표정딱지를 잘라서 모둠별로 즐겁게 놀이를 해보세요.

호랑이가 되어

심화활동 – 이야기 이해하고 상상력 키우기	무서워요!	초등학교
		학년 반
		이름 :

★ 내가 평소에 무서워하는 것은 무엇인가요? 그리고 그것이 왜 무서운지 글로 써봅시다.

★ 내가 무서워하는 것을 그림으로 표현하여 봅시다.

★ 내가 무서워하는 것을 극복할 수 있는 방법을 써봅시다.
　(친구들과 의논하여 방법을 찾아내도 됩니다.)

심화활동 – 이야기 이해하고 상상력 키우기

심화활동 – 이야기 속 인물의 말과 마음 알아보기	안돼, 데이빗!	초등학교
		학년 반
		이름 :

★ 『안돼, 데이빗!』을 들은 후, 주인공들의 말에 어울리는 마음을 상상하여 적어
  봅시다.

대사	장면	주인공의 마음
음식 가지고 장난치면 못써!		
이리 오지 못해, 데이빗!		
애야, 이리오렴.		
그래, 데이빗. 엄만 널 가장 사랑한단다!		
그것 봐, 안 된다고 했지!		

안돼, 데이빗! (데이빗 셰논 / 지경사)

주인공 표정 그리기

(   )초등학교 2학년 (   )반 (   )번 (   )입니다.

	내가 그린 표정딱지
나에게 먹을 식량을 줄 수 없겠니?	
열심히 일을 해야지	
일을 왜 해~~ 놀아야지~~~ 라라라~~	
내가 너에게 식량을 줄게	

★ 오려서 사용하세요.

세 가지 보물을 찾아라

(   )초등학교 2학년 (   )반 (   )번 (   )입니다.

★ 고운이는 지금 보물을 찾기 위해 모험을 합니다. 고운이와 함께 미로에서 길을 찾아봅시다. 길을 제대로 찾으면 세 가지의 보물을 찾을 수 있습니다.

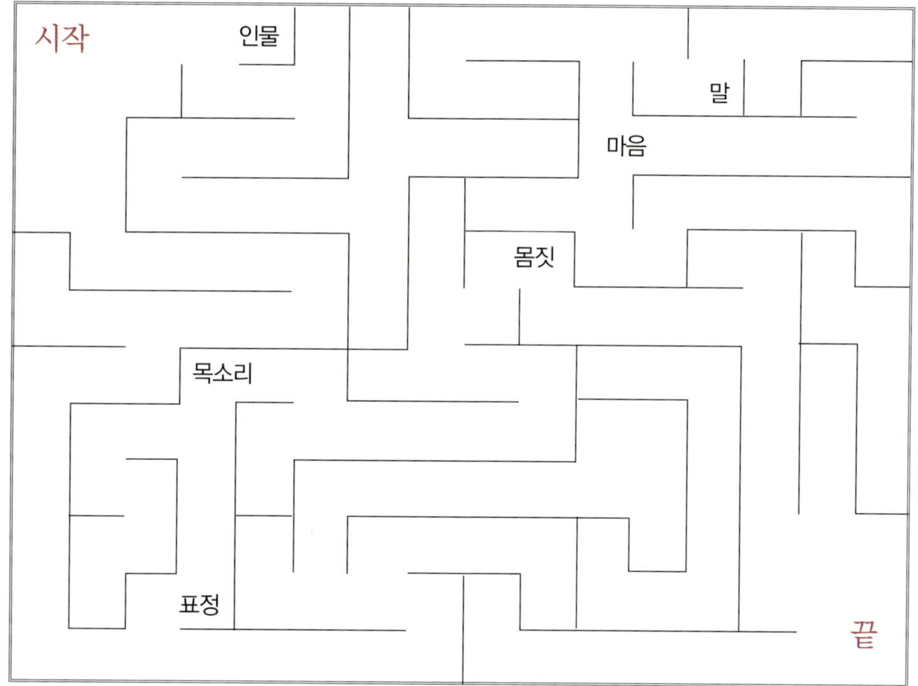

1. 보물을 세 가지 모두 찾았나요?

2. 보물을 차례대로 아래의 빈 칸에 적어보세요.

인물의 마음에 어울리는 (   ), (   ), (   )을 하면 인물이 한 말을 실감 나게 표현을 할 수 있습니다.

표정, 목소리, 몸짓

인물의 마음 알고 역할극 준비하기

(   )초등학교 2학년 (   )반 (   )번 (   )입니다.

★ 자신이 맡은 역할을 잘라서 교과서 14쪽에 붙이세요.

역할	대사	실감 나게 표현하려면?	
	수탉아! 너, 나보다 더 예쁘게 생긴 코 본 적 있어?	표정은?	
		목소리는?	
		몸짓은?	
	치, 이렇게 잘생긴 나더러 사람들의 일이나 도와주라고?	표정은?	
		목소리는?	
		몸짓은?	

역할	대사	실감 나게 표현하려면?	
	아니, 못 봤어. 네 코는 정말 예뻐!	표정은?	
		목소리는?	
		몸짓은?	
	사람들을 어떻게 도와줄까?	표정은?	
		목소리는?	
		몸짓은?	
	꼬끼오! 꼬끼오!	표정은?	
		목소리는?	
		몸짓은?	

역할	대사	실감 나게 표현하려면?	
	수탉과 돼지는 듣거라! 땅으로 내려가서 사람들을 도와주어라!	표정은?	
		목소리는?	
		몸짓은?	
	너처럼 게으른 녀석에게는 그 예쁜 코가 어울리지 않아!	표정은?	
		목소리는?	
		몸짓은?	

역할	대사	실감 나게 표현하려면?	
	아이고, 내 코. 내 코가 이렇게 되다니! 임금님, 제가 잘못했으니 한 번만 용서해 주세요.	표정은?	
		목소리는?	
		몸짓은?	

선생님을 만들어요

(   )초등학교 2학년 (   )반 (   )모둠 (   )입니다.

★ 어떤 목소리가 어울릴까요? 직접 써 보세요.

선생님을 만들어요

(   )초등학교 2학년 (   )반 (   )모둠 (   )입니다.

★ 지금은 수업시간이에요. 그런데 우리 친구들이 자꾸 짝꿍이랑 소곤소곤거리며 이야기를 나누고 있어요. 지금 선생님은 어떤 마음이 들까요?
모둠별로 의논해보세요.

선생님의 마음은?	
선생님은 어떤 말을 할까요?	
선생님의 표정은?	
선생님의 목소리는?	
선생님의 몸짓은?	

★ 오려서 사용하세요.

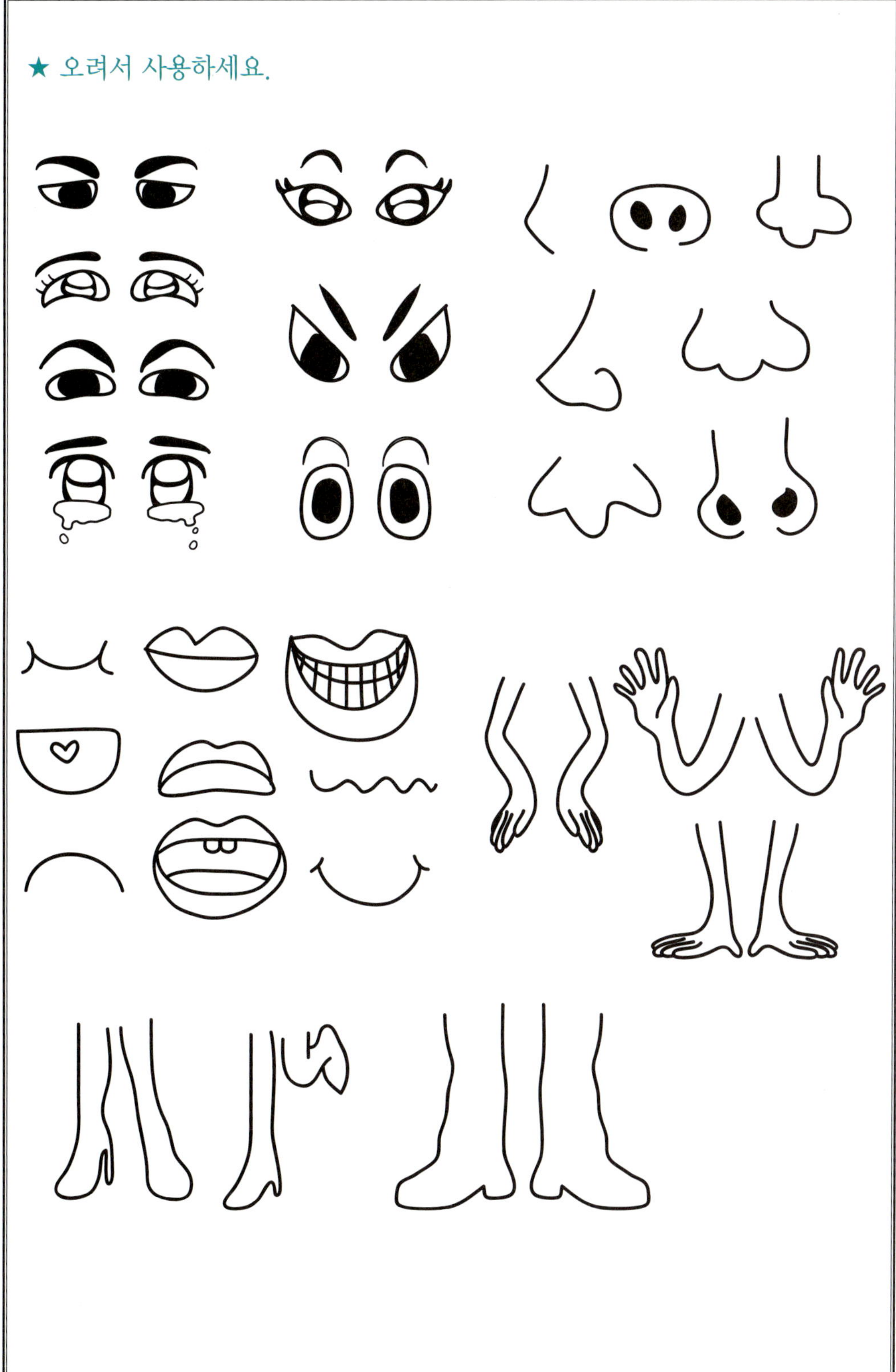

동시야 놀자!

(   )초등학교 2학년 (   )반 (   )번 (   )입니다.

〈 콩새야 팥새야 〉

콩새야 팥새야
무엇 먹고 사느냐
콩밭에서 먹자 쿵
팥밭에서 먹자 쿵
구구구 구구구
그렁저렁 살지야.

콩새야 팥새야
무엇 먹고 사느냐
콩을 물고 콩콩콩
팥을 물고 팥팥팥
구구구 구구구
요롱조롱 살지야.

〈 봄비 내리는 소리 〉

산으로 갈까?
들로 갈까?
소곤소곤
소곤소곤

꽃을 먼저 피울까?
잎을 먼저 피울까?
소곤소곤
소곤소곤

〈 귀뚜라미 〉

라...........
라미 라미
맨드라미

라미 라미
쓰르라미

맨드라미 지고
귀뚜라미 우네

가을이라고
가을이 왔다고 우네

라미 라미
동그라미

동그란
보름달

〈 파 〉

파
파란 파
파를 파네
파를 묶어서 파네
할머니 파 한 단에 얼마예요?

〈 로봇 강아지 〉

로봇 강아지는 이가 없네
로봇 강아지는 혀가 없네
아무 것도 안 먹는 로봇 강아지
똥도 안 누는 로봇 강아지
로봇 강아지가 짖네
우왕우왕우왕우왕

〈 서로 〉

서로 쳐다보는 두꺼비
서로 아무 말이 없네
서로 쳐다보는 두꺼비
서로 눈만 껌뻑거리네
서로 모르는 사이인가?

콩새야 팥새야 (김태오), 봄비 내리는 소리 (퍼플은 쳌), 귀뚜라미 (말놀이 동시집 / 최승호 / 비룡소)
파, 로봇 강아지, 서로 (말놀이 동시집 / 최승호 / 비룡소)

동작 스피드 퀴즈

(　　　　)초등학교 2학년 (　　　)반 (　　　)번 (　　　　　　)입니다.

★ 오려서 사용하세요.

동작 스피드 퀴즈

개미	나비	매미
메뚜기	방아깨비	잠자리
장수 풍뎅이	벌	사마귀

시 조각 퍼즐 맞추기

옛날 어느 곳에 개구리 하나 살았네.
가난하나 마음 착한 개구리 하나 살았네.

하루는 이 개구리 쌀 한 말을 얻어 오려
벌 건너 형을 찾아 길을 나섰네.

개구리 덥적덥적 길을 가노라니
길가 봇도랑에 우는 소리 들렸네.

개구리 닁큼뛰어 도랑으로 가 보니
소시랑게 한 마리 엉엉 우네.

소시랑게 우는 것이 가엾기도 가엾어
개구리 뿌구국 물어보았네.
"소시랑게야, 너 왜 우니?"

소시랑게 울다 말고 대답하였네.
"발을 다쳐 아파서 운다."

개구리는 바쁜 길 잊어버리고
소시랑게 다친 발 고쳐 주었네.

개구리 또 덥적덥적 길을 가노라니
길 아래 논두렁에 우는 소리 들렸네.

개구리 닁큼뛰어 논두렁에 가 보니
방아깨비 한 마리 엉엉 우네.

방아깨비 우는 것이 가엾기도 가엾어
개구리는 뿌구국 물어보았네.
"방아깨비야, 너 왜 우니?"

방아깨비 울다 말고 대답하는 말.
"길을 잃고 갈 곳 몰라 운다."

개구리는 바쁜 길 잊어버리고
길 잃은 방아깨비 길 가리켜 주었네.

옛날 어느 곳에 개구리 하나 살았네.
가난하나 마음 착한 개구리 하나 살았네.

하루는 이 개구리 쌀 한 말을 얻어 오려
벌 건너 형을 찾아 길을 나섰네.

개구리 덥적덥적 길을 가노라니
길가 봇도랑에 우는 소리 들렸네.

개구리 닁큼뛰어 도랑으로 가 보니
소시랑게 한 마리 엉엉 우네.

소시랑게 우는 것이 가엾기도 가엾어
개구리 뿌구국 물어보았네.
"소시랑게야, 너 왜 우니?"

소시랑게 울다 말고 대답하였네.
"발을 다쳐 아파서 운다."

개구리는 바쁜 길 잊어버리고
소시랑게 다친 발 고쳐 주었네.

개구리 또 덥적덥적 길을 가노라니
길 아래 논두렁에 우는 소리 들렸네.

개구리 닁큼뛰어 논두렁에 가 보니
방아깨비 한 마리 엉엉 우네.

방아깨비 우는 것이 가엾기도 가엾어
개구리는 뿌구국 물어보았네.
"방아깨비야, 너 왜 우니?"

방아깨비 울다 말고 대답하는 말.
"길을 잃고 갈 곳 몰라 운다."

개구리는 바쁜 길 잊어버리고
길 잃은 방아깨비 길 가리켜 주었네.

개구리네 한솥밥

(   )초등학교 2학년 (   )반 (   )번 (   )입니다.

★ 『개구리네 한솥밥』을 다시 읽고, 등장인물이 한 말을 적어 봅시다.

곤충 이름	한 말
소시랑게	발을 다쳐 아파서 운다.
방아깨비	
쇠똥구리	
하늘소	
개똥벌레	

★ 『개구리네 한솥밥』을 다시 읽고, 반복되는 말을 적어 봅시다.

개구리네 한솥밥

(   )초등학교 2학년 (   )반 (   )번 (   )입니다.

★ 『개구리네 한솥밥』을 읽고 떠오르는 장면이나 생각을 그림으로 나타내어 봅시다.

개구리네 한솥밥

(   )초등학교 2학년 (   )반 (   )번 (   )입니다.

★ 다음은 『개구리네 한솥밥』 이야기예요.
여러분이 알고 있는 동물 이름을 (   )에 적어 넣고 그 동물이 하였을
행동도 상상하여 적어 봅시다.

옛날 어느 곳에 개구리 하나 살았네.
가난하나 마음 착한 개구리 하나 살았네.

하루는 이 개구리 쌀 한 말을 얻어 오려
벌 건너 형을 찾아 길을 나섰네.

개구리 덥적덥적 길을 가노라니
길가 봇도랑에 우는 소리 들렸네.

개구리 넝큼 뛰어 도랑으로 가 보니
(   )한마리 엉엉 우네.

(   )우는 것이 가엾기도 가엾어
개구리는 뿌구국 물어보았네.
"(   )야, 너 왜 우니?"

(   ) 울다 말고 대답하였네.
"(   )서 운다."

개구리는 바쁜 길 잊어버리고
(   ) (   )네.

_________ ___ 서방

(   )초등학교 2학년 (   )반 (   )번 (   )입니다.

_________ ___ 서방 자네 집이 어딨니?

저 산 넘어서 _______ 이 내 집일세.

_________ ___ 서방 무엇 먹고 살았니?

_______ 끓여 밥 말아 먹고 살았다.

무슨 김치 먹었니?

_______ 김치 먹었다.

누구누구 먹었니?

_________ 먹었다.(다 같이 먹었다.)

손가락 인형 만들기 자료

(   )초등학교 2학년 (   )반 (   )번 (   )입니다.

★ 절취선을 따라 잘라서 사용하세요.

설문대 할망

(   )초등학교 2학년 (   )반 (   )번 (   )입니다.

1. 『설문대 할망』의 내용을 기억하며 빈칸에 재미있는 말을 넣어 봅시다.

    (1) 어디선가 큰 할머니가 바닷물을 (   )일으키며 남쪽 제주도에 건너왔어.
    (2) 넓은 치마폭에다 흙을 가득 퍼 담아 제주도 한 가운데 (   ) 쌓았어.
    (3) 할망은 손으로 산꼭대기 흙을 (   ) 퍼내어 앉기 좋게 만들었지.
    (4) "내가 입을 옷을 한 벌 지어주면 저 멀리 육지까지 (   ) 다리를 놓아주지."
    (5) 설문대 할망은 (   ) 바닷물을 가르며 어디로인가 사라졌단다.

2. 『설문대 할망』 중 말의 느낌을 살려 읽고 싶은 부분을 찾아 밑줄을 긋고 빈 칸에 써봅시다.

	말의 느낌을 살려 읽고 싶은 부분
1	
2	

3. 말의 느낌을 살려 이야기를 읽었는지 스스로 확인해 보세요.

말의 느낌을 살려 읽어요	나의 점수
반복되는 말의 느낌을 살려 읽었나요?	☆ ☆ ☆
재미있는 말의 느낌을 살려 읽었나요?	☆ ☆ ☆
친구에게 이야기를 들려주듯이 읽었나요?	☆ ☆ ☆

응원을 하자!

(   )초등학교 2학년 (   )반 (   )번 (   )입니다.

★ 까치가 응원하는 모습이 참 재미있게 표현되어 있는 시입니다.
   다른 동물들이 응원을 하면 어떤 모습일까요? 다른 동물들의 모습과 소리를
   상상하여 시를 써봅시다.

재미있는 장면을 찾아요!

(   )초등학교 2학년 (   )반 (   )번 (   )입니다.

★『돋보기 보기』를 읽은 후 아래의 질문에 따라 내가 재미있게 느낀 장면을 찾아봅시다.

1. 내가 재미있게 읽은 장면은 무엇입니까? (   )

2. 그 장면이 왜 재미있게 느껴졌습니까?

3. 재미있게 느낀 장면을 그림으로 그려봅시다.

4. 재미있는 장면을 정리하여 친구들에게 이야기하여 봅시다.
   잘 이야기하였는지 스스로 평가를 하여봅시다.

☆ ☆ ☆ ☆ ☆

누가 누가 잘 말하나

(　　　　)초등학교 2학년 (　　　)반 (　　　)번 (　　　　　　　)입니다.

★ 『돋보기 보기』를 읽은 후 재미있는 장면을 그림으로 그린 뒤 오려서 주사위 모양을 만듭시다. 모둠 친구들과 주사위 놀이를 하며 재미있는 장면을 말하여 봅시다.

오려서 사용하세요 .

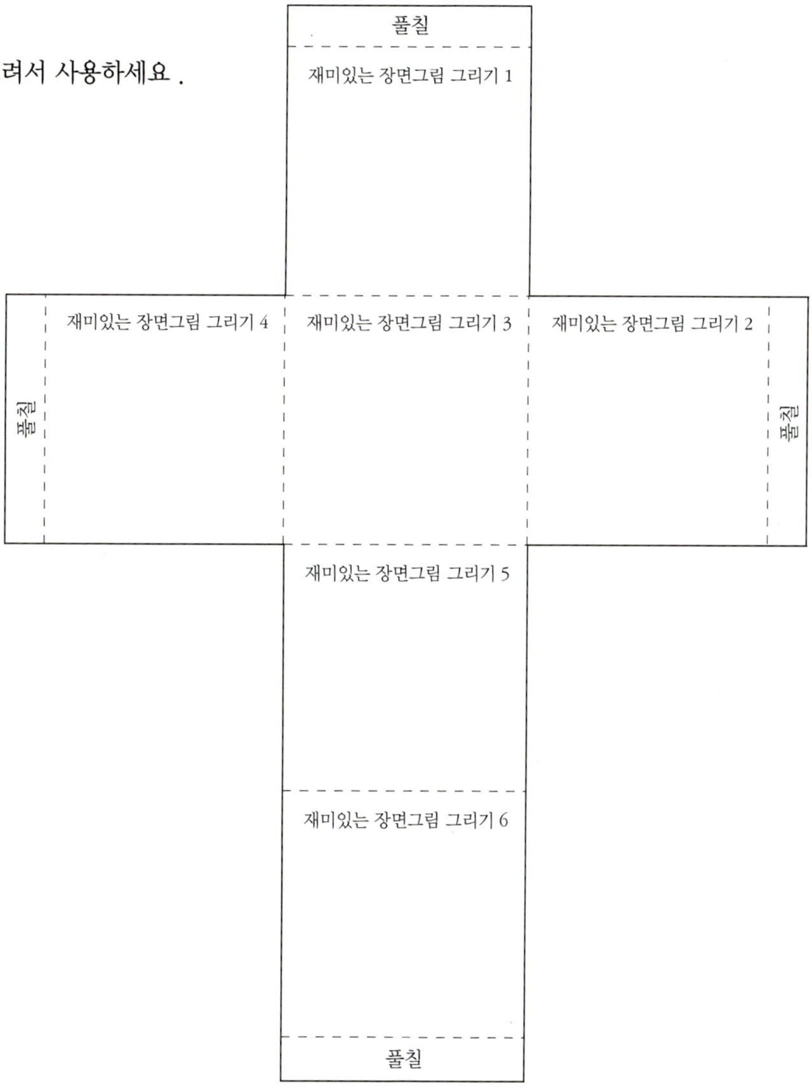

풀칠

재미있는 장면그림 그리기 1

재미있는 장면그림 그리기 4 | 재미있는 장면그림 그리기 3 | 재미있는 장면그림 그리기 2

풀칠

풀칠

재미있는 장면그림 그리기 5

재미있는 장면그림 그리기 6

풀칠

돋보기로 보는 세상

(   )초등학교 2학년 (   )반 (   )번 (   )입니다.

★ 돋보기로 본 세상은 현실 세상과 다릅니다. 어떤 재미있는 일들이 벌어질
지 상상하여 이야기를 꾸며 써봅시다.

1. 내가 관찰한 돋보기로 본 세상을 그림으로 그려봅시다.

2. 내가 관찰한 것을 바탕으로 재미있는 장면이 잘 드러나도록 이야기를 꾸며봅시다.

잠깐! 이야기를 꾸며쓰기 전에 아래의 질문에 대한 답을 간략히 생각해보세요.

언제 어디에서 일어난 일인가요?

주인공은 누구인가요?

주인공은 어떤 모습을 하고 있나요?

주인공은 어떤 행동을 하고 있나요?

심화활동 – 재미있는 장면 찾기		초등학교
구름빵이 재미있어요		학년 반
		이름 :

★『구름빵』을 읽고, 다음 빈 칸에 알맞은 말을 찾아보세요.

1. 나와 동생은 나뭇가지에 걸려 있는 □□ 를 발견했어요.

2. 엄마는 그것으로 □□□ 을 만들었어요.

3. □□□ 을 먹으니 몸이 □□□ 떠올랐어요.

4. 아빠는 회사에 늦어서 □□□ 도 못 드시고 허둥지둥 서둘렀어요.

5. 나와 동생은 □□□ 을 가져다드리기로 했어요.

6. 아빠도 □□□ 을 드시고 □□□ 떠올랐어요.

★ 제일 재미있는 장면을 그림으로 그려 보세요.

<table>
<tr><td>심화활동 – 재미있는 장면 상상하기</td><td rowspan="2">빵을 먹으면 어떻게 될까요?</td><td colspan="2">초등학교</td></tr>
<tr><td></td><td>학년</td><td>반</td></tr>
<tr><td></td><td></td><td colspan="2">이름 :</td></tr>
</table>

★ 구름빵을 먹으면 몸이 두둥실 떠올라요.
   또 무엇으로 빵을 만들어 볼 수 있을까요? 마음껏 상상해 보아요.

"이렇게도 할 수 있어요"

– 햇님을 만나면 나는 어떤 느낌이 드나요?
  (따뜻한 느낌)
– 햇님으로 만든 빵을 먹으면 어떻게 될까요?
  (마음이 따뜻해져서 화난 친구와 화해할 수 있을 것 같아요.)
– 햇님빵을 먹은 친구의 모습을 떠올려 봅시다.

"나만의 빵을 만들어 봅시다"

– [   ]을 만나면 나는 어떤 느낌이 드나요?

  (   )

– [   ]으로 만든 빵을 먹으면 어떻게 될까요?

  (   )

– [   ] 빵을 먹은 나의 모습을
  그려 봅시다.

입술북을 만들어요

( )초등학교 2학년 ( )반 ( )번 ( )입니다.

★ 입술 모양을 중심으로 나의 얼굴을 그려 봅시다. 얼굴 옆에 주인공에게 하고 싶은 말을 적어 봅시다.

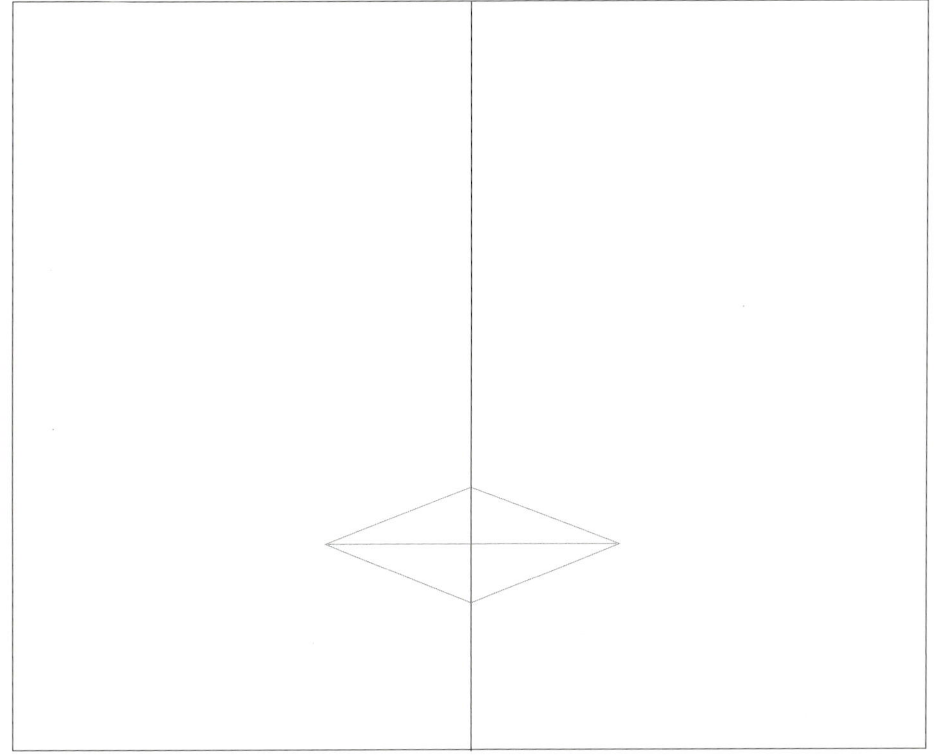

1. 어떤 장면이 재미있었나요?

2. 그 장면에서 주인공에게 어떤 말을 해 주고 싶었나요?

3. 나의 말을 듣고 주인공은 어떤 마음이 들까요?

심화활동 – 어떤 일이 일어났는지 알아보기	나무 도령 밤손이	초등학교
		학년 반
		이름 :

★ 어떤 일이 일어났는지 생각하며 『나무 도령 밤손이』를 읽어 봅시다.

1. 마을 사람들은 왜 아이를 밤손이라고 불렀나요?

2. 마을에 큰 비가 내리자 밤나무와 밤손이는 어떻게 되었나요?

★ 『나무 도령 밤손이』를 다시 읽고, 어떤 일이 일어났는지 이야기하여 봅시다.

밤손이는 뒷산 밤나무를 아버지 삼아 날마다 밤나무에 가서 놀았어요.

➡

어느 날 마을에 홍수가 나서 __________ __________

밤손이는 물에서 __________ __________ 를 구해주었어요.

➡

밤손이와 아이는 __________ __________ 에 이르렀어요.

★ 『나무 도령 밤손이』를 다시 읽고, 어떤 일이 일어났는지 이야기하여 봅시다.

밤손아,

나무 도령 밤손이 (김배균 / 시공주니어)

심화활동 – 생각이나 느낌 말하기	나무 도령 밤손이	초등학교
		학년 반
		이름 :

★ 『나무 도령 밤손이』를 계속 읽어 봅시다.

1. 주인이 밤손이에게 어려운 일을 시킨 까닭은 무엇인가요?

2. 밤손이는 주인이 시킨 일을 어떻게 해결하였나요?

3. 밤손이는 어떻게 주인집 딸과 결혼할 수 있었나요?

★ 『나무 도령 밤손이』의 장면을 상상하며 내 생각과 느낌을 말하여 봅시다.

장면	내 생각과 느낌
밤손이가 밤나무를 아버지 삼아 날마다 밤나무에 올라가서 놀았을 때	밤손이가 어머니의 말을 믿고 밤나무를 아버지라고 부른 것과 밤나무가 "오냐, 내 아들아!"하고 대답해준 것이 재미있었어. 아이들이 놀릴 때 밤손이가 많이 불쌍했는데 밤나무와 놀게 되어서 다행이라고 생각했어.
밤손이가 넓은 밭 앞에서 어쩔 줄 몰라 훌쩍훌쩍 울고 있을 때	
반쪽이가 주인집 딸이 누구인지 알아맞혔을 때	

★ 『나무 도령 밤손이』와 같이 용감한 주인공이 등장하는 이야기를 찾아봅시다.

해와 달이 된 오누이

(   )초등학교 2학년 (   )반 (   )번 (   )입니다.

★ 기억에 남는 등장인물의 말과 행동을 정리하여 봅시다.

〈 보기 〉

등장인물	기억에 남는 말과 행동	등장인물 표정
호랑이	어흐~으~응~! 떡 하나 주면 안 잡아먹지!	
호랑이		
어머니		
오빠		
동생		

★ 잘 공부했는지 알아봅시다.

인형극을 보고 등장인물의 말과 행동 찾아보기	나의 점수
등장인물의 말과 행동을 살피며 인형극을 감상하였나요?	☆ ☆ ☆
기억에 남는 말과 행동을 잘 정리했나요?	☆ ☆ ☆
인물이 왜 그런 말과 행동을 하였는지 생각하였나요?	☆ ☆ ☆

그림 보고 상상하기

(   )초등학교 2학년 (   )반 (   )번 (   )입니다.

★ 그림 속 등장인물은 어떤 표정을 짓고 있나요? 등장인물이 처한 상황을 상상
하여 말해 보세요.

[   ]   [   ]

[   ]   [   ]

5글자로 말해요

(   )초등학교 2학년 (   )반 (   )번 (   )입니다.

★ 이야기의 줄거리를 5글자로 된 대화로 만들어 봅시다.

임금님 :

____

불 개 :

____

임금님 :

____

불 개 :

____

임금님 :

____

불 개 :

____

『불개이야기』 틀린 내용 찾기

(   )초등학교 2학년 (   )반 (   )번 (   )입니다.

★ 교과서에서 읽었던 불개이야기와 다른 부분을 찾아서 밑줄을 그어 보세요.

틀린 불개이야기

불개는 번개처럼 서쪽으로 달려갔습니다. 불개가 나라를 환하게 비춰줄 불을 찾는 노래소리를 들고 잔잔한 물 위로 백호가 나타났습니다. 불개는 백호가 가르쳐 준대로 동쪽으로 달려갔습니다. 그 때 청룡이 나타나 친절하게 불을 불개에게 건네주었습니다. 백호는 달을 지키고 있었습니다. 달은 불덩이처럼 뜨겁고 환했습니다. 힘겨웠지만 결국 불개는 해와 달을 구해서 집으로 돌아가 임금님으로부터 큰 상과 벼슬을 받고 행복하게 오래오래 살았습니다.

불개의 마지막 한마디 써보기

(   )초등학교 2학년 (   )반 (   )번 (   )입니다.

★ 여러분이 불개였다면 마지막으로 어떤 말을 하고 싶을까요?
  이야기 속의 불개가 되었다고 생각하고 마지막 하고 싶은 말을 적어주세요.

불개로서 내가 마지막으로 하고 싶은 말

※ 충무공 이순신 장군은 적군의 화살을 맞고 숨을 거두기 직전에 이런 말씀을 하셨습니다. "나의 죽음을 알리지 말라." 이 말의 뜻은 이순신 장군의 죽음이 알려지면 적군은 더욱 힘을 얻어서 공격하게 될 것이고, 장군님의 부하들이 알게되면 기운을 잃고 전쟁에서 패배하게 될 것이기에 남기신 말이라고 하네요.

할머니의 얼굴

(   )초등학교 2학년 (   )반 (   )번 (   )입니다.

★ '할머니' 의 모습을 떠올리며 그림을 완성하여 봅시다.

1. '할머니' 하면 생각나는 것은 무엇인가요?

딱지책 만들기 |

( )초등학교 2학년 ( )반 ( )번 ( )입니다.

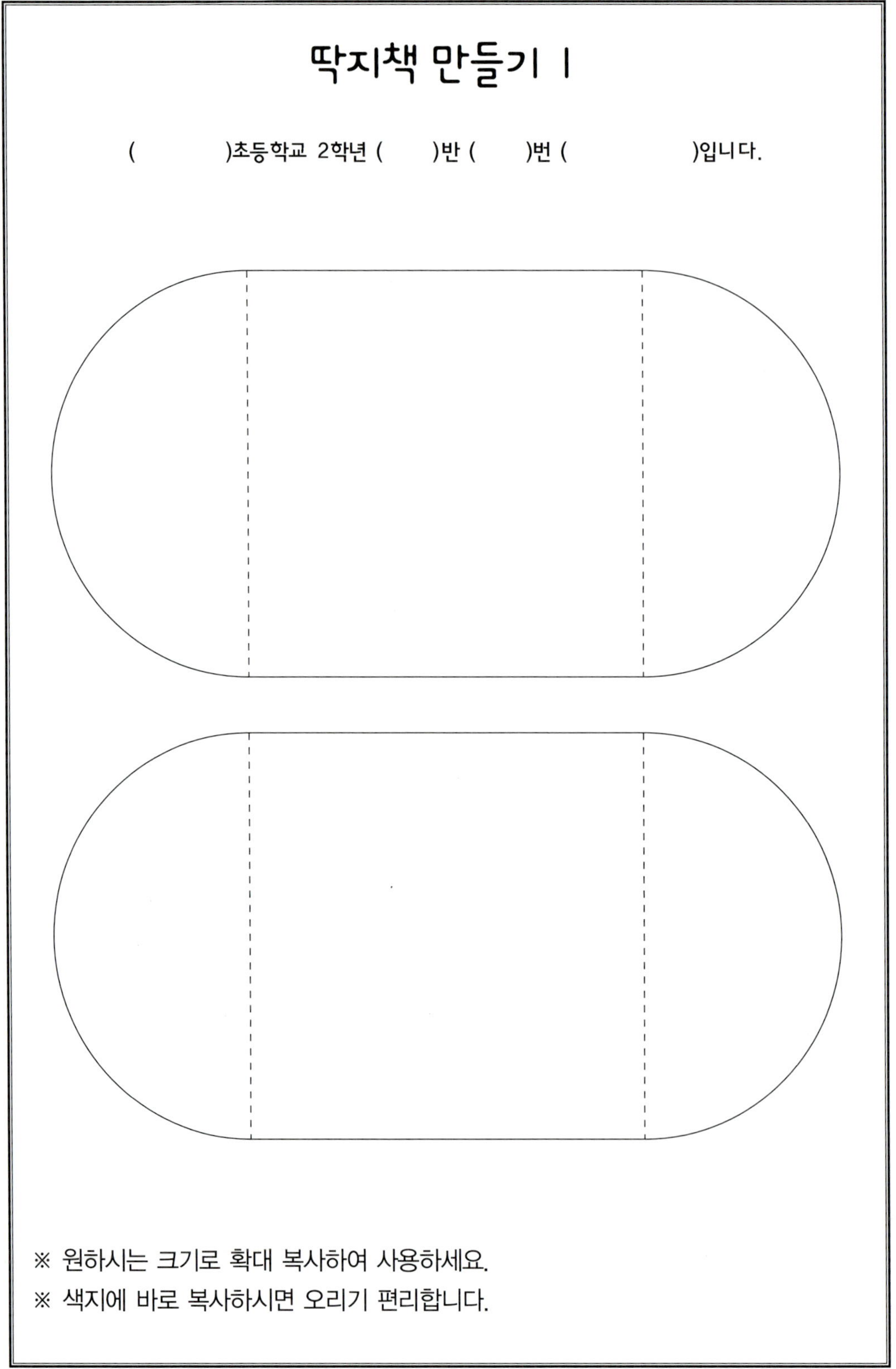

※ 원하시는 크기로 확대 복사하여 사용하세요.

※ 색지에 바로 복사하시면 오리기 편리합니다.

딱지책 만들기 2

(　　　　)초등학교 2학년 (　　)반 (　　)번 (　　　　　)입니다.

※ 색지에 바로 복사하시면 오리기 편리합니다.

친구가 알려준 말, 말, 말!

(   )초등학교 2학년 (   )반 (   )번 (   )입니다.

★ 친구들의 딱지책을 감상하며 정리해 봅시다.
  딱지책을 만든 친구의 이름을 쓰고, 인상 깊은 말을 적어 봅시다.

딱지책 주인공	친구가 소개한 재미있는 말이나 반복되는 말

깊은 것은…

(   )초등학교 2학년 (   )반 (   )번 (   )입니다.

★ 책에서는 '깊은 것은 엄마 마음' 이라고 표현했네요. 엄마 마음 말고 깊은 것은 어떤 것이 있을까요? 우리 친구들이 생각하는 '깊은 것' 을 그리고 써 봅시다.

깊은 것은

엄마 마음

깊은 것은

잘잘잘

(   )초등학교 2학년 (   )반 (   )번 (   )입니다.

★ '잘잘잘' 처럼 반복되는 말을 우리 모둠이 바꾸어 불러 봅시다.

하나 하면 할머니가 지팡이를 짚는다고   ___________________

둘 하면 두부 장수 두부를 판다고   ___________________

셋 하면 새색시가 거울을 본다고   ___________________

넷 하면 냇가에서 빨래를 한다고   ___________________

다섯 하면 다람쥐가 도토리를 줍는다고   ___________________

여섯 하면 여학생이 공부를 한다고   ___________________

일곱 하면 일꾼들이 나무를 벤다고   ___________________

여덟 하면 엿장수가 호박엿을 판다고   ___________________

아홉 하면 아버지가 신문을 본다고   ___________________

열 하면 열무장수 열무가 왔다고   ___________________

친구들의 노래를 들으며~

(   )초등학교 2학년 (   )반 (   )번 (   )입니다.

★ 친구들의 노래를 들으며 정리해 봅시다. 노래한 모둠의 이름을 쓰고, 질문에 대하여 ◎, ○, △ 중 골라서 답해봅시다.

노래한 모둠	반복되는 말을 잘 바꾸었나요?	반복되는 말이 글의 내용과 어울리나요?	큰 소리로 재미있게 노래했나요?

(참잘해요 ◎, 잘해요 ○, 보통이에요 △)

나만의 시

(   )초등학교 2학년 (   )반 (   )번 (   )입니다.

★ 교과서에 쓰여 있는 시를 재미있게 만들고 싶어요. 내가 재미있다고 느끼는
부분을 글씨 크기나 색깔을 바꾸어 나만의 시를 써봅시다.

은방울꽃

나의 느낌을 담아요

(　　　　)초등학교 2학년 (　　)반 (　　)번 (　　　　　)입니다.

★ 선생님이 들려주시는 단어를 듣고, 내 느낌을 적어봅시다.
　그리고 내 느낌을 그림으로 어떻게 표현하면 좋을까요?

1. 선생님이 들려주신 단어 (　　　　　　　　　　　　　　)

2. 단어를 들었을 때 나의 느낌은 이랬어요.
　(　　　　　　　　　　　　　　　　　　　　　)

3. 내 느낌을 그림으로 표현하면 이래요.

내 마음대로 바꿔요

(   )초등학교 2학년 (   )반 (   )번 (   )입니다.

★「들강달강」을 읽고, 단어를 바꾸어 써봅시다.

(   )

(   )

서울 길을 올라가서
밤 한되를 사다가
선반 밑에 두었더니
(   ) 생쥐가
(   ) 다 까먹고
밤 한 톨이 남았구나

옹솥에다 삶을까
가마솥에다 삶을까
가마솥에다 삶아서
바가지로 건져서
겉껍질은 누나 주고
속껍질은 오빠 주고
알맹일랑 너랑 나랑
(   ) 나눠 먹자

(   )

친구의 낭송을 들으며~

(   )초등학교 2학년 (   )반 (   )번 (   )입니다.

★ 친구들의 시 낭송을 들으며 정리해 봅시다. 낭송한 모둠의 이름을 쓰고, 질문에 대하여 ◎, ○, △ 중 골라서 답해봅시다.

낭송한 친구	또박또박 잘 읽었나요?	느낌을 살려 읽었나요?	다른 친구의 낭송을 잘 들었나요?

(참잘해요 ◎, 잘해요 ○, 보통이에요 △)

야들야들 다 익었을까?

(　　　　)초등학교 2학년 (　　　)반 (　　　)번 (　　　　　　)입니다.

1. 등장인물의 말에 어울리는 인물의 마음이나 기분을 생각해 보세요.

	등장인물의 말	인물의 마음이나 기분
	"돌쇠야, '까' 로 끝나는 세 줄로 된 시를 먼저 짓는 사람이 고기를 다 먹도록 하자."	
	"야들야들 다 익었을까? 쫄깃쫄깃 맛이 있을까? 냠냠 한번 먹어 볼까?"	

2. 등장인물의 마음이나 기분이 드러난 말을 이야기에서 찾아 쓰세요.

인물의 마음이나 기분	등장인물의 말이나 행동	등장인물 표정
상대방의 처지를 이해하고 배려하는 마음		
자신의 행동에 대해 부끄러워하는 마음		

3. 잘 공부했는지 알아봅시다.

〈 이야기 읽기 평가표 〉

모둠 이름 : (　　　　　　)　　　　　　　　　　　판정인 : (　　　　　　　)

역할	친구이름	인물의 마음을 생각하며 읽어요	점수
해설		차분한 목소리로 또박또박 정확하게 읽었나요?	☆ ☆ ☆
양반		양반의 마음이나 기분을 생각하며 실감 나게 읽었나요?	☆ ☆ ☆
돌쇠		돌쇠의 마음이나 기분을 생각하며 실감 나게 읽었나요?	☆ ☆ ☆

「아기공룡 둘리」 역할극에 사용한 인물그림

둘리

마이콜

또치

도우너

희동이

길동이 아저씨

올챙이와 개구리 (윤현진 작사 · 작곡 / 풀잎 동요마을)

느낌카드

(   )초등학교 2학년 (   )반 (   )번 (   )입니다.

명랑하게	기쁘게
슬프게	무섭게
화난듯이	떨면서
놀란듯이	귀엽게
느끼하게	조용하게

동시 카드 (1)

(　　　　)초등학교 2학년 (　　)반 (　　)번 (　　　　)입니다.

집오리	**화분**	**고슴도치야**

집오리

우리 속에
날 왜 가둬
왜
왜
왜
왜.

문 열어주면
넓은 세상 빨리 가자
갈
갈
갈
갈.

연못에 뛰어들어선
어, 시원하다
어
어
어
어.

화분

쏴~
물을 주니
꿀꺽? 꿀꺽 꿀꺽
소리가 들려요.

꽃들이
고개를 반짝 들었어요.
화분도 살아났어요.

고슴도치야

바늘 옷 입고 사는
고슴도치야

따끔따끔 바늘 옷
어디서 났니?

엄마가 업어 줄때
고슴도치야.

바늘 땜에 따끔따끔
아프지 않니?

1. 집오리 (권오훈) 2. 화분 (박두순) 3. 고슴도치야 (문삼석)

동시 카드 (2)

(   )초등학교 2학년 (   )반 (   )번 (   )입니다.

아하, 우리 아기 몸이었구나!

한들한들 머리카락
벌렁벌렁 콧구멍
솔깃솔깃 귀
깜빡깜빡 눈
삐쭉빼쭉 입
포동포동 볼
까딱까딱 손가락
씰룩씨룩 엉덩이
움푹움푹 배꼽
꼼지락꼼지락 발가락

엿장수 똥구멍

엿장수 똥구멍은 찐득진득
참기름 장수 똥구멍은 매끈매끈
두부 장수 똥구멍은 뭉실뭉실
소금 장수 똥구멍은 짭짤짭짤
옹기 장수 똥구멍은 반질반질

강낭콩 대화

누구니?
콩이다!
뾰족한데?
새싹이다.
언제 클래?
지금!

4. 아하, 우리 아기 몸이었구나! (말놀이 동시집 / 최승호 / 비룡소) 5. 엿장수 똥구멍 (말놀이 동시집 / 최승호 / 비룡소)
6. 강낭콩 대화 (이근화)

생각그물

(   )초등학교 2학년 (   )반 (   )번 (   )입니다.

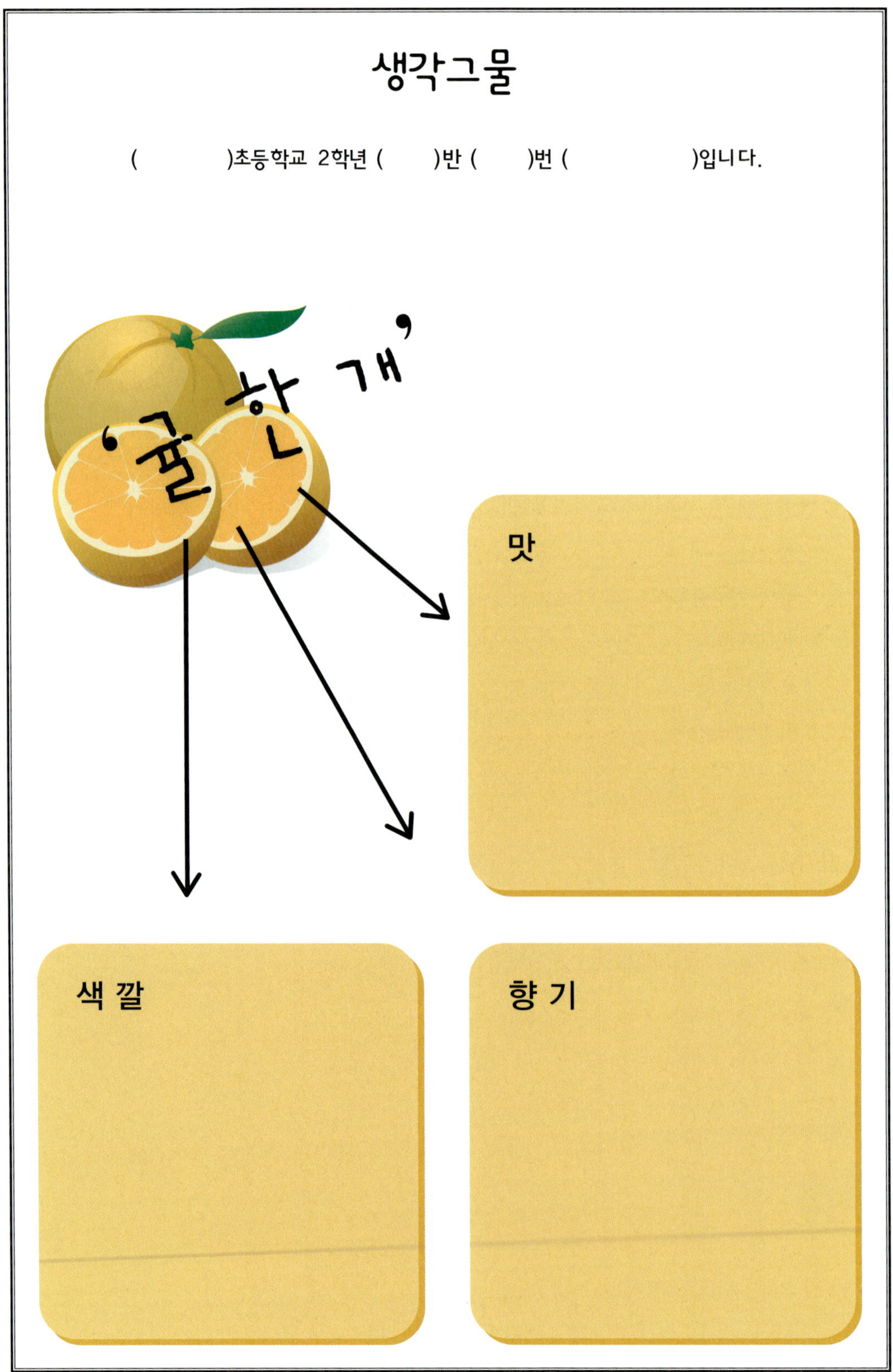

참나무, 뽕나무, 대나무

(   )초등학교 2학년 (   )반 (   )번 (   )입니다.

★ 함께 읽어 봅시다.

참나무, 뽕나무, 대나무

참나무허구 뽕나무허구 대나무가 살았는데

뽕나무가 방구를 뻥뻥 뀡게

대나무가 대께놈 대께놈 헝게

참나무가 참으시오 참으시오 허드라네

– 전북 부안 지방 전래동시 –

산 위에서 보면

(　　　　)초등학교 2학년 (　　　)반 (　　　)번 (　　　　　　)입니다.

개펄 마당

안학수

밀룽슬룽 주름진 건
파도가 쓸고 간 발자국,
고물꼬물 줄을 푼 건
고둥이 놀다 간 발자국.

스랑그랑 일궈 논 건
농게가 일한 발자국,
오공조공 꾸준한 건
물새가 살핀 발자국.

온갖 발자국들이 모여
지나온
저마다의 길을 펼쳐 보인 개펄 마당.

그 중에 으뜸인 건
쩔부럭 절푸럭
뻘배 밀고 간 할머니의 발자국.

그걸 보고 흉내낸 건
폴라락 쫄라락
몸을 밀고 간 짱뚱어의 발자국.

개구쟁이 산복이

이문구

이마에 땀방울
송알송알
손에는 땟국이
반질반질
맨발에 흙먼지
얼룩덜룩
봄볕에 그을려
가무잡잡
멍멍이가 보고
엉아야 하겠네
까마귀가 보고
아찌야 하겠네.

반응일지

______는 이런 느낌이 들었어요 ♡

(   )초등학교 2학년 (   )반 (   )번 (   )입니다.

※ 내가 읽은 동시 제목 :

1. 시를 읽으면서 무슨 생각이 들었나요?

2. 시에서 가장 인상적이었던(재미있었던) 부분은?

3. 이 시에 이어져서 나올 것 같은 내용은?

4. 시에 대해 무엇이든 쓰고(그리고) 싶은 것이 있으면 써(그려) 보세요.

동요 가서 바꿔 부르기

(   )초등학교 2학년 (   )반 (   )번 (   )입니다.

여름 냇가

황금녀 작사
박재훈 작곡

개펄 마당

(   )초등학교 2학년 (   )반 (   )번 (   )입니다.

　주름진 건
파도가 쓸고 간 발자국,

　줄을 푼 건
고둥이 놀다 간 발자국.

　일궈 논 건
농게가 일한 발자국,

　꾸준한 건
물새가 살핀 발자국.

온갖 발자국들이 모여
지나온
저마다의 길을 펼쳐 보인 개펄 마당.

그 중에 으뜸인 건

뻘배 밀고 간 할머니의 발자국.

그걸 보고 흉내낸 건

몸을 밀고 간 짱뚱어의 발자국.

개펄 마당 (안학수)

아기의 대답

(   )초등학교 2학년 (   )반 (   )번 (   )입니다.

이마에 땀방울

□

손에는 땟국이

반질반질

맨발에 흙먼지

□

봄볕에 그을려

□

멍멍이가 보고

□ 하겠네

까마귀가 보고

□ 하겠네.

아기의 대답 (박목월)

개구쟁이 산복이

(   )초등학교 2학년 (   )반 (   )번 (   )입니다.

신규야 부르면,

코부터

대답하지요.

신규야 부르면,

눈부터

대답하지요.

신규야 부르면,

개구쟁이 산복이 (이문구)

거꾸로 나라 임금님

(   )초등학교 2학년 (   )반 (   )번 (   )입니다.

★ 이어질 이야기를 꾸미는 방법을 알아봅시다.

1. 일어난 일을 살펴보고 주인공의 문제 해결하기

훈이가 어떻게 할까요?			
순서	일어난 일	훈이의 문제	문제 해결하기
1	산에서 길을 잃어 거꾸로 나라에 가게 되었다.	훈이는 거꾸로 나라에서 계속 살게 될까요? 아니면 집으로 다시 돌아가려고 할까요?	
2	똑바로 서려고 하였지만 몸이 말을 듣지 않았다.	훈이는 거꾸로 서 있는 것을 좋아했을까요? 불편해 했을까요?	
3	왕관을 머리에 쓰고 싶은데 안 되었다.	훈이는 왕관을 쓸까요, 쓰지 못할까요? 왕관을 쓴다면 어떻게 쓰게 될까요?	

2. 뒷이야기를 꾸미고 깃발책 완성하기 (그림 그리고, 글로 쓰기)

지각대장 존

초등학교

학년   반

이름 :

1. 존은 학교 가는 길에 악어, 사자 등을 만나 학교에 지각을 했습니다. 존이 다음날에도 지각을 한다면 어떤 일로 지각을 하게 될까요? 이어질 내용을 꾸며 써봅시다.

존 패트릭 노먼 맥헤너시는 서둘러 학교에 갔습니다.

존 패트릭 노먼 맥헤너시는 허겁지겁 학교로 달려갔습니다. 하지만 또 지각을 하고 말았습니다.

2. 이야기로 꾸민 내용을 멋지게 그림으로 그려봅시다.

세 발 달린 황소

(   )초등학교 2학년 (   )반 (   )번 (   )입니다.

★ 이야기를 읽고, 뒷이야기 상상하여 꾸며 봅시다.

1) 단어 카드

작문 시간 선생님 글 쓰기
미술 시간 칠성, 방환, 크레용 세 발 황소
작문시간이 끝날 무렵 선생님 칠성이의 글

2) 일어난 일 정리하기

〈일어난 일 정리하기〉

작문시간 : __________

____

미술시간 : __________

____

작문시간이 끝날 무렵: __________

____

____

3) 이야기 지도 만들기

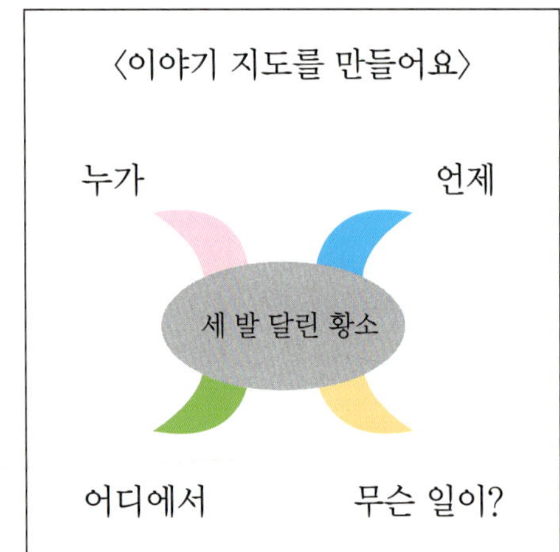

4) 뒷이야기 상상하여 쓰기

〈뒷이야기를 상상하여 꾸며요〉

이야기 지도를 바탕으로 뒷이야기를 꾸며 씁니다.
인물의 마음을 생각하며 말과 행동을 자세히 씁니다.

____

____

____

____

심화활동 – 이야기 지도 만들기	솥 안에 든 거인	초등학교
		학년　　　반
		이름 :

언제 :

어디에서 :

누가 :

솥 안에 든
거인

어떤 일이 :

(일어난 일)

어떻게 되었을까?

심화활동 – 뒷이야기 상상하여 쓰기	솥 안에 든 거인	초등학교
		학년 반
		이름 :

★ 일이 일어난 까닭을 생각하며 뒷부분에 이어질 이야기를 상상하여 써봅시다.

『솥 안에 든 거인』 뒷이야기

★ 내가 쓴 이야기를 스스로 고쳐본 후 돌려 읽으며 점검해 봅시다.

점검 내용 (표현이 잘 되었거나 고쳐야 할 부분)	평가
일이 일어난 까닭을 생각하면서 썼습니다.	☆ ☆ ☆
앞이야기와 뒷이야기가 자연스럽게 이어집니다.	☆ ☆ ☆
내용이나 표현이 재미있습니다.	☆ ☆ ☆